格差原理

亀本 洋

新基礎法学叢書
①

成文堂

はしがき

　将棋に「三手の読み」という有名な格言がある。次の一手をどう指そうかと考えているときに、自分がその手を指すと相手がどう指すか、そして、その次に自分はどう指せばよいのか、最低限これらを考えてから指す手を決めよ、という教えである。将棋を真剣にやったことのない人のなかには、三手くらい考えて当たり前のことではないか、と思われる向きもあるかもしれないが、これがなかなかむずかしい。それがつねにできれば、アマチュア初段以上の実力であることは間違いない。

　麻雀には「反省したらあかん」——同じ卓を囲む友人が、負けが込んできたときに自暴自棄になって叫んだ言葉——という有名でない格言がある。流れが自分に来ていないときにじたばたして考えすぎると、よけいに状況が悪くなる、という教えである。ポーカーやサイコロを使う各種の博打でも同じであろう。最近の正義論の分野では、運にかかる行為の結果については本人に責任がないという絵空事を唱える学者も多いが、それらのゲームでは、運の使い方の技倆の差が物を言う。

　数年前、私が若い頃教えたことのある法哲学研究者の一人から、私が書いたある論文をさして、「先生も、やればできるじゃありませんか」と言われたことがある。それは、学問の道において、しばらくぶりのうれしい出来事であった。歳をとってくると、そのようなことを言ってくれる若い人はどうしても少なくなってくる。しかし、そのようなことを彼に言わせた背景には、おそらく、本書のもとになった私の駄作のかたまりがある。

　本書は、私が2003年から2005年にかけて学術雑誌、専門書等で発表したロールズの格差原理に関する一連の論文（後掲）をもとに、それに削除、修正、加筆を施し、また若干の論稿を付け加えて、どうにか一冊の本にまとめ

たものである。

　元になる原稿がまがりなりにもあるのであるから、比較的容易にできるのではないかと踏んでいたが、案に相違して、作業は難渋を極めた。時間の制約と私の勉強不足は仕方ないにしても、当時と現在とでロールズに対する私の関心と理解が微妙に変わっていること、同じことが短期間に書いた一連の論文の間でさえ見られたこと、そして何よりも、過去の自分の論文を読んでも何が本当は言いたかったのかよくわからない箇所が多々あったこと、これらの事情が、多少なりとも一貫した本にすることを妨げた。作業の途上において、過去の論文を、重複部分があまりに多いにもかかわらず、一言一句変えることなく、そのまま順番に載せて出版しようかと思ったことも一再ではない。

　したがって、過去の論文の加筆修正の仕方は無様であり、注がやたらに多くなったり、部分的な結論が変わっていたりして、当初の論文よりもリズムと一貫性に欠け、かなり読みにくくなっているのではないかと恐れる。論文の評価は、自分ではなく他人がするものだ、ということを唯一の希望の糸にしている。

　私の恩師である田中成明先生（京都大学名誉教授）が早くからロールズに注目されていたこともあり、ロールズの著作の若干については、私が大学院で勉強を始めた約30年前から勉強はしていた。大学院のスクーリングで、ロールズの「カント的構成主義」の論文をみんなで「わからん、わからん」と言いながら読んでいたのを今でも懐かしく思い出す。その後、私は法学方法論という法哲学の地味な一分野を中心に研究を進めることになり、ロールズについては、法哲学者としての最低限の常識以上に勉強することはなかった。

　私がロールズについての研究を再開したのは、2004年に岩波書店から出た『公正としての正義 再説』の翻訳を共訳者の一人としてすることになってからである。諸般の事情から、翻訳の全体的な最終調整を私が担当することになったこともあり、『再説』を端から端まで穴があくほど読まざるをえなく

なった。結果的に、ロールズの他の著作の多くも読み直す必要にも迫られた。先ほど駄作といったものの大半は、あまり調子がよくなかったその頃に、すでに引き受けた論文の締切りに迫られて仕方なく書いたものである（申し訳ありません）。翻訳作業を流用したものにすぎない。

その後、ロールズに言及する内外の文献の若干にも目を通したが、まったくメモをとっていなかったこともあり、今ではほとんど記憶がなく、その成果（とは言えないが）を本書にはほとんど反映させることができなかった。参照引用するべき重要文献が抜けていること、私のオリジナルな発言であるかのように書いてあるが、実は先達がすでにのべているのに、不勉強な私がそれに気づいていないだけであること等々、不手際が多々あるかと思うが、ひとえに私の能力および努力の至らなさによるものであり、どうかご寛恕願いたい。

『再説』においてロールズは、「OP曲線」と彼が名づける経済学風の奇妙な曲線を執拗なまでに使って、格差原理の内容、ひいては「公正としての正義」全体の構想を読者に理解させようと奮闘していた。今では、OP曲線の奇妙さもあまり気にならなくなったが、経済学の知識があまりなかった当時においては、OP曲線の意味を私はよく理解することができず苦しんだ。本書は、私のこの思いをどこまでも引きずっており、本来は「OP曲線」という題名をつけるべきものであったかもしれない。

私は、OP曲線を理解するために、経済学を勉強せざるをえなかった。だが、幸か不幸か、法哲学の研究者として、それ以前から経済学の帝国主義がひたひたとわが領土に迫りくるのを漠然と感じ始めていた私は、折にふれて、まったくの初心者の閾を出ないにしても、少しは経済学の勉強をしていた。15年以上前に教えていた当時の大学院生によると、当時私は彼らに「経済学を勉強しろ、勉強しろ」と口癖のように言っていたそうである。私は忘れてしまったが、自分のために言っていたのであろう。

正確には思い出せないが、私が経済学を勉強してみようと思ったきっかけは、以下の三つである。

第一に、たぶん最初は、私の研究分野に近い科学論の論文を読むためだったと思うが、村上泰亮著作集をぱらぱら読んでみると、経済学的知見を大胆に応用した興味深い政策提案がいくつも書いてあり、経済学は面白そうだと思ったということがある。偶然にも、彼の三値論理学を応用した社会的選択理論の論文(『同著作集1』所収)を読んでいたことは、その後の正義論の研究において大いに役に立った。宇沢弘文氏の『自動車の社会的費用』やアダム・スミスの『国富論』なども、法学部学生の演習のテキストとして取り上げた記憶がある。

第二に、法哲学者ケルゼンの「純粋法学」にいう「純粋」ということが何を意味するのか、私はその頃、これに研究上の関心を大いにもっていたので、ワルラスの『純粋経済学要論』にいう「純粋」が何を意味するのかということにもまた大きな興味を覚えた。実際に、ワルラスを読んでみると大変むずかしく、これは経済学をきちんと勉強しないといけない、と思ったものである。有名なアローとハーンの『一般均衡分析』にも無謀にも挑戦してみたが、まったく歯が立たなかった。その後で、シュンペーターの『理論経済学の本質と主要内容』を読んで、気を取り直した。もちろん、これらの古典の読書と並行して、初心者向けの経済学教科書もいろいろ読んではみたが、面白いものは少なかった。一番面白かったのは、もちろん『国富論』である。

第三に、『再説』の翻訳を担当するずっと以前から、ロールズの『正義論』を少しでも読んだことのある人であればだれにでもわかることだが、それを正確に理解するには経済学を勉強する必要があるということに、私もまた気づいていた。

経済学の研究は、遺憾ながら、その後もあまり進展していない。せいぜいそれに自分は向いていないということが自覚できた程度である。それでも、ロールズに関して言えば、彼が経済学があまり得意でない、ということは自信をもって断言できるようにはなった。その程度のことは、経済学の勉強を始める以前から私も漠然と気づいていたことではあるが、どのくらい得意で

はないかを判定することが素人にはむずかしいのである。そのためには、少なくともロールズの経済学の知識レベルをこえる必要がある。

　ローズが最も得意とするのは、「道徳哲学的政治哲学」というべき分野である。彼の『道徳哲学史講義』はすばらしい。そして、その最も得意な能力がいかんなく発揮されているのは、ロールズ自身、それがあまり注目されなかったのを嘆いている『正義論』第三部である。しかし、私は、その得意でない経済学の道具を用いて正義の理論を構築しようとしたロールズの心意気をきわめて高く評価するものである。その方法論にも、実体的内容にも賛同するところはきわめて少ないが。

　「反省的均衡」という倫理学の方法論に注目する研究者も多いが、私がそこから学んだところは皆無である。「熟慮した判断」ということが強調されるが、「考えた挙句まちがう」という経験を彼らはしたことがないのであろうか。「三手の読み」というのは、それをちょっとでも考えるのと、まったく考えないのでは、雲泥の差があるということを教える格言である。熟慮するにつれて、その限界効用は急速に逓減する。へたをしたらマイナスになる。「反省したらあかん」のである。道徳問題をわれわれは、雑音のなかで考えるのであって、無関係の考慮を遮断して考えることはできない。

　法哲学、政治哲学、道徳哲学のような分野では、現在の経済学と異なり、今にも崩壊しそうなつぎはぎだらけの砂上の楼閣のようなものをぎりぎりのところで築きあげる能力が問われる。ロールズがその大家であることは間違いない。書名に「理論」という名を冠し、「正義は制度の徳である」と宣言して、多くの読者を引き付けると同時に誤解させ、アリストテレス以来の伝統的な「ポリスのなかでの説得としての道徳」論を展開したロールズの手腕には脱帽せざるをえない。だが、リベラリズムについて、日本の法哲学者の一人として私がロールズから学んだところは皆無である。

　本書は、ロールズに倣って、あるいはロールズ以上に、OP曲線に徹底してこだわるきわめてマニアックな研究書である。当初は、格差原理に含まれる「最も恵まれない人々に最も有利に」という、政策スローガンとしてだれ

も正面から否定することのむずかしい内容が立法指針としてどのように働きうるのか、ということに背景的関心をもって研究を始めたが、結果的に、遺憾ながら、格差原理は立法指針としては使えない、という情けない結論になってしまった。もっとも、これまでの研究経験からして、考えが変わることはよくあるから、私はそれほど悲観していないが。本書は、結論にいたる前に、ともかくも格差原理を理解しようとする私の苦闘の記録にすぎない。他の論者からのロールズ批判を詳しく検討する余裕はなかった。

とはいえ、「ロールズから格差原理をとったら何が残るのか」という反問に対して、ロールズを真剣に読んだことのある研究者であれば、そのとおりだということに大半の人が同意してくれると私は信じる。

もちろん、そのことを一番わかっていたのはロールズ自身である。経済理論戦が不得意なことを自覚しながらも、老体に鞭打ち、OP曲線砲という名の時代遅れの重い大砲を再び引っ張って、不利な戦線に果敢にも舞い戻り、錆ついたその大砲に磨きをかけることもなく、それをそのまま無器用に用いながら、格差原理の意味の説明にかけた「再戦」ならぬ『再説』における彼の執念を見よ。負けてもやらねばならぬことがある。反省したらあかん。格差原理は、ロールズ正義論の生命線である。政治的リベラリズムなど、それに比べれば露ほどの価値もない。格差原理を死守せよ。なんと美しい政治哲学ではないか。

拓殖大学非常勤講師の法哲学者、伊藤泰氏には、ゲラ刷を読んでいただき、有益なアドバイスを頂戴した。この場を借りて、心より御礼申し上げたい。

最後になりましたが、成文堂社長、阿部耕一氏には、出版事情厳しき折、新基礎法学叢書という地味な法学分野のシリーズを開始していただき、本書をその第一冊として世に送り出す名誉を与えていただいたことに対してなによりも感謝いたします。執筆にあたりましても、従前より過分のご配慮を賜り、心より御礼申し上げます。同社編集部、土子三男さんには、前著に引き続き、何から何までお世話いただき本当にありがとうございました。この2

年あまり、かなり疲れましたが、また頑張りますので、今後ともよろしくお願いいたします。

本書を恩師、上山安敏先生と田中成明先生に捧げたい。

  2011年11月23日

亀 本 　 洋

新基礎法学叢書 刊行のことば

　このたび、以下に引用する阿南成一先生の基礎法学叢書（1970年〜1998年）刊行のことばの精神を引き継ぎ、新基礎法学叢書の刊行を開始することにした。そのめざすところは、旧叢書と異ならない。ただし、「各部門の中堅ならびに新進の研究者」という執筆者についての限定は外すことにした。基礎法学各部門の「金字塔をめざして」執筆する者であればだれでも書くことができる。基礎法学の研究者層は大変薄いこともあり、それ以外の法学部門の研究者だけでなく、哲学、歴史学、社会学等の専門家、さらには、教養あるすべての人々にも、読んでいただけるような内容になることを希望している。

　2012年1月　　　　　　　　　京都大学教授　　亀　本　　　洋

基礎法学叢書 刊行のことば

　現代は《変革の時代》であり、法律学も新たに生まれ変わろうとしている。かかる時代にあって、法哲学・法史学・比較法学・法社会学等のいわゆる基礎法学への関心も高まり、これらの学問の研究は、ますます重要性を加えつつある。

　しかし、いずれの学問分野においても、基礎的研究の重要性が説かれながら、その研究条件は、応用的ないし、実用的研究に比して、必ずしも恵まれていない。このことは基礎法学についても同様かと思われる。

　それにもかかわらず、基礎法学の研究は、こんにちことのほか重要であり、幸い全国各地には基礎法学の研究にたずさわる研究者が熱心に研究活動をつづけている。そこで、ここに《基礎法学叢書》を企画し、これを、基礎法学の各部門の中堅ならびに新進の研究者の研究成果の発表の機会とし、以って基礎法学の発展を期することとした。

　この基礎法学叢書として今後二〜三のモノグラフィーを逐年刊行の予定であるが、それらはいずれも基礎法学部門の専門、学術的な研究成果であり、各部門の発展途上における金字塔をめざして執筆されるものである。

　本叢書が基礎法学の発展に寄与できれば幸いである。

　　昭和43年2月　　　　　　大阪市立大学教授　　阿　南　成　一

目　次

はしがき　i
新基礎法学叢書 刊行のことば　viii
基礎法学叢書 刊行のことば　ix
元になった論文・著書　xvi
省略表現等についての注記　xvii

第1章　『再説』の意義と位置 …………………………………1
第1節　『再説』という書物 ………………………………1
1．『再説』の修正点と『正義論』からの一貫性　1
2．政治哲学の役割　4
3．正義の二原理の概要　7

第2節　政治的リベラリズム ………………………………8
4．格差原理は「政治的リベラリズム」の影響をどう受けたか　8
5．政治的リベラリズムの課題──正義原理の安定性問題　9
6．公と私の区別　10
7．政治的構想と包括的教説の区別　11
8．穏当な多元性の事実、公共的理由、重なり合う合意　12
9．新旧の安定性問題　14
10．新旧の公私の区別の間の関係　16
11．政治的リベラリズムと格差原理の内容の関係　17
12．ミルのリベラリズムとロールズの政治的リベラリズム　17
13．「政治的リベラリズム」と暫定協定説　21
14．一神教と政治的リベラリズム　22
15．万民の法　24

第2章　格差原理は格差縮小の要求を含むのか ………………25

第 1 節　格差原理の何が問題か ……………………………………25
　　16．格差原理の萌芽　25
　　17．正義の二原理　28
　　18．社会の基本構造　29
　　19．第一原理あるいは平等な自由原理　30
　　20．原理間の優先関係　31
　　21．格差原理への思い――偶然の影響の排除と平等　34
　　22．格差原理の問題圏　34
第 2 節　格差原理は何の分配を規制するのか …………………………36
　　23．基本善　36
　　24．各原理の管轄　37
　　25．社会的経済的基本善――公正な機会均等原理と格差原理の関係　39
　　26．基本善指数　40
　　27．機会としての所得　41
　　28．社会階層間比較　43
第 3 節　格差原理はどのように分配するのか ……………………………44
　　29．分配曲線 OP　44
　　30．分配曲線と職種賃金一覧表の対応　48
　　31．最低所得最大点と等正義線　51
　　32．複数の分配曲線　52
　　33．格差原理の平等主義的要素とパレート効率との関係　54
　　34．正義と不正義の領域区分　56
第 4 節　格差原理と互恵性……………………………………………58
　　35．互恵性の条件　58
　　36．弱い互恵性と強い互恵性　61
　　37．OP 曲線による強い互恵性の解釈　64
　　38．OP 曲線をどうやって描くのか　67
　　39．互恵性の偏り　68

40. 最低所得最大化の要求、正義・不正義の領域区分、格差縮小要求の関係　72
41. スキームの意味の変更　74
42. OP 曲線の解釈の変更の理由——純粋な手続的正義と格差原理との関係　76

第5節　格差原理と格差縮小の予定調和か
43. 最低所得最大点の特定の必要性とその困難さ　78
44. OP 曲線を使った格差原理への異論とロールズの応答　79
45. 最低所得の最大が水平な直線をなす場合　83
46. 格差原理と格差縮小要求の関係　84
47. 格差原理の最低所得最大化の要求は選択の自由に劣後する　85

第3章　格差原理の正当化
第1節　なぜ『再説』に注目するか
48. 政治的リベラリズムと『再説』　87
49. 格差原理の正当化における『再説』の新しさ　89

第2節　「公正としての正義」の基本的構成要素
50. 人間観と社会観　90
51. 原初状態　92
52. 秩序だった社会　95

第3節　正義原理の選択におけるマキシミン・ルールの役割
53. 原初状態における正義原理の優劣比較　96
54. マキシミン・ルール　98

第4節　第二比較における格差原理の正当化
55. 互恵性　104
56. 正義原理の安定性　107
57. コミットメントの緊張　108
58. 格差原理を安定させる力　111
59. 制約付き効用原理の弱点　112
60. 財産私有型民主主義　対　福祉国家的資本主義　116

61．互恵性の説明におけるジレンマ　118

第4章　格差原理は互恵性の観念を含むのか……………121
第1節　分配基準としての格差原理の多義性 …………………123
　　62．格差原理の両義性　123
　　63．OP 曲線による格差原理Ⅰの説明　124
　　64．OP 曲線による格差原理Ⅱの説明　127
第2節　格差原理の両義性への対応 ……………………………130
　　65．格差原理ⅠとⅡの齟齬の放置　130
　　66．格差原理Ⅰの優先　131
　　67．格差縮小要求としての格差原理Ⅲ　132
　　68．格差原理Ⅱの優先　133
　　69．格差原理Ⅱを優先させた場合の問題点　134
第3節　格差原理と互恵性　再論 ………………………………136
　　70．互恵性と貢献　136
　　71．貢献の方向と大変指数の関係　139
　　72．ロールズによる「貢献」の扱い　142
　　73．伝統的な「功績」概念との関係　144
第4節　格差原理と互恵性の結びつけ方…………………………145
　　74．原点と比べた相互利益　145
　　75．ロールズによる互恵性の説明の難点　147
　　76．立場の互換性　149
　　77．利他主義的互恵性　150
　　78．OP 曲線の解釈の変更と最低労働技能者　151
　　79．パレート効率概念からの悪影響　152
　　80．立法指針としての格差原理の可能性　154
　　81．需要のない仕事がしたい人はどうなるのか　155

第5章　立法指針としての格差原理………………………157
第1節　恵まれた人からの搾取 …………………………………158
　　82．OP 曲線と格差原理　158

83. 生産曲線としてのOP曲線　159
   84. 総生産の増大がもっぱら恵まれた人の労働に起因するとした場合の
       OP曲線の解釈　160
   85. 恵まれた人からの搾取　162
   86. 「功績」概念と格差原理、功利主義　164
  第2節　格差原理にかなったルールを作成するための情報 ……… 165
   87. 格差原理にかなったルールを作成するために必要な情報　165
   88. 能力への課税　165
   89. 格差原理にかなったルールを作成するために必要な二種類の情報　166
   90. 格差原理は制度の原理ではない　167
   91. 集団と貢献、互恵性　168

第6章　OP曲線の意味 …………………………………………… 171
  第1節　『再説』におけるOP曲線の意味 ……………………… 172
   92. 所得・仕事のペアとしてのOP曲線上の点　172
   93. スキームとしてのOP曲線上の点　173
  第2節　無差別曲線と社会的厚生関数 ………………………… 174
   94. 無差別曲線　174
   95. 社会的厚生関数を表す無差別曲線群　177
   96. 格差原理を表す無差別曲線——等正義線　178
   97. 『正義論』におけるOP曲線と等正義線の関係　181
   98. 等正義線以外の無差別曲線の例　182
  第3節　パレート効率と格差原理 ……………………………… 185
   99. 「全員の利益になる」の効率性原理としての解釈　185
   100.「全員の利益になる」の格差原理としての解釈　188
  第4節　OP曲線はなぜ理解しにくいか …………………………… 191
   101. OP曲線の背後にある原因　191
   102. OP曲線による互恵性の説明——『正義論』と『再説』の視点の
        違い　193
   103. 視点の転換の帰結としてのOP曲線上の点の意味の転換　195

104．説得論としての正義の理論　196
　　105．格差原理と平等　197
ロールズ正義論についての覚書 …………………………………199
　互恵性の種別 ………………………………………………………199
　ハイエクとロールズ ………………………………………………200
　　1．ハイエクによるロールズの評価　200
　　2．善い社会についてのハイエクの見方　201
　　3．chance の概念　202
　ノージックとロールズ ……………………………………………205
　　1．合理的選択理論に向けての正義論の彫琢　205
　　2．現実の恵まれた人々に向けた説得　206

人名索引 ………………………………………………………………209
事項索引 ………………………………………………………………211

元になった論文・著書

　括弧内に→で、その論文の一部または全部が対応する本書内の章の一部または全部を示した。

「J・ロールズ『公正としての正義・再説』を読む」（法律時報75巻4号、2003年）79-83頁（→第1章）。

「格差原理は格差縮小の要求を含むのか」（三島淑臣教授古稀祝賀『自由と正義の法理念』成文堂、2003年）227-251頁（→第2章）。

「『公正としての正義・再説』における格差原理の正当化」（樋口陽一・森英樹・髙見勝利・辻村みよ子編著『国家と自由――憲法学の可能性』日本評論社、2004年）55-77頁（→第3章）。

「格差原理は互恵性の観念を含むのか」（田中成明編『現代法の展望――自己決定の諸相』有斐閣、2004年）333-367頁（→第4章）。

「格差原理にかなった分配ルールはどのようにして作成されるのか」法学論叢156巻5・6号（2005年）271-281頁（→第5章）。

「格差原理とはどのような原理か」思想975号（2005年7月号）147-168頁（→第1章、第2章、第4章、第5章）。

『法哲学』（成文堂、2011年）523-547頁（→第4章、第5章）、562-568頁（→第1章）、602-603頁（→第6章）。

省略表現等についての注記

　John Rawls の以下の著書については、次のような略号を用いる。

TJ……*A Theory of Justice*, 1st. ed., Cambridge, Massachusetts: Harvard University Press, 1971 ; Revised Edition, Harvard University Press, 1999. 〜/〜rev.（前は初版の頁数、後は改訂版の頁数）というかたちで示す（rev. がない場合は初版の頁数を示す）。節番号で引用する場合は、§を用いる。初版の邦訳として、矢島鈞次監訳『正義論』（紀伊國屋書店、1979年）、改訂版の邦訳として、川本隆史・福間聡・神島裕子訳『正義論　改訂版』（紀伊國屋書店、2010年）がある。後者については『正義論』〜頁というかたちで該当箇所を示す（前者の邦訳は該当箇所の明示を省略する）。

PL……*Political Liberalism*, New York: Columbia University Press, 1993（Paperback Edition, 1996）. 引用は、ペーパーバック版から行う。

CP……Samuel Freeman（ed.）, *Collected Papers*, Cambridge, Massachusetts: Harvard University Press, 1999. この論文集の一部については、原論文からの邦訳がある。田中成明編訳『公正としての正義』（木鐸社、1979年）。また、*CP* 所収の "A Kantian Conception of Equality"（1975）の邦訳として、藤原保信訳「秩序ある社会」（岩波書店編集部編『現代世界の危機と未来への展望』岩波書店、1984年）103-125頁がある。さらに、*CP* 所収の "The Idea of Public Reason Revisited"（1997）の邦訳として、中山竜一訳「公共的理性の観念・再考」同訳『万民の法』（岩波書店、2006年）191-258頁がある。

R……Erin Kelly（ed.）, *Justice as Fairness: A Restatement*, Cambridge, Massachusetts: Harvard University Press, 2001. 節番号で引用する場合は、§を用いる。邦訳として、田中成明・亀本洋・平井亮輔訳『公正として正義　再説』（岩波書店、2004年）がある。『再説』と略記する。

　引用文章に、邦訳がある場合、翻訳はとくに断らないかぎり、邦訳に従った。ただし、『正義論』については、この原則に従っていない。

　引用文章における「……」は、とくに断らないかぎり、亀本による省略を表す。〔　〕内は、翻訳における亀本による補いを示す。引用した邦訳における訳者による補いは［　］で示した。

第1章　『再説』の意義と位置

　本書は、書名のとおり、ロールズの格差原理を研究対象とする。その際、『公正としての正義 再説』を基本的なテキストとし、そこから必要に応じ遡って、『正義論』その他の主要著作にも言及するという手法をとることにしたい。本章では、このような手法をとる理由を理解していただくために、格差原理の本格的な検討に先立ち、『再説』およびそれと密接に関連する「政治的リベラリズム」の意義について準備的な解説をしておきたい。格差原理の背景や内容についても、若干の論及はするが、その立ち入った検討は第2章以下で行うことにする。

　誤解がないように付言しておくが、このような手法をとる理由は、『再説』がロールズの全著作のなかで最も重要であるということにはない。『正義論』（初版）が最も偉大な作品であることは、ロールズの全著作を読んだ研究者すべてにとって明白であろう。100年後にも、政治哲学の古典として残るのは、おそらくそれのみである。『再説』はある意味で、その優れた内容のゆえに、あまりにも注目され、批判された名著『正義論』（初版）に対するロールズの恨み節のようなものである。

第1節　『再説』という書物

1.『再説』の修正点と『正義論』からの一貫性

　本節では、ロールズの業績全体のなかで『再説』にどのような意義があるのかについて、説明しておこう[1]。『公正としての正義 再説』は、ロールズ

---

[1] 私の見方と必ずしも同じではないが、『再説』をきわめて早くに取り上げて詳しく研究する労作として、渡辺幹雄『ロールズ正義論再説――その問題と変遷の各論的考察』（春秋社、2001年）がある。同『ロールズ正義論とその周辺――コミュニタリア

の生前最後の著書であり、2001年に出版された。これは、ロールズが1980年代にハーバードで行った政治哲学の講義の講義案（1989年版）を、病床のロールズに代わってエレン・ケリーが編集したものである[2]。『再説』は、ほぼ同時期の研究の成果である『政治的リベラリズム』（1993年）とは、内容的に重複する部分も多い。

　だが、全体としては、これまでの諸批判に答えながらも、「政治的リベラリズム」（次節参照）の枠内で『正義論』（初版）の主張を整合的に説明し、敷衍することをめざすものであり、初期の立場[3]は、政治的リベラリズムの観点からする位置づけの変更や説明の微修正以外は、驚くほど維持されたままである。

　というよりも、『正義論』は書き方が不正確であったために誤解を与えたが、晩年の立場と同じものは、『正義論』に実は最初から含まれていたのだ、ということを説明あるいは弁明することが、ローズルが『再説』に帰した役割であるように思われる。その個々の内容については、以下の諸章でも、必要に応じ詳しく取り上げるが[4]、注目するべき主要な点をここで、三つだけ挙げておこう。

　第一に、「無知のヴェール」のもとでの思考、すなわち、自分がどの社会階層に属するかはわからないが自分の利益の最大限の実現をめざして正義原理を選択する者（「原初状態の当事者」とよばれる）の思考様式は、正義をめぐるあらゆる思考局面で使われる、ということが『再説』ではとくに強調されている。とりわけ、そのような思考は、当初は、それが「合理的選択理論」（というよりも「ゲーム理論」の一部）の発想だと多くの読者に「誤解」

　　ニズム、共和主義、ポストモダニズム』（春秋社、2007年）、とくにその第1章も参照されたい。
2　R, Editor's Foreword,『再説』「編者のまえがき」参照。
3　わが国おける最も早いその紹介・検討として、田中成明「ジョン・ロールズの『公正としての正義』論」法哲学年報1972『現代自然法の理論と諸問題』（有斐閣、1973年）161-203頁、および同「正義・自由・平等――ジョン・ロールズの『公正としての正義』論再説――」法哲学年報1974『正義』（有斐閣、1975年）69-102頁がある。
4　したがって、ここでは細かな参照箇所の注記は省略する。

——かぎ括弧をつけたのは、普通の読者にそう「理解」されても仕方がないという趣旨——されたが、実はそうではないとロールズが明言している点が注目される（後述第3章参照）。

　第二に、「政治的リベラリズム」のテーマである正義原理の安定性問題は、『正義論』から一貫してロールズの重要な関心であったことが『再説』では強調されている。安定性問題は、『正義論』の第3部「諸目的」において深く扱われており、言われてみればそのとおりだと納得できる。だが、多くの研究者の関心は当初、それ以前の部で展開される正義の二原理、とりわけ「格差原理」の説明および正当化に集中し、第3部はあまり取り上げられなかったというのが学界の実情である[5]。それ以前の部で展開される、微妙かつ慎重な留保の多いロールズの議論——実は彼の論文全体の特徴であるが——を検討するのに疲れてしまって、第3部を深く検討する余裕がなかったというのが多くの研究者の実態であろう。私も同様な経験をした。アリストテレスの倫理学および政治学やピアジェの心理学が援用されている点など、それまでの分析的な議論と比べて、やや基調が異なる——ロックやヒュームが展開した「内観心理学」（ロールズは「道徳心理学」とよぶ）と似ている——という印象を覚えたが。

　これに対して、『政治的リベラリズム』および『再説』においては、ロールズが、（明示的にはのべられていないが、おそらく母国アメリカ[6]の）多元的民主社会の政治文化を所与として、そのなかにみずからの「正義構想」(conception of justice)[7]、すなわち「公正としての正義」を支える諸観念が含ま

---

[5] 『正義論』をめぐる初期の論争が一段落した後、チャンドラン・クカサス、フィリップ・ペティット（山田八千子・嶋津格訳）『ロールズ——『正義論』とその批判者たち』（勁草書房、1996年）は、ロールズが当初から正義原理の実行可能性の問題をその望ましさの問題以上に重視していたという正しい見方に立って、第3部を相当に詳しく検討している。同書79-87頁、215-216頁参照。原著は、Chandran Kukathas and Philip Pettit, *Rawls. A Theory of Justice and its Critics*, Cambridge: Polity Press, 1990.

[6] クカサス、ペティット（前掲注5）187-188頁ほか各所参照。

[7] 「正義の考え方」または「正義の概念内容」もしくは「正義概念の解釈」という訳語のほうがましであると私は考える。「構想」では、プロジェクトないし計画という

れているのだ、ということが力説されている。

　第三に、正義の二原理、なかでも格差原理の説明ないし正当化における「互恵性」（reciprocity）の役割が異様と思われるほど強調されている。この点は、『正義論』と『再説』の最大の違いといってもよい点であり、私がとくに格差原理に注目してロールズを研究してみようと思い立った動機の一つでもある。（したがって、以下の諸章でも再三にわたって取り上げる。）

　互恵性の観念は『再説』において、自由で平等な人格としての市民が各人各様の生き方を尊重しつつも、協力して働き、生活して行くためには、恵まれた者が恵まれない者に貢献し、恵まれない者も自尊心をもって社会に参与することを可能とし、また、そうであることを両者が実感できるような社会を構築し規制するための正義原理が必要だとする、ロールズの正義原理の中核をなす観念だとされている。そのかぎりで、互恵性の考え方が最も鮮明に反映されている格差原理は、正義の二原理を構成する単なる一つの正義原理ではないのである。

2．政治哲学の役割

　ほかの著作には見られない叙述であるので、『再説』冒頭[8]で政治哲学の意義についてロールズが語っている部分について、まず紹介しておこう。それは、ロールズ自身の正義原理がどのような意義ないし役割をもっているか

　　含みが強すぎるからである。しかし、conception を機械的に「構想」と訳すのが現在では通例となっている。その訳語の普及に与って最も大きな力があったのは、おそらく、日本の代表的法哲学者、井上達夫氏であろう。同『共生の作法――会話としての正義――』（創文社、1986年）205頁に「善の構想」という訳語が見える。井上氏自身は、「善き生の構想」という言葉を好むが。また、同「公共性の哲学としてのリベラリズム」森際康友・桂木隆夫編著『人間的秩序――法における個と普遍』（木鐸社、1987年）106頁に「正義の政治的構想」という訳語が登場する。同論文は加筆修正の上、井上達夫『他者への自由――公共性の哲学としてのリベラリズム――』（創文社、1999年）にその第3章として再録されている。

[8] R, §1. なお、2007年に出た John Rawls (Samuel Freeman, ed.), *Lectures on the History of Political Philosophy*, Cambridge, Massachusetts: Harvard University Press の Introduction §2 でも触れられている。齋藤純一ほか訳『ロールズ政治哲学史講義Ⅰ』（岩波書店、2011年）16-18頁参照。

という問題、また、「政治的な正義構想」という「政治的リベラリズム」の中核的概念とも密接にかかわっている。

　ロールズによれば、政治哲学には四つの役割がある。第一の役割は、ロールズが最も重視するものであり、「実践的役割」(practical role) とよばれる。それは、社会の深刻な分裂を引き起こすような対立を終わらせるために政治的コンセンサスの基礎を提供することである。

　第二の役割は、個人と結社と社会（または国家）の関係の理解に寄与することであり、「方向づけ」(orientation) の役割とよばれる。

　第三の役割は、ヘーゲルの『法哲学』(1821年) の用語を借りて「宥和」(reconciliation, Versöhnung) の役割とよばれ、現行の社会の制度がそれなりに合理的であることを歴史的に説明し、不満を和らげることである。前述の「互恵性」の観念は、この役割ととくに密接に結びついている。

　第四の役割は、第三の役割の変種であり、現状を出発点としつつも、正義にかなった民主政体を実行可能性の限界まで追求することである。

　このような政治哲学の見方に立って、ロールズは、現代の民主的政治社会にみられる「穏当な多元性 (reasonable plurality) の事実」、すなわち、各人が信奉する宗教的・哲学的・道徳的な「包括的教説」(comprehensive doctrines) の間に両立しがたい意見の対立があるという事実を所与として、にもかかわらず、社会を自由で平等な人格としての市民による、世代をこえて維持される協働の公正なシステムとみて、「政治的」レベルでは分裂を回避し政治的統合を促進するために、その基本構造、つまり主要な政治的・社会的諸制度とその作動様式を統べるものとして、正義の二原理を提出し、各種の自由と平等の関係について規定するのである。

　社会を構成する自由で平等な人格としての市民とは、社会的協働に従事し、また、そのための十分な能力を生涯にわたってもっている「市民」——私的結社と区別される「政治的社会」、または（単なる表現の違いにすぎない）「政治的共同体」の一員——をさす、「政治的に」構想された概念である。

　ロールズは、そのような能力として、正と善 (right and good)、あるいは、「政治的」と「包括的」の区別に対応させて、とくに二つの道徳的能力、す

なわち、政治的正義の原理を理解し適用し、それに従って行動する能力と、善の構想をもち、それを修正し追求する能力とを死活的に重要なものとしている。

そのような人格が平等といわれるのは、社会的協働に参与するのに必要な上記の二つの道徳的能力を最小限もっている点で市民たちは等しいからであり、自由といわれるのは、善の構想を自由に選択・追求できるという点だけでなく、正義原理についても、各市民はそれに外面的に一致することをこえて、いわば心から正しいと信じて従うからである[9]。(以上は、当然ながら、事実の記述ではなく、ロールズからみれば実現可能な、また、民主的社会の政治文化に含まれる理想である。)

(なお付言すれば、上のような「人格としての平等」と、正義の二原理自体が「平等」主義的な内容をもっているというときの「平等」とは、関連しているが、同じレベルにあるものではない、という点に注意されたい。後者は、自由で平等な人格としての市民を代表する原初状態の当事者は、「市民は平等に扱われるべきだ」と考えるであろうというロールズの想定、あるいはもっと直截にいえばドグマ――つまり、ロールズの主張を（批判に先立ち、まずは）理解しようとする場合、それを疑ってはならない――に由来する。)

社会的協働に参与するには、市民は、労働するために必要な最小限の身体的・精神的能力も備えていなければならないはずであるが、ロールズは、そのことにはほとんど言及しない。だが、「深刻な障害もつために社会的協働に貢献する普通の構成員では決してありえないような[10]」人格が、ロールズの正義の二原理（とくに格差原理）の理論的射程から除外される点には注意するべきであろう。このことから、貧困や失業、一般的医療のような問題に

---

9 カントの自由概念に従うものである。詳しくは、J. Rawls (Barbara Herman, ed.), *Lectures on the History of Moral Philosophy*, Cambridge Massachusetts: Harvard University Press, 2000, pp. 143ff. 参照。邦訳として、ジョン・ロールズ（バーバラ・ハーマン編、坂部恵監訳、久保田顕二・下野正俊・山根雄一郎訳）『ロールズ哲学史講義上・下』（みすず書房、2005年）がある。その上巻、219頁以下「カント」の項目参照。

10 *R*, 170,『再説』297頁。

格差原理を適用することはできても、重度障害者への社会的支援のような問題に直接適用することはむずかしいということが示唆されている。

　もちろん、ロールズの意図をこえて、格差原理をそのような問題に応用するのは論者の自由ではある。だが、本書において私は、ロールズの格差原理を批判的に検討するにしても、まずはロールズの意図をできるだけ忠実に理解した上で、あるいは、不明な点はできるだけロールズに有利に解釈した上でそれを行うことに努めた。

3．正義の二原理の概要

　次章でより詳しく触れるが[11]、ここでは、もっぱら『再説』に拠って正義の二原理の内容をごく簡単に紹介しておこう。

> **第一原理**　各人は、平等な基本的諸自由からなる十分適切なスキームへの同一の侵すことのできない請求権をもっており、しかも、そのスキームは、諸自由（＝自由権）からなる全員にとって同一のスキームと両立するものである（平等な自由原理）。
> **第二原理**　社会的経済的不平等は、次の二つの条件をみたさなければならない。第一に、社会的経済的不平等が、機会の公正な平等の条件のもとで全員に開かれた職務と地位に伴うものであること（公正な機会均等原理）。第二に、社会的経済的不平等が、社会のなかで最も恵まれない構成員にとって最大の利益になるということ（格差原理）。

　適用上の優先関係は、原理の叙述の順序と一致し、しかも、それは、上位の原理の要請が完全に充足されないかぎり、低順位の原理は決して適用されないという仕方での優先関係である。第一原理は、市民的自由と政治的自由を平等に保障するものであり、ロールズ自身は、前述の第一の道徳的能力（正義感覚の能力）を発揮するのに不可欠なものとして、政治的自由と思想の自由を、第二の道徳的能力（善の構想の能力）を発揮するために不可欠なも

11　したがって、参照箇所の注記は省略する。以下の定式化は、R, 42-43,『再説』75頁に拠る。ただし、邦訳をごくわずか修正した。

のとして、良心の自由と結社の自由を位置づけている。

　公正な機会均等原理は、機会の形式的な平等をこえて、「公正な」(フェアな)平等を要求する。フェアという言葉は曖昧であるから、内容の要点をいうと、フェアな平等は、生得的才能の点でも、それを発揮しようとする意欲の点でも同一の人には、出身階層のいかんにかかわらずほぼ同一の成功の見込みを与えるべきことを要求する。これは、たとえば、同じ生得資質をもちながらも、貧困層に生まれたために、同一の資質をもつ富裕階層出身の者に比べて成功の見込みが少なくなるようなことを避けるための、教育支援その他の社会政策を要求するであろう。

　格差原理は、公正な機会均等が実現されてもなお残る社会的経済的格差、とくに所得の不平等を、最も恵まれない人々——やや不正確だが、わかりやすくいえば、稼ぐ能力が劣っているがゆえに最も貧乏な人々——に最も有利なかたちで按排する社会制度を求めるものである。

第2節　政治的リベラリズム

4．格差原理は「政治的リベラリズム」の影響をどう受けたか

　ロールズは、後に著書『政治的リベラリズム』に結実する一連の論文においては、正義の二原理自体はテーマにしていない。したがって、正義の二原理は、以前ほど重要ではなくなったのだという印象をもつ読者がいても不思議ではない。

　しかし、ロールズが、「政治的リベラリズム」の立場を打ち出して以降も[12]、彼が『正義論』以前に提出した正義の二原理は放棄されたわけではない[13]。それどころか、とくに、格差原理——最も恵まれない集団に最も有利

12　「政治的リベラリズム」の立場への転回以降のロールズ正義論の全体像の最も優れた解説として、Burton Dreben, "On Rawls and Political Liberalism," in Samuel Freeman (ed.), *The Cambridge Companion to Rawls*, Cambridge: Cambridge University Press, 2003, pp. 316-346 を推しておきたい。

13　*PL*, 7. David Estlund, "The Survival of Egalitarian Justice in John Rawls's Political Liberalism," in Chandran Kukathas (ed.), *John Rawls. Critical Assess-*

な分配ルールを定めることを求める——は、ロールズ正義論の中核をなす原理として、その重要性はむしろますます高まっているように思われる。1990年代以降、ロールズをめぐるアカデミズムの関心の趨勢は、正義原理、とくに格差原理をめぐるものから、「政治的リベラリズム」へと移ったとはいえ、「公正としての正義」と名づけられた彼の正義論を、政治的リベラリズムに属する他の正義諸構想から際立たせるものは、依然として格差原理である、と私は判断している。

とはいえ、そのことを確証するためには、「政治的リベラリズム」への転回の影響を格差原理がどう受けたかという問いについて、答えておく必要があろう。本節では、主として『政治的リベラリズム』に拠りながら、その問題について手短な紹介および検討をしておくことにしよう。(「政治的リベラリズム」自体は、本書の直接の研究対象ではないため、きわめて概括的な叙述であることをお断りしておきたい。あえていえば、格差原理に関心を集中する本書は、結果的に、「政治的リベラリズム」に格差原理の側からアプローチするということになっているかもしれないが。)

5．政治的リベラリズムの課題——正義原理の安定性問題

自他共に認めるように[14]、『政治的リベラリズム』の課題は、正義原理の安定性という問題に答えることにある[15]。それに答える過程で、第一に、「穏当な多元性の事実」(fact of reasonable pluralism) が、第二に、「正義の政治的構想」(political conception of justice) と「包括的教説」(comprehensive doctrines) の区別が、第三に、異なる包括的教説を支持する者たちが

---

    ment of Leading Political Philosophers, vol. 4, *Political Liberalism and the Law of Peoples*, London: Routledge, 2003, pp. 380-391（初出は、*Journal of Political Philosophy*, vol. 4, pp. 68-78, 1996）は、早くからそのことを指摘していた。

14　この点に争いはないので、どの論者を挙げてもよいが、前掲注12で挙げたDrebenの論文に加え、次の論文も付加しておく。Samuel Freeman, "Congruence and the Good of Justice," in Samuel Freeman (ed.), *The Cambridge Companion to Rawls*（前掲注12）, pp. 277-315.

15　*PL*, xxxix, 4 and 140-144.

「正義の政治的構想」をめぐって議論する際にその正当化のために提出してよい理由として「公共的理性（理由）」(public reason) の観念が、第四に、包括的諸教説の間での正義の政治的構想に向けた「重なり合う合意」(overlapping consensus) の観念が導入された。

6．公と私の区別

　リベラリズムは、それが支持する基本的な権利、尊重されるべき自由と平等の内容と相互関係、政府の目的、個人の同意の重要性、多元主義、寛容原理などさまざまな側面から説明することができる[16]。だが、理解の一つの仕方として、すべてのリベラリズムに共通する基本的な考え方は、公私の区別ということにあると考えることができる。ロールズの場合、それは転回前には、「正または正義の構想」(conception of right or justice) と「善の構想」(conception of the good) の区別として表現されていた。

　善の構想とは、各人が生きたいと思う生き方のことであり、そのなかには、人生の目標、人生観、価値観、倫理観などが含まれる。実際上は、なかでも、どのような職業を選ぶかということが大きいであろう。社会を構成する各市民が、善の構想を自分で自由に選び、修正し、追求するということは、ロールズのリベラリズムにおいても最も基本的な点である。

　これに対して、正義の構想とは、さまざまに異なる善の構想を抱く者たちが、共存し、協力して社会を構成する際に必要となる基本的諸制度――ロールズは「社会の基本構造」(basic structure of society) とよぶ――のあり方を規制するものであり、それらの編成原理として、ほぼ全員によって支持されるものとして正義原理が位置することになる。「正義の構想」と「善の構想」が対立するときは、前者が優先し、その点で前者は後者の内容および実行の制約原理ではあるが、他方で、前者の目的は、後者の実現を支援することにあり、この点では、「善の構想」は「正義の構想」に勝るとも劣らず大事なのである[17]。「世界が滅ぶとも正義は実現されよ」という格言があるが、正

16　たとえば、Shaun P. Young, *Beyond Rawls. An Analysis of the Concept of Political Liberalism*, University Press of America, 2002, pp. 23-50 参照。

義は実現されたが、みんなは不幸になった、ということが本末転倒であることはだれにでも理解できるであろう。

7．政治的構想と包括的教説の区別

公私の区別を表す正義の構想と善の構想の区別は、「政治的リベラリズム」においてもなお維持されている。しかし、そこでは、それに加えて、「政治的構想」と「包括的教説」の区別[18]という別の種類の公私の区別が新たに導入された。これら二種類の公私の区別はどう違い、どう関係するのか、新たな区別をなぜ導入する必要があったのか。

この問題を考えるには、「包括的リベラリズム[19]」と「政治的リベラリズム」の区別[20]という転回前には存在しなかった観念から取り上げるのがわかりやすいであろう。何らかの意味で公私の線引きをし、公の原理が許すかぎり、私の領域では自由に行動してよいという思想は、細かな内容の相違にかかわらず、すべてリベラリズムということができる。

ロールズが「包括的リベラリズム」とよぶものは、リベラルな正義原理の内容やその正当化において、J. S. ミルのように個性の発達を重視したり、カントのように道徳的人格の自律を正義の基礎とするなど、特殊な人間観や倫理観——逆にいえば、「政治的リベラリズム」への転回以降ロールズが採用する「自由で平等な人格としての市民」という考え方は、多元的な民主的社会において共有されているものとして、「特殊」ではないということ——に依拠するリベラリズムである。ロールズの自己反省によれば、『正義論』においては、正義原理の正当化にあたって、カント的な自律の観念に依拠するところが大きかった。これらの包括的リベラリズムはいずれにせよ、特殊な根拠づけと内容をもつから、他の包括的リベラリズムは、それを支持することを拒むかもしれない。リベラルでない包括的諸教説に関しては、そのこ

17　*PL*, 174.
18　*PL*, xxxviii, 12-13 *et passim*.
19　*PL*, xxxix and 78.
20　*PL*, 196 and 199-200.

とがいっそう強くあてはまる。

　「包括的」という用語は、人間の行為全般にかかわるということを含意するが、ロールズは当初から、正義の射程を社会の基本構造に限定しており、そのかぎりで、『正義論』のリベラリズムは包括的ではなかった——たとえば、個人が、権威主義的結社や構成員間で不平等な扱いをする結社に自由に加入（および脱退）すること自体は、正義原理と両立するかぎり問題とならない。それゆえ、「包括的」と「政治的」との区別にとっては、（ロールズの見方からすれば）正義構想の基礎づけの特殊性——つまり、多元的な民主的社会の政治文化で共有されたものから引き出されるものではないということ——いかんが決定的であると考えるべきであろう。

8．穏当な多元性の事実、公共的理由、重なり合う合意

　「穏当な多元性の事実」とは、民主的社会の現実には、場合によっては対立するさまざまな包括的教説が存在することをさす。しかも、ロールズの正義原理（とくに第一原理）自体、多元性を肯定し、それを促進しさえする内容をもっている[21]。だからこそ、異なる包括的教説を抱く者たちが正義の構想をめぐって対立するときには、自分の支持する包括的教説を直に持ち出すのではなく、全員が支持しうると期待できる「公共的理由」を根拠にたがいに説得を試みなければならないとロールズは説く[22]。

　多元性の前についた「穏当な」（reasonable）という形容詞は、まっとうな包括的教説は、そのような作法（ロールズは「civilityの義務[23]」とよぶ）を身につけているはずだということを含意すると同時に、そのような作法を無視し、自己の包括的教説の奉じるいわば絶対的正義を実現するためなら、他の人々にそれを押し付けてもかまわないと考える類の包括的教説は、政治的リベラリズムの観点からは許容されず、「穏当」でないものとして排除され

21　*PL*, 36-37.
22　*PL*, 134 and 212-254, esp. 243 ; *CP*, 573-615,『万民の法』（後掲注49参照）191-258頁。
23　*PL*, 217 *et passim* ; *R*, 90, 92 and 117,『再説』160頁、163頁、206頁。

る[24]。

「重なり合う合意[25]」という観念によってロールズが説明しようとするのは、民主的社会に存在するさまざまな包括的教説のほとんどによって、一つの政治的な正義の構想が理にかなったもの（reasonable）として支持されうるという希望である[26]。このことは、包括的リベラリズムの間だけではなく、包括的レベルではリベラルでない諸教説の間でも妥当する[27]。

ロールズ自身の考え方を正確に理解していただくため、ここで、『政治的リベラリズム』の公刊後それを敷衍するものとして書かれた重要な論文「公共的理性の観念再訪」[28]（1997年）から引用しておこう[29]。

> ここで寛容の観念は二つあることに注意されたい。一つは、純粋に政治的なもので、理にかなった政治的な正義構想に従う、宗教的自由を保護する権利・義務の観点から表明されるものである。もう一つは、純粋に政治的ではなく、宗教的もしくは非宗教的な教説の内部から表明されるものである。たとえば、そのような権利・義務は、神がわれわれの自由に対して課した制約であると言う場合がそうである。このように言うことは、私が〔他者の教説の〕推測からの理由づけとよぶものの例でもありうる。その場合われわれは、他の人々の宗教的または哲学的な基本的教説だとわれわれが信じるまたは推測するものから理由を挙げ、彼らに、彼ら自身がどう考えようと、彼らが正義の理にかなった〔＝穏当な〕政治的構想を肯定することができることを示そうと努めているのである。その場合、われわれは、われわれ自身の寛容の根拠を主張しているのではなく、他の人々も彼ら自身の包括的教説と一致したかたちで主張することのできる寛容の根拠を提供しているのである。

正義の政治的構想をめぐる公共的理性に基づく対話において、包括的教説

24　*PL*, 61 ; *R*, 183,『再説』322頁。
25　*PL*, 144-150.
26　*PL*, 40 and 134.
27　*PL*, xxxix.
28　"The Idea of Public Reason Revisited" in *CP*, 573-615,『万民の法』（後掲注49参照）191-258頁。
29　*CP*, 591,『万民の法』220-221頁。訳文は、この邦訳に準拠していない（以下においても同様とする）。圏点は亀本による。

の援用が必ずしも排除されるわけではない、というよりも、「重なり合う合意」の「重なり合う」の主語が「教説」であるということからして、むしろ当然に含まれるという点に注意していただきたい。

だが、その一方で、包括的教説の信者の説得のために提出される論拠は、あくまで提出者による教説の解釈である点にも注意されたい。「公共的理性」の作法とは、一見わかりやすい日本語でいえば、「お互いに相手の立場にたって考える」ことだと言うことができるかもしれないが、相手の立場にたって考えている（つもり）なのは私であって、決して相手ではないのである。相手から、「それは私の解釈ではない」と言われたら、どうするのであろうか。育った文化の違い、あるいは、政治的対立の深刻さの経験の違いといえばそれまでかもしれないが、ロールズは、この点を徹頭徹尾軽視している。

後述するように、19世紀末から第一次、第二次大戦までの期間に見られたドイツ語圏での対立に比べると、私としては「軽い」という印象を抱かざるをえない。別の言い方をすると、ロールズは、アメリカのことしか考えていないのである。

私はここで、そのこと自体を批判しているのではない。ロールズの政治的リベラリズムの背後にある、本当の関心を知っていただきたいだけである。また、ロールズの正義論に普遍性がない、ということを批判する意図もない。政治思想における普遍性は、ローカルな思想から生まれるものである。ただし、民主的社会、あるいは、その政治文化を一律に論じるなどということは、政治思想史家または政治哲学者を標榜するのなら、やってはいけないことだと私は考える。単なる倫理学者ならかまわない。ロールズだけではないが、アメリカの「政治哲学者」の多くはどうして、自分の話がアメリカの話だという自覚に欠けるのであろうか。

9．新旧の安定性問題

脱線してしまったが、本線に戻ろう。政治的リベラリズムにおいてロールズが扱う「安定性」の問題とは、「自由で平等な人格としての市民」という、包括的教説から独立した「政治的な」観点——ロールズは freestanding と

よぶ[30]——から暫定的に正当化（「原初状態からの正当化」）された正義原理が、はたして、さまざまな包括的教説を信じる人々の間で、しかも、それぞれの包括的教説の内部に属する理由からも、支持されるかどうかという問題であり、それが肯定されれば、正義原理は安定的であるといえ、正当化は完了する[31]。

　すでにのべたように、『正義論』第3部においても安定性の問題は詳細に扱われた。しかし、それは、問題の構造としては同じであったが、『政治的リベラリズム』におけるのと着眼点が異なっていた[32]。

　ロールズ研究者の間で広く知られているように、『正義論』では、「原初状態」の当事者はどのような正義原理に合意するだろうかという問題設定のかたちで正義の二原理が導出された。その際、当事者には、善の構想だけでなく、各自の能力・境遇など個人を特定する一切の情報を遮断する「無知のヴェール」がかぶせられた。さらに、当事者は、どのような善の構想を奉じてもよいという意味で自由であり、また、自己利益の最大化——したがって自分の善の構想の最大限の実現——をめざす点で合理的（rational）であると想定された。しかし他面、当事者は、他の当事者の利益実現には無関心とされ、ある正義原理採択の結果、他の当事者のほうが利益実現の程度が大きいと見えたとしても、それを羨ましくは思わないと仮定されていた。『正義論』における安定性問題とは、原初状態モデルによっていったん正当化された正義の二原理が、無知のヴェールが取られた段階で、はたして、現実の市民によって実際に支持され、羨望や妬みを生み出すことがないかどうかという問題である。これが肯定されてはじめて、十全な正当化は完了する。

　『正義論』においても『政治的リベラリズム』においても、安定性問題が登場するのは、ロールズが正義原理を「秩序だった社会」（well-ordered society）[33]の規制原理として位置づけているからである。「秩序だった社会」

30　*PL*, 12 *et passim*.
31　*PL*, 140-172.
32　*PL*, 140 n. 7 and 141.
33　*TJ*, 4-5/4-5rev. and 453-462/397-405rev.,『正義論』7-8頁、595-606頁、*PL*, 35-40；*CP*, 232-236 and 322-327；*R*, §§3 and 60.2.

とは、「正義についての一つの公共的な構想によって実効的に規制された社会」であり[34]、正義原理が秩序だった社会を統べる原理として機能するためには、多少なりとも妬みを抱く（『正義論』）、あるいは、さまざまな包括的教説を抱く（『政治的リベラリズム』）実際の市民によって受け容れられうるものであることが不可欠なのである[35]。これが安定性問題である。

10. 新旧の公私の区別の間の関係

ここで、二種類の公私の区別の関係いかんという問題に立ち返ろう。結論からいえば、政治的リベラリズムにおける新たな公私の区別の導入にもかかわらず、より基本的な公私の区別は、「正義の構想」と「善の構想」という当初からの区別である。包括的教説は「善の構想」の一部をなすものとされているからである[36]。逆にいうと、残余の部分は、包括的教説によって指示されない。教義的に体系化された特定の包括的教説に徹頭徹尾従って生きることをモットーにする人がいたとしても、どのような仕事をするか、どのような趣味をもつかなどといったことまで、その教説が事細かに命じるといったことは想像しがたいから、それは当然といえば当然である。

他方で、「政治的構想」と「包括的教説」という新たな対照観念が必要になった理由は、ロールズのリベラリズムが他の包括的教説によって受け容れられないかもしれないという意味で特殊な、人間観・社会観に基づく「包括的リベラリズム」であるかもしれないという嫌疑を払拭するためである[37]。

もちろん、「政治的リベラリズム」であっても、それが何らかの人間観・社会観・価値観に依拠することは避けられない。実際ロールズは、すでにのべたように、社会を、自由で平等な道徳的人格としての市民の間で行われる公正な協働のシステムとみた上で[38]、正義原理を、そのような協働を統べる

---

34 *TJ*, 453/397rev.,『正義論』595頁、*PL*, 35；*CP*, 308-309；*R*, 8,『再説』14頁。
35 *CP*, 255-256；*R*, §3.
36 *R*, 33,『再説』57-58頁。
37 *CP*, 488-489；*R*, 186,『再説』327頁。cf. *CP*, 614（『万民の法』256-257頁）and 617.
38 *PL*, 3 and 15；*R*, 5, 18, 39 *et passim*,『再説』10頁、31頁、69頁ほか各所。

「政治的な」原理と位置づけ、このような人間観・社会観が民主的社会の政治文化の基礎にある直観的観念であり[39]、それゆえ、さまざまな包括的教説によっても支持されうると考えている。さらに、その種の直観的観念の解釈や展開をめぐって、政治的リベラリズムに属する諸構想の間で意見の対立がありうることさえ、ロールズは認めている[40]。だが、そのような対立は、「政治的」という意味で、公的な問題圏の枠内で「公共的理性」の作法によって、「重なり合う合意」をめざして解決されなければならない、とされるのである。

11. 政治的リベラリズムと格差原理の内容の関係

政治的リベラリズムへの転回に関する紹介はこの程度に留め、それは、格差原理とどう関係するのかという本節のはじめに提起した問題に立ち返ろう。結論をいえば、正義の二原理の内容は、したがって、格差原理の内容も、まったく影響を受けない。正当化の基礎にあった「包括的」と理解（あるいは誤解）されかねない要素が除去されただけである。逆にいうと、すべての市民によって支持されうる「政治的」基礎によって正当化が強化されたことになる。少なくともロールズからすれば、格差原理の位置は、「包括的」との嫌疑を受けるおそれのあるレベルから、明確に「政治的な」レベルへと移行したのである。

12. ミルのリベラリズムとロールズの政治的リベラリズム

以上においては基本的に、「政治的リベラリズム」の要点をロールズの主張にできるだけ忠実に紹介してきた。だが、私自身は、「リベラリズム」を「包括的な」ものと「政治的な」ものとに区別するということには、どうも

39　*R*, 5-6, 『再説』9-10頁。
40　*PL*, 226 ; cf. *CP*, 581, 『万民の法』205頁。ここでロールズは、「公共的理性の内容は、政治的な正義諸構想の家族によって与えられるのであって、単一の構想によって与えられるのではない」とのべている。ちなみに、"Justice as Reciprocity"（1971）in *CP*, 191においてすでに、「〔正義の二原理は、正義〕諸原理の家族の典型であるということで十分である」という似たような表現が見られる。

納得しがたい点が残る。そもそも、リベラリズムに「政治的」という形容詞をつける必要があるのだろうか。格差原理への関心からかなり離れるが、以下では、その疑問に対する私なりの解答を示しておくことにしよう。

　J. S. ミルは、ロールズがその正義論の構築にあたって最も大きな影響を受けた思想家の一人であると思われる[41]。ミルはその『自由論』(1859年)のなかで、自由の本質が政治的および社会的権力の制限にあることを歴史的に説明する文脈で「寛容」の意義を強調して、次のようにのべている[42]。

　　このように、社会の好き嫌いないしは社会のある有力な部分の好き嫌いこそ、法と世論の罰則のもとに、一般に遵守するように決められた規則を、事実上決定してきた主要なものなのである。そして一般に、思想と感情において社会より先んじていた人々も、……この事態を原則としては不問に付してきた。彼らは、社会の好き嫌いが個々の人間にとっての法となるべきか否かを問題にするよりも、むしろ、どんなことを社会は好みあるいは嫌うべきなのか、を探求することに専念した。彼らは、異端者一般と共同して自由を擁護しようとするよりも、むしろ彼ら自身が異端となっている特定の点について、人類の感情を変えようと努めたのである。

　　点在する個々人以外のものによって、原理上一段と高い立場がとられ、首尾一貫して主張された唯一の例は宗教的信仰の場合である。……みずから普遍教会と称したもの［カソリック教会］のくびきを最初に打破した人々も、一般的にはその教会自身と同様、宗教的意見の相違をほとんど許そうとはしなかった。しかし、どの宗派にも完全な勝利をもたらすことなしに闘争の熱がさめ、各教会や宗派が、既得の地盤を保持する以上には望めなくなったとき、少数派は、多数派になる見込みがないことを悟って、彼らが改宗させることのできなかった人々に、異説を唱えることを許容せよと主張する必要に迫られたのであ

41　齋藤純一ほか訳『ロールズ政治哲学史講義II』(岩波書店、2011年) 445頁以下「ミル」の項目参照。原著については、前掲注8参照。ちなみに、ミルの次にロールズが影響を受けたのはカントだと思う。
42　責任編集関嘉彦『ベンサム　J. S. ミル』(世界の名著49、中央公論社、1979年) 222-223頁。David Bromwich and George Kateb (ed.), *On Liberty, John Stuart Mill*, New Haven and London: Yale University Press, 2003, pp. 78-79を参照した。圏点は、亀本による。

る。そこで、この戦場においては、そしてほとんどここにおいてのみ、社会に対する個人の権利が広い原理上の立場から主張され、また異端者に権威をふるおうとする社会の要求が公然と論駁（ろんばく）されてきたのである。世界が現在所有している宗教の自由の獲得に貢献した偉大な著述家たちは、そのほとんどが、良心の自由を不可侵の権利として主張し、人間が自己の信仰について他人に対して責任を負うことを、断固として否定してきた。
　けれども、それがなんであれ、本当に関心をもっていることについては寛容になれぬことが、人間にとってはごく自然のことなので、……宗教の自由はほとんどどこでも、実際には実現されなかった。もっとも寛容な国々においてすら、ほとんどすべての宗教的人間の心の中では、寛容の義務は、暗黙の留保を付したうえで認められているのである。……少数ながらその寛大さをさらにもう少し広げる人々もいるが、それも、一つの神と来世を信じることまで広げるのが限度である。……

　上の引用文章第一段落の最後の文でミルがのべているように、「社会より先んじていた人々」でさえ、何が道徳的によいことか、正しいことかばかりを探求し、社会の他の人々も自分と同じ考えになることがよいことだと信じているだけで、よいこと、正しいこと——ミルはそれだけでは（適正な理由が伴わなければ）単なる好みにすぎない点を強調しているが——でも、他人に強制してはいけない場合があるということを認識しない。しかし、そのことの自覚が、自由主義者であるために必要不可欠なものなのである。それゆえ、自分が賛成しない、もっと正確にいえば、「心から反対する」道徳的主張および道徳的行動の自由（もちろん、他者の自由を侵害する、たとえば刑法や不法行為法に反するような行為は別である）を擁護しないかぎり、自由主義者であることはできない。
　そのかぎりで、自由主義は、ミルが第二段落でのべているとおり、それ以外の道徳的主張と比べて、「原理上一段と高い立場」あるいは「広い原理上の立場」に位置するものである。ロールズは、そのことを後期に至って、「政治的リベラリズム」という混乱を招く用語でよび始めたのだと私は解釈する。だが、そのような奇妙な用語をあえて使えば、リベラリズムの本質

は、つねに「政治的リベラリズム」である。したがって、「政治的」という形容詞は不要である。

　ミルのリベラリズムが、個性の発達を重視したり、進歩を信じていたりする点をとらえて、それを「包括的リベラリズム[43]」に分類したければ、そうしてもよい。だが、私見によれば、ミルにおけるそのような要素は付帯的なものにすぎない。「社会の好き嫌いが個々の人間にとっての法となるべきか否かを問題にする」ミルのリベラリズムのどこが（ロールズがいう意味で）「政治的」でないのか、私には理解できない。

　第二段落でミルがのべ、ロールズが熟知しているとおり[44]、リベラリズムという「一段と高い立場」が一貫して主張された初めての例は、ヨーロッパの宗教改革に続く宗教戦争においてである。その際、「少数派は、多数派になる見込みがないことを悟って、……異説を唱えることを許容せよと主張する必要に迫られた」のである。

　「良心の自由」──信教の自由をさす言葉だが、一神教を信じていない日本人（以下、国籍ではなく、日本の普通の文化のなかで育った人をさすことにする）にもわかりやすい言葉で言い換えれば、「間違うことの自由[45]」──を中核的内容とするリベラリズムはもともと、数多くの死人を出したあげくの戦略的妥協の産物──最近では「暫定協定」(modus vivendi)[46] とよばれる

43　*PL*, 196 and 199-200 参照。

44　*R*, 1 and §58.1.『再説』3頁、338-339頁。

45　キリスト教における「良心」についての私の理解については、亀本洋『法的思考』（有斐閣、2006年）400-401頁参照。

46　Charles E. Larmore, *Patterns of Moral Complexity*, Cambridge: Cambridge University Press, 1987, pp. 70-77 参照。ただし、これを国家の「中立性」と結びつける考え方に私は賛成しない。ミルの危害原理、すなわち「文明社会の成員に対し、彼の意志に反して、正当に権力を行使しうる唯一の目的は、他人にたいする危害の防止である」（前掲注42『ベンサム　J. S. ミル』224頁）という原理のような多少なりとも内容をもつ実体的原理を提出するならまだしも、個人の生き方に対して「中立」と言うだけでは、中立の中身をめぐる問題が先送りされるだけだからである。たとえば、「戦争において中立」と言う場合は、相当な実体的内容があることと比較されたい。要するに、正義論において、「中立」という概念は使用しないほうがよい、ということである。

——だったのである。絶対多数派を形成できなかった各宗派がそれを不承不承に受け容れたのである。しかも、「本当に関心をもっていることについては寛容になれぬ」のが人間ゆえ、リベラリズムの理想が実現されることは決してない。ミルのこの診断は、今でも正しい。

13. 「政治的リベラリズム」と暫定協定説

ロールズも、前述（8参照）のように、「重なり合う合意」があくまで希望だとするかぎりで、ミルと一致している。しかし、ロールズは、「暫定協定としてのリベラリズム」——つまり、今は我慢しているが、万一絶対多数派となれば、他者の自由を抑圧しようとする立場——という見方には強く反発している[47]。だが、私はそれを、ロールズの政治哲学が本来の意味（単なる倫理学からは区別されるという意味）での政治哲学ではないということの自白として以上には受け取れない。暫定協定説を「政治的リベラリズム」とよび、ロールズの「政治的リベラリズム」を（適当な言葉がないので）「倫理学的リベラリズム」とでもよぶのが正しい用語法というものであろう。

ミルの言いたいことも、ロールズの言いたいことも結局は同じかもしれない。だが、私にとっては、希望が実現可能であることを強調するロールズよりも、ミルのようなシニカルな態度のほうがはるかに迫力がある。ミルも、暫定協定でいいのだ、ということが言いたいわけではないのである。

正しい意味での「政治的リベラリズム」が問われた第一期を宗教戦争時代とすれば、それ以降、それが主として西洋において問題となった第二期は、共産主義・社会主義への信仰が優勢となった19世紀後半から20世紀前半にかけての革命の時代であり、第三期は、イスラム陣営とキリスト教陣営が、各国内で、かつまた、世界をまたにかけて戦っている現在である。ロールズの「政治的リベラリズム」が理論上の難点にもかかわらず、アメリカで現在もなお注目を浴びている背景には、そのような事情がある。（逆にいえば、日本の文化のなかで育った私は、あまり真剣に扱う気がしないのである。）

---

[47] *PL*, 147-148；*R*, §58.

14. 一神教と政治的リベラリズム

　リベラリズムが問われた第二期において、マックス・ウェーバーやハンス・ケルゼン、グスタフ・ラートブルフなど有力な政治哲学者ないし法哲学者たちは、同じ問題を「神々の闘争」あるいは「相対主義」という項目で扱った[48]が、問題の本質は同じであった。

　西洋における価値相対主義とは、日本人の多くにそう受け取られがちであるように、「人によって意見が違う」とか、「あなたと私は意見が違うから、これ以上話し合っても仕方がない」とか、そのようなものを意味するものではない。

　一神教文化圏においては、「神の存在を信じる」ことの世俗版として、道徳問題（徳目の一つとしての正義の問題も含まれる）においても「真理の存在を信じる」という信仰があり、後者は倫理学では、cognitivism（「認知主義」、「認識主義」または「認識説」と訳される）とよばれる。そして、その裏返しとして、価値相対主義が存在するのである。現在の日本の文化に見られるのは、真理への信仰のない相対主義、相対主義しかない相対主義である。それはそれで一つの文化であり、いいとか悪いとかいった問題ではない。だが、価値相対主義と文化相対主義は似て非なるものである。西洋やイスラム圏の宗教は、道徳教育をも担うものとして圧倒的に大きな役割を果たしてきており、人々はそれを「真理」として、子供の時から親や教会、学校で暗に日に叩き込まれてきている、ということを日本の研究者は看過してはならな

48　遺憾ながら、この問題は、本書では詳しく論じることができない。ただし、日本の法哲学者の常識ではある。さしあたり、平野仁彦・亀本洋・服部高宏『法哲学』（有斐閣、2002年）105頁、111-113頁、および（本書の叙述と重複しているが）亀本洋『法哲学』（成文堂、2011年）565-568頁参照。また、加藤新平『法哲学概論』（有斐閣、1976年）464-566頁、井上達夫『共生の作法』（前掲注7）10-24頁参照。ただし、宗教や殺し合いの観点からものを見る私と異なり、井上氏は、正当化や「会話」の観点からリベラリズムをとらえている。同書第5章参照。
　マックス・ウェーバー（尾高邦雄訳）『職業としての学問』（岩波文庫、1980年）64頁に「神々のあいだの永遠の争い」という言葉がある。ハンス・ケルゼン（古市恵太郎訳）『民主政治の真偽を分つもの』（理想社、1959年）、田中耕太郎訳『法哲学』（ラートブルフ著作集第1巻、東京大学出版会、1961年）等参照。

い。

　これまで私は、ロールズの愛用する「善の構想」(conception of the good)という概念の本質をできるだけ表に出さず、「生き方」や「職業」として、日本人にも理解しやすいように説明してきた。しかし、その本質は、「神のもとでよく生きる」という点にある（西洋において世俗化された学問には、それを表に出さないという暗黙の決まりごとがあるのである）。

　唯一神の存在を信じるロールズもまた、倫理学における真理を信じる文化に拘束され、倫理学上の認識主義をとらざるをえない。しかし、彼の正義の二原理における第一原理すなわち「平等な自由の原理」は建前上、各人が別々の神を信じることを許容し、あるいは推奨する。「政治的リベラリズム」とは、倫理学における真理の存在への信仰を放棄することなく、しかし、そ・れ・を・わ・き・に・お・い・て・、さまざまな宗教（したがって道徳）を信じる人々が各人の（とくに信仰の）自由を互いに尊重しつつ、一国内で共存するための枠組および作法を意味する言葉である。

　だが、「わきにおく」と言いつつも、政治的リベラリズムのもとでの「正義構想」自体が、メタレベルの真理信仰になっているのである。ロールズ自身、「穏当でない」教説——ロールズは死んでも明言しない（それは良識である）が、おそらくイスラム教の一部を意識している——を排除しているではないか。

　文化の相違として、そのような発想をすること自体に私は異論はない。しかし、リベラリズムの内部で包括的なそれと政治的なそれとを区別するということが私には理解しにくいのである。

　ロールズの正義論の射程には、日本や古代ギリシアなど、多数の神々を信じる、あるいは、信じなくても気にしない文化圏は入ってこない。絶対神なき相対主義の文化圏では、ロールズのいう「政治的リベラリズム」は考える必要がない、あるいは、考えることができない。私見によれば、「包括的教説」とは、各一神教——政治的リベラリズムをも含むロールズの正義論全体もその一つと考えたほうがよい——におけるドグマ（ドグマが悪いと言っているのではない。）のことである。西洋におけるリベラリズムが、あたり一面しか

ばねの戦場の跡に登場した由緒ある言葉であることを想起されたい。

15. 万民の法

ロールズによれば、「万民の法」(law of peoples) によって結びつく国際社会はまず、ロールズの「正義の二原理」のようなものを奉じるキリスト教諸国すなわち欧米の自由民主主義諸国によって構成され、次いで、一定の要件（要するに自由民主主義体制に近いこと）を具備しているかぎり、階層的なイスラム諸国も加入を許される[49]そうである。どうして、穏当なイスラム社会にキリスト教諸国が一定の要件を具備しているかぎり、入れてもらえる、という順番にならないのだろうか。どちらにも属さない日本のような国は、最初からお呼びでないということなのだろうか。

国際法が自然法として、キリスト教諸国の間の法であったということは、歴史上の事実の叙述としては正しい。だが、ロールズは規範的主張をしているのである。ここにもまた、殺し合いを予感させるものがある。このような反リベラルなイデオロギーをもつロールズがなぜ暫定協定説を否認するのか、私には理解できない、言いかえれば、よく理解できる。ミルの言うとおり、「本当に関心をもっていることについては寛容になれぬ」のが人間なのである。ロールズも例外ではない。リベラリズムについて真剣に考えるためには、この事実認識が決定的に重要だと私は考える[50]。

---

[49] *CP*, 544. ただし、ロールズは「許される」という言い方をしているわけではない。extension という言い方についての私の解釈である。だが、extension という言い方は、私としては気に入らない。より詳しくは、ジョン・ロールズ（中山竜一訳）『万民の法』（岩波書店、2006年）とくに第8節および第9節ならびに「訳者あとがき」338-339頁参照。原著は、*The Law of Peoples*, Cambridge, Massachusetts: Harvard University Press, 1999. なお、本書の議論はもともと、『再説』の一部とされる予定であった。*R*, xii, 『再説』vii 頁参照。

[50] リベラリズムについての私の見方については、亀本『法哲学』（前掲注48）第10章参照。なお、渡辺幹雄『ハイエクと現代リベラリズム――「アンチ合理主義的リベラリズム」の諸相』（春秋社、2006年）序論「リベラリズムとは何か」で示された、「明るい」リベラリズムと「暗い」リベラリズムの区別には共鳴するところが多い。私の見方では、ロールズはまだまだ明るすぎる。

第2章　格差原理は格差縮小の要求を含むのか

　ロールズの提唱した「正義の二原理」に含まれる「格差原理」は、格差を是正するための原理だと理解されることがある[1]。はたして、そうだろうか。『正義論』には、格差原理は格差の完全な是正や、縮小すらめざすものではなく、ただ、最も恵まれない人々の状態にのみ注目して、その最大限の改善をめざすだけだという趣旨の叙述も数多くみられる[2]。格差原理は、最も恵まれない人々の利益の最大化という要求をこえて、あるいは、それと同時に、格差の縮小ということをも要求するのだろうか。本章では、この問題に取り組むことにする。

　以下の検討にあたっては、前章の冒頭でものべたように、ロールズの生前最後の著書『公正としての正義 再説』を基本的なテキストとし、必要に応じ『正義論』その他の著作も参照するというやり方をとりたい。『再説』の目的の一つは、それ以前に現れた「格差原理」に対するさまざまな誤解を解くために、その原理の要点をできるだけ簡明に説明するということにある、と私は見るからである。

第1節　格差原理の何が問題か

16．格差原理の萌芽

　「不平等は、それが全員の利益になると合理的（reasonable）に期待されな

---

[1]　たとえば、川本隆史『ロールズ――正義の原理』（講談社、1997年）111-112頁、290頁、柴田恵子「ケア学の行方」、『自由と正義の法理念』三島淑臣教授古稀祝賀（成文堂、2003年）323頁参照。
[2]　*TJ*, 91/79rev., 101/86rev. *et passim*、『正義論』124頁、136頁ほか各所。なお、本書冒頭の「省略表現等についての注記」でのべたように、本書において『正義論』（改訂版）の文章を引用する場合、翻訳は、その邦訳には準拠していない。

いかぎり恣意的である」という格差原理の萌芽的形態は、1958年の論文「公正としての正義」[3] のなかで初めて表明された。それは、「分配的正義」[4]（1967年）および「分配的正義・補遺」[5]（1968年）において、「全員の利益」とは社会で「最も恵まれない人々」（the least advantaged）の利益であるという点がより明確にされ、そのような原理に、ロールズは「格差原理」という名称を与えた。これらの成果は、1971年の『正義論』にもほぼそのまま反映されている[6]。その後、「政治的リベラリズム[7]」の観点からする正義論の位置づけの変更もしくは明確化にもかかわらず、生前最後の著書『公正としての正義 再説』に至るまで、格差原理の定式化に基本的な変更はない。

格差原理がもともと、どのような考え方から生まれたのかを知るために、上記の一連の論文の中間期に公表された「憲法上の自由と正義の概念」[8]（1963年）から引用しておこう[9]。

3　"Justice as Fairness" in *CP*, 47-72, esp. 48,『公正としての正義』31-77頁、とくに33頁。

4　"Distributive Justice" in *CP*, 130-153, esp. 133 and 138（the difference principle という名称は、ここで初めて登場する）、『公正としての正義』121-160頁、とくに126頁、133-134頁。

5　"Distributive Justice: Some Addenda" in *CP*, 154-175, esp. 162-163,『公正としての正義』161-195頁、とくに173-174頁。ここにすでに、「格差原理は相互利益の自然的条件を表す互酬性〔＝reciprocity 互恵性〕原理でもある」という説明が現れている。

6　*TJ*, 60, 83 and 302.

7　前述第1章第2節参照。なお、初期の立場から「政治的リベラリズム」にいたるロールズの正義論の、初心者向けだが要点を押さえた概説として Robert B. Talisse, *On Rawls*, Belmont: Wadsworth, 2001がある。

8　"Constitutional Liberty and the Concept of Justice" in *CP*, 73-95.

9　*CP*, 75,『公正としての正義』81-82頁（下線は亀本による。下線を引いたのは、格差原理のもともとの位置づけに注意を促したかったからである）。ほとんど同旨の文章として、前掲注3～5で挙げた箇所のほか、"Justice as Reciprocity"（1971）in *CP*, 190-224, esp. 193-194参照。なお、論文「互恵性としての正義」が講義用に準備されたのは1959年である（*CP*, x 参照）。したがって、この論文の実質的内容は、直前の論文「公正としての正義」（1958年）と大幅に重なっている。本書の観点からは、「互恵性」という言葉がきわめて初期から、思い入れを込めて使用されていることが注目に値する。私の推測では、ロールズは自分の正義論を「公正としての正義」の代わりに、「互恵性としての正義」と名づけることもできたが、フェアネスのほうがア

第1節　格差原理の何が問題か　27

　私が用いる正義の概念は、さしあたり、二つの原理という形で述べることができよう。すなわち、第一に、ある制度に参加するかそれによって影響を受ける各人は、すべての人々に対する同様な自由と相容れる〔＝compatible 両立する〕かぎり、最も広範な自由への平等な権利をもつ。第二に、制度上の構造によって規定されたりそれによって促進される諸々の不平等は、それらがすべての人の利益となるであろうと期待するのが合理的〔reasonable〕でないかぎり、また、それらの不平等を伴っていたり、あるいはそれらの原因となりうる諸々の地位や職務が、すべての人々に開かれていないかぎり、恣意的である。これらの原理は、三つの観念、すなわち、自由、平等、<u>共通の利益に貢献するサーヴィスに対する報酬</u>に関連するものとして、正義の概念を表現している。
　……
　第一原理は、他の事情が等しいならば、という仮定がある場合にのみ、侵すべからざるものとして適用できる〔逆にいえば、他の事情が等しくないならば例外、つまり不平等が認められる〕。……第二原理は、許容しうる不平等の種類を明確にすることによって、どのようにしてこの推定が斥けられうるかを規定する。

　ここに見られるのは、あえて大雑把にいうと、な・ん・で・も・平等が原則であるが、不平等が全員の利益になるのであれば不平等にしてもよい、という発想

メリカでは子供でも知っているイメージのよい言葉であるということもあって、前者を採用したのだと思う。
　ちなみに、「政治的リベラリズム」への転回以降の、しかも、『政治的リベラリズム』の公刊後の論文「公共的理性の観念再訪」（前掲第1章注28）でも、「互恵性（＝相互性）の基準」(criterion of reciprocity) というかたちで reciprocity という言葉が使われている。それは、たとえば、立憲民主制下では、議会の多数決で法案が可決された場合、それに反対した市民も、その法律の根拠が「公共的理性」の枠内で主張されたかぎり、法律の正統性を認めなければならない、立場が逆であっても同じである、ということを意味する。CP, 574-581,『万民の法』194-198頁参照。さしあたり、ここでは、fairness のほうが意味が広く、かつより曖昧な言葉ではあるが、fairness と reciprocity が場合によっては置換可能なものであることを指摘しておきたい。私としては、正義論上の主張を読者に説得するために、自国語のもつローカルな情緒的意味を利用するという方法は好きではないが。このような点も、私がロールズの著作はもっぱらアメリカ人に向けて書かれたと理解したほうがよいと判断する（前述第1章14頁参照）理由の一つである。先にものべたが、それが悪いと言っているのではないが。

である。そこでは、第一原理は自由権、第二原理は社会的経済的権利を扱うという役割分担よりも、第一原理は平等という原則、第二原理はその例外というかたちでの連続性ないし一体性（これが後述20で触れる「一般的正義概念」につながる）のほうが強く出ている。この点が、後の定式化と比べてとくに注目するべき点である。

ともかく、ロールズの正義論のデフォルト（初期設定）が平等であるということは、上の引用によって了解していただけよう。前章（6頁）ですでに触れたが、これは、ロールズの正義論におけるドグマであり、それを理解しようとする際には疑ってはならない、ということを銘記されたい。

もっとも、それは、何らかの意味での「社会的正義」をめざす現代のほとんどすべての正義論で共有されているドグマであり、それらの間の相違は平等の解釈の仕方にあるにすぎない、とも言える。だが、それを原則、例外というかたちで二つの原理にロールズほど明確に振り分ける正義論は珍しい。

17．正義の二原理

格差原理の考察に先立ち、格差原理を含む「正義の二原理」の定式化を『再説』に拠って再び（前章7頁参照）掲げておこう[10]。（『正義論』当初の定式化では、公正な機会均等原理と格差原理の表記上の順序が今と逆であったことのみ注記しておく[11]。）

第一原理　各人は、平等な基本的諸自由からなる十分適切なスキームへの同一の侵すことのできない請求権をもっており、しかも、そのスキームは、諸自由（＝自由権）からなる全員にとって同一のスキームと両立するものである（平等な自由原理）。
第二原理　社会的経済的不平等は、次の二つの条件をみたさなければならない。第一に、社会的経済的不平等が、機会の公正な平等の条件のもとで全員に開かれた職務と地位に伴うものであること（公正な機会均等原理）。第二に、社会的経済的不平等が、社会のなかで最も恵まれない構成員にとって最大の利益になるということ（格差原理）。

正義の二原理は、市民全員に平等な基本的諸自由を保障する第一原理と、公正な機会均等のもとで、社会の最も恵まれない集団に最も有利になるような・不・平・等・な分配スキームを要求する第二原理とからなり、第二原理の後半部分が格差原理とよばれる。最も恵まれない集団に最も有利な分配ルールを定めるということがロールズの格差原理の眼目である。

　なお、そこで「社会」と言われているのは、国民国家（nation‑state）のことである。ロールズは明言していないが、彼が想定しているのは、第一に母国であるアメリカ合衆国であり、第二に、ヨーロッパの西側先進諸国であり、それ以外の国のことは（日本も含め）ほとんど想定外だと私は推測している[12]。

18．社会の基本構造

　正義の二原理の適用対象は、ロールズが「社会の基本構造」とよぶものであり、国家の憲法上の諸制度と市場経済を保護または規制する諸制度とがその主なものである[13]。重要な点であるので、正確を期すため、『正義論』の有名な一節を引用しておこう[14]。

> 　われわれにとって、正義の第一義的な適用対象は、社会の基本構造である。もっと正確にいえば、社会の主要な諸制度が基本的な権利・義務を分配し、社会的協働から得られる利益の分割を決めるやり方である。主要な諸制度とは、政治の体制と主要な経済的および社会的諸制度のことである。たとえば、思想の自由および良心の自由の法による保護、競争的市場と生産手段の私的所有、そして、一夫一婦制が主要な社会的制度の実例である。これらの主要な諸制度は、合わさって一つのスキームを構成し、人々の権利と義務を定め、彼らの人生の見込み、つまり、彼らが将来どのようにあると期待することができるか、および、うまくやっていけるとどの程度期待できるか、に影響を与える。

10　R, 42-43,『再説』75頁。
11　PL, 5‑6 and 291も参照。定式化の変更の理由については、PL, 5 n. 3参照。
12　その理由については、前述第1章8、**13**、**14**、および前掲注9参照。
13　詳しくは、R, §4および TJ, §2参照。
14　TJ, 7/6-7rev.,『正義論』10-11頁。下線は亀本による。

正義原理は、自由社会に存立する個々の私的団体や結社に（ある種の制約として間接的に適用されることはあっても）直接適用されるものではない[15]。したがって、たとえば、プロ野球球団が選手の実績に応じて格差のきわめて大きい年俸を支払っても、そのこと自体は格差原理に反するものではない、というよりも、それに格差原理が直接適用されることはない。（後述するように、格差原理は、政策論としては、所得に対する課税または（福祉給付を含む）補助金の問題にかかわると考えればよい。）

19. 第一原理あるいは平等な自由原理

第一原理は、本書の主要な研究対象ではない。だが、格差原理との関係を理解するのに必要なかぎりで、第一原理の要点を、ここで手短に説明しておこう。第一原理の表現は込み入っているが、それは要するに、政治的権利（参政権、政治的言論・結社の自由等）を含む自由権を、社会の構成員全員に平等に保障することを要求しているだけである。

第一原理の定式化における「……全員にとって同一のスキームと両立する」という言い方は、わかりにくいかもしれない。「法の前の平等」（日本では「法の下の平等」と言われる）は、ある自由権の集合を社会構成員のだれか一人に与える場合は、それと同じものを全員に与えなければならないという要請を含んでいる。その際、各個人が自由権を行使する際に生じうる自由権相互の衝突がどうしても問題になる。先の言い方は、諸自由権からなるスキームは、そのような衝突をも考慮して構想されなければならないという含みのある表現である。（だが、ロールズ自身は、その問題を深く検討しているわけではない。それは、彼の専門の政治哲学というより、法哲学ないし憲法学の課題であろう。）

たとえば、フランス人権宣言[16]（1789年）第 4 条に、「自由は、他人を害し

15　*R*, 10,『再説』18頁に現れる「背景的正義」(background justice)、「背景的諸制度」(background institutions) という言葉が、このことをよく表している。

16　訳文は、山本桂一訳「人および市民の権利宣言」、高木八尺・末延三次・宮沢俊義編『人権宣言集』（岩波文庫、1957年）131頁による。

ないすべてをなし得ることに存する。その結果各人の自然権の行使は、社会の他の構成員にこれら同種の権利の享有を確保すること以外の限界をもたない。これらの限界は、法によってのみ、規定することができる。」とあり、同第 6 条に、「法は、保護を与える場合でも、処罰を加える場合でも、すべての者に同一でなければならない。」とある。第一原理は、これと同様の考え方を表明しているのである。

　第一原理に含まれる諸権利の保障は、自由民主主義諸国の憲法のほとんどすべてで謳われており、日本国憲法上の自由権および政治的権利（参政権、政治的[17] 言論・結社の自由等）に関する規定の内容にほぼ対応すると考えておけばよい。卒直にいって、第一原理の内容については、ロールズのオリジナリティはほとんどない[18]。これは、私が格差原理にとくに注目する理由の一つでもある。

20．原理間の優先関係

　第一原理は、「憲法の必須事項」（constitutional essentials）、すなわち、憲法に必ず明記するべき事項を扱うものとされ、憲法制定段階で適用される。これに対して、第二原理は、「基本的正義」（basic justice）の問題を扱うとされ、立法段階で適用される[19]。「基本的正義」という言葉は、ロールズ独

---

[17] 自然権または憲法上の自由権には、同じ名称で一括してよばれていても、「政治的」（political or civic）なものとそうでないもの——普通は「市民的」（civil）と形容される——とがあることに注意されたい。たとえば、政党を作るのも、株式会社を作るのも、結社の自由に含まれる。ただし、両者が底でつながっていることも否定できないので、話は簡単ではないが。日本の憲法学でいう「経済的自由（権）」は、経済的自由は、他の自由よりも軽く扱ってよいというドグマ（いわゆる「二重の基準」——そこでは、ダブル・スタンダードという言葉が肯定的な意味で使われている）との関係で、市民的自由の一部を取り出して分類するものである。

[18] ただし、ロールズが、形式的に平等に付与されているはずの政治的権利が、恵まれている人（金持ち）とそうでない人（貧乏人）とで値打ちを異にする点に留意して、政治的権利の実質的平等化——ロールズは「公正な平等」という——を第一原理の内容に含めている点には注意するべきである。R, §45；TJ, 224-228/197-200rev.,『正義論』304-308頁参照。後掲第 3 章注21およびそれに対応する本文も参照。

[19] R, §13.6；PL, 227-228. ただし、憲法の成文化を必ずしも要求するものではない。

自の用語であり、何をさすのかわかりにくいが、課税や補助金、いわゆる「福祉受給権」等にかかわる問題が、それに属することは疑いない[20]。

すでにのべたように（前述第1章3参照）、適用上の優先関係は、原理の叙述の順序と一致し、しかも、それは、上位の原理の要求が完全に充足されないかぎり、低順位の原理は決して適用されないという仕方──「辞書的順序」(lexical or serial order)[21] とよばれる──での優先関係である[22]。要するに、正義の二原理は、平等な自由原理、公正な機会均等原理、格差原理という三原理からなり、より前の原理がより後の原理に優先するということである[23]。

付言すれば、このような優先関係をともなう正義の考え方は、『正義論』（初版）においては、「特殊的正義概念」とされ、それが適用可能なのは、経済発展が一定水準以上──しかし高度の水準である必要はない[24]──に到達し、歴史的文化的にも民主的社会を形成するために好都合な諸条件が備わっている社会に限られるものとされていた[25]。

いくつかの発展途上国など、歴史的文化的事情や経済発展の不十分さなどのため、民主的社会をすぐに形成するための条件がいまだ整っていない社会には「一般的正義概念」が適用される。一般的正義概念とは、格差原理（＝「最も恵まれない人々に最も有利に」）の適用範囲を、第一原理および公正な機会均等原理が扱う事項、すなわち、基本的な権利・自由と公正な機会にも拡張するものである。したがって、そこでは、社会で最も恵まれない人々の利

20　だたし、「少なくとも基本的な人間的ニーズをカバーする社会的ミニマムの確保」（*R*, 162, 『再説』284頁）は、憲法の必須事項に属するとされる。

21　*TJ*, 42-43/37-38rev. and 61/53-54rev., 『正義論』60-61頁、85-86頁。

22　*R*, 43 and 46-47, 『再説』75-76頁、80-82頁。ただし、これは文字通りに受け取ることはできない。後掲注133参照。井上達夫『共生の作法』（前掲第1章注7）135頁も参照。

23　Norman Daniels, "Democratic Equality: Rawls's Complex Egalitarianism," in Samuel Freeman (ed.), *The Cambridge Companion to Rawls*（前掲第1章注12）, p. 241.

24　*R*, 47 n. 12, 『再説』366頁注12。

25　*TJ*, 83の§13の最終段落も参照。改定版では削除されている。

益になるかぎりで、基本的な権利・自由と機会を含めた不平等な扱いが許容もしくは要求されることになる[26]。つまり、そのかぎりで、下層階級の基本的権利・自由が制限されてよいということである。関連する部分を『正義論』（初版）から引用しておこう。

　……正義の理論は、社会の理論に依存している。それがどのような仕方でかということはやがて明らかになるであろう。さしあたり、正義の二原理が（そのすべての定式化について）、より<u>一般的な正義概念の特殊ケース</u>であることに留意されたい。一般的正義概念とは、次のようなものである。
　　すべての社会的価値――自由と機会、所得と富、ならびに自尊の基盤――は、これらの価値のどれかまたはすべての不平等な分配が全員の利益になるものでないかぎり、平等に分配されるべきである〔＝不平等な分配が全員の利益になるのであれば、不平等に分配してよい、あるいは、不平等に分配するべきである〕。[27]

　……以上の諸節における考察の結果として、第二原理は次のように定式化される。
　　社会的および経済的不平等は、(a) 最も恵まれない人々の最大の利益となり、かつ、(b) 公正な機会均等の条件のもとで全員に開かれた職務と地位に伴うように制度化されるべきである。
最後に、格差原理、またはそれによって表された考え方は、一般的正義概念に容易に通じるものであることに留意されたい。実際、一般的正義概念は、自由と機会を含むすべての基本善に適用された――つまり、特殊的正義概念の第一原理および優先ルールに拘束されない――格差原理にほかならない。このことは、正義の二原理に関するこれまでの手短な説明からも明らかである。優先ルールを伴う正義の二原理は、今後も折にふれてのべるように、一般的正義概念が社会的諸条件の改善につれて最終的にとる形なのである。……さしあたり、格差原理こそが、さまざまな定式をとるにせよ、全体を通じ基本的なものである、と言っておくことで十分である。[28]

26　*TJ*, 62/54rev. and 152/132rev., 『正義論』86頁、207頁。
27　*TJ*, 62/54rev., 『正義論』86頁。改訂版では若干修正されている。下線は亀本による。

だが、ロールズは、「政治的リベラリズム」の立場を明確にして以降、国内的正義論[29]の射程を経済の発展した民主主義国に限定した。それゆえ、そこでは、もっぱら特殊的な正義概念のみが問題にされていると考えてよい[30]。

21. 格差原理への思い——偶然の影響の排除と平等

したがって、そこでは、格差原理の優先順位は一番低い。にもかかわらず、ロールズの正義原理全体の中核にあるのはやはり格差原理であると言ってよい[31]。というのは、生まれや生まれながらの才能や運といった偶然的な事柄、本人に責任のない事柄によって生じる不平等は道徳的にみておかしいのではないか、という疑問がロールズ正義論の出発点にあり[32]、格差原理は、まさにこの問題に正面から応えるものだからである[33]。

22. 格差原理の問題圏

格差原理をめぐる諸問題は、それらが相互に密接に関連することを当然の前提とした上で、一応、以下の五つの問題圏に分けて考えることができる[34]。

①他の原理（平等な自由原理または公正な機会均等原理）とどのような関係にあるのか。

28　*TJ*, 83. 最終段落は、前掲注25で挙げた箇所と同じ。
29　*R*, 11,『再説』19頁。
30　*R*, 43 and 43 n. 5,『再説』76頁、365頁注5。
31　前掲注28で示した引用箇所参照。
32　*R*, 55,『再説』95-96頁。*TJ*, 15/14rev. and 102/87rev.,『正義論』22頁、137-138頁。*CP*, 138,『公正としての正義』133頁。
33　*R*, 49,『再説』85-86頁。
34　このような分類、とくに②③④については、Philippe van Parijs, "Difference Principles," in Samuel Freeman（前掲注23）, pp. 200-240, esp. p. 201から示唆を得た。この論文は、私の関心と重なるところが多く、他の点でも教えられるところが多かった。なお、彼の著書の邦訳として、P. ヴァン・パリース（後藤玲子・齋藤拓訳）『ベーシック・インカムの哲学——すべての人にリアルな自由を——』（勁草書房、2009年）がある。

②何の分配を規制するのか。
③どのような基準で分配するのか。
④どのような手段で分配するのか。
⑤格差原理は、どのような理由で正当化されるのか。

　これらのうち①を正しく理解することは、格差原理の内容把握の前提として不可欠であり、その最も重要な点である原理間の優先関係については、**20**ですでに触れた。格差原理の内容理解に直接かかわるのは、それぞれ、分配の対象、基準、手段に関する②③④の問題であり、①も含め、以上の問題がすべて十全に答えられてはじめて、つまり、格差原理がどのような原理かがわかってはじめて、⑤の正当化の問題への接近が可能になる。

　というのは、格差原理が社会の基本構造にどのように適用されるかが、少なくともある程度分かる前に、格差原理が正義の観点からみてよい原理かどうかを抽象的に論じても、制度論としては、あまり意味がないからである。

　注意するべきことに、このレベルの正当化問題は、ロールズが格差原理の内容のよさを読者に説得しようとして、さまざまな「正当化」を試みているのとは、多少なりともずれる問題である。多くの研究者は、ロールズ自身の問題設定に引きずられ、後者の問題に没頭しすぎてきたように思われる。私自身は、正義原理が社会の基本構造に適用されるとされている以上、ロールズの提出した正義の二原理の内容が道徳的に立派であるかどうかよりも、制度構築の指針として、それが優れたものであるかどうかのほうに関心がある（この問題は、後に第5章でより立ち入って扱う）。

　それはともかく、冒頭でのべた本章の問題関心、すなわち格差原理と格差縮小要求との関係に直接関係するのは、③の問題、すなわち、それがどのような分配基準かという問題である。幸いにして、③の問題は、他の論点から比較的独立に取り上げることができる。しかし、③の問題に入る前に、②および①の問題との関連について必要最小限のべておかなければならない。

　（なお、分配の制度論に属する④の問題については、それが課税または補助金の問題であることは明らかであるが、その詳細についてロールズ自身は、ほとんど語っていない。後述第5章では、課税、補助金またはベーシック・インカムとい

った手段というより、そのために必要な情報という観点から問題を扱う。また、⑤の問題の一部は、第 3 章で取り上げる。)

第 2 節　格差原理は何の分配を規制するのか

23．基本善

　前述の②の問題、すなわち、格差原理は何の分配を規制するのか、という問題に入ろう。正義の二原理は、広い意味での分配的正義、すなわちロールズのいう（社会的35）基本善（primary goods 基本財、優先財と訳されることもある36）全般の分配を規制する原理である。功利主義との対比では、正義の二原理が、主観的な幸福や厚生の分配を扱うものではなく37、あくまで客観的に観察可能な38 基本善の分配を扱うという点が重要である。

　『再説』によれば、基本善とは、自由で平等な人格としての市民が、各自の「善の構想」を形成・修正・追求する道徳的能力と正義感覚への道徳的能力とを十全に育成・発揮しつつ、社会的協働に参加するために必要な社会的諸条件または汎用的手段であり39、具体的には、次の五種類のものに区別さ

35　健康、体力、知力などは「自然的基本善」とされるが、ロールズは、当然ながら、その直接的再分配を考えているわけではないので、自然的基本善は無視してよい。*TJ*, 62/54rev., 『正義論』86 頁参照。

36　good (s) を「善」と訳すべきか「財」と訳すべきかという大して重要でない問題がある。倫理学の基礎概念が古来「善」であることと、ロールズの正義論が倫理学的政治哲学であることとを考慮すれば「善」のほうがよい。他方、ロールズが、格差原理の構想にあたって厚生経済学（やや不正確にいえば功利主義的経済学）やゲーム理論から大きな示唆を受けている点を重視すれば「財」のほうがよい。しかし、ロールズは、『正義論』の公表後は、格差原理が厚生経済学的理論の一種とみなされることを嫌っているので、ロールズがもし日本語を知っているとすれば、彼自身は「基本善」という訳語のほうを好むであろう。いずれにせよ、経済学では、経済的にみて「善いもの」（希少性という性質が最も重要）に特殊な定義を与え、日本ではそれを「財」と訳しているだけである。

37　*R*, 54-55, 『再説』94 頁、*TJ*, 94/80rev., 『正義論』126-127 頁。

38　*R*, 59-60, 『再説』102-103 頁。

39　*R*, 57-58 and 141, 『再説』99-100 頁、252 頁。*TJ*, xiii rev., 『正義論』xiv 頁。『正義論』（初版）の定義は、微妙に（あるいは、見方によっては大きく）修正されている。当初の定義については、*TJ*, 62/54rev., 92-93/79-80rev., 253/223rev., and 328/288

れる[40]。
 (ⅰ) 基本的な権利と自由（政治的権利、思想の自由、良心の自由、結社の自由、人身の自由など）。
 (ⅱ) 移動の自由と職業選択の自由。
 (ⅲ) 職務や地位に伴う権威や責任の大きさに応じて付与される権力と特権。
 (ⅳ) （善の追求のための汎用的手段としての）所得と富。
 (ⅴ) 自尊の社会的基盤。

24．各原理の管轄

　格差原理は、狭義の分配的正義の原理とされる。「狭義」とは、これらの基本善のうち、下位クラスの分配のみを扱うということを意味する[41]。格差原理は、どのクラスの分配を扱うのだろうか。

　『再説』においては、「最も単純な形態」の格差原理は、所得と富の分配のみにかかわるものとされている[42]。どうしてそうなるのだろうか。それについてロールズが明確にのべているわけではないが、その答えは、以下のようなものであるように思われる。

　前述20で説明した原理間の優先関係によれば、格差原理が適用されるのは、他の二原理の要求が完全に充足されているという条件のもとにおいてのみである。それゆえ、格差原理は、平等な自由原理によって政治的な権利の公正な平等[43]とその他の基本的な自由および権利の保障が完全に達成され、しかも、公正な機会均等原理によって機会の公正な平等も達成されているという前提のもとで理解してよい[44]。つまり、(ⅰ) および (ⅱ)[45] の平等な保

---

　　　rev., 『正義論』86頁、124-125頁、341頁、435頁参照。簡潔にいうと、「合理的 (rational) な人間ならだれもが普通は欲するもの」ということである。
40　*R*, §17.2；*PL*, 181；*TJ*, 62/54rev., 92/79rev. *et passim*, 『正義論』86頁、124頁ほか各所。
41　Parijs（前掲注34), p. 211.
42　*R*, 59 n. 26, 65 and 69, 『再説』368頁注26、111-112頁、120頁。
43　「公正な平等」の意味については、前掲注18参照。

障は第一原理によって、(iii)の平等な保障は公正な機会均等原理によってすでに達成されているから、格差原理は残ったもの、すなわち(iv)か(v)の分配を扱うということになる。

だが(v)「自尊の社会的基盤」の保障は、他の基本善と排他的ではない。その一例を『再説』から引用しておこう[46]。

> 基本的権利の一つに、個人的な〔=パーソナルな〕財産を保有し排他的に使用する権利がある[47]。この権利の一つの根拠は、個人的な独立と自尊の感覚とが両方とも道徳的能力の適切な発達と行使にとって必須であるがゆえに、それらのために十分なだけの物質的な基礎を与えるということにある。この権利をもち、それを効果的に行使できるということは、自尊の社会的基盤の一つである。

このように、自尊の社会的基盤の保障は、第一原理と第二原理(格差原理も含む)に従って社会の基本構造を統べる諸ルールが確立され、それが社会の構成員のほとんどによって支持されていることによって初めて確保されると考えるべきものである。そのことによって、恵まれない人も、自分は社会

44　R, 43 and 61,『再説』76頁、105頁。

45　なお、(ii)の基本善を第一原理が扱うのか、公正な機会均等原理が扱うのかという点は微妙であるが、ロールズは、その単なる形式的に平等な保障のみが要求される場合は、憲法の必須事項とし (PL, 228)——したがって、ロールズは明言していないが、第一原理の管轄と理解してよいように思われる——、それをこえて実質的にできるだけ平等な保障が要求される場合は、公正な機会均等原理の所轄事項としているように思われる。移動の自由と職業選択の自由の少なくとも一部は、(i)の基本的自由に入るのに、ロールズがそれらを別の基本善項目としているのは、それらが公正な機会均等原理によっても扱われるということに加え、移動の自由および職業選択の自由が、善の構想のうちで実際上最も重要な職業選択にとって死活的に重要だと彼が考えているからではないか、と私は推測している。たしかに、身分制封建社会と近代社会を区別する最も重要な要素が、(ii)の基本善であることは疑いない。

46　R, 114,『再説』201頁。

47　だが、ロールズは、私的所有権全般を基本的な権利としているわけではない。たとえば、天然資源やいわゆる生産手段への所有権は、第一原理によって保護される基本的権利とはされていない。保護される基本的財産権には、身のまわりの物は当然として、あまり贅沢ではない土地・家屋の所有が入ることが示唆されている。前注で挙げた箇所に加え、R, 114 n. 36,『再説』378頁注36参照。また、後述第3章**60**も参照。

から平等な市民として尊重されていると感じることができるであろうからである。したがって、(v) は、正義の二原理全体 (の要求の充足) にかかわるから、それについて、各原理の管轄を論じることは不適当である。結局、格差原理は、(iv)「所得と富」を管轄するとしてよいように思われる[48]。

25. 社会的経済的基本善——公正な機会均等原理と格差原理の関係

前項では、「最も単純な形態」の格差原理の所轄事項がなぜ所得と富とされるかを理解するという目的から、5種類の基本善と各原理との対応関係について考察した。だが、最も単純な格差原理が所得ないし富の分配にかかわるということは、別の見方からも導くことができる。以下、いくつかの関連事項について説明を補充しつつ、その見方について解説しよう。

第二原理の定式化 (前述28頁) の文言に注目すれば、公正な機会均等原理と格差原理がともに、「社会的経済的」利益あるいは「社会的経済的」基本善を扱うということは明らかである。説明の都合上、ここで、第二原理に属する二つの原理の内容と関係について補足しておこう。

ロールズによれば、公正な機会均等原理は、生まれつきの能力とやる気が同程度の者なら、社会的境遇、とくに、たまたま生まれ落ちた家族の社会階層によって、権力・特権および所得・富を獲得するチャンスが左右されることがないように社会の基本構造を編成することを要求する。逆にいうと、生まれつきの能力もしくはやる気が異なれば、結果的に、権力・特権および所得・富の質または量が異なることを公正な機会均等原理は認めるものである[49]。

---

48 ロールズが言うとおり、格差原理の適用前に、他の二原理の要求がみたされているとすると、格差原理の適用前に、第一原理と公正な機会均等原理の充足のために必要な限度で、すでに所得の再分配がある程度行われているということになろう (*R*, 67-68, 『再説』116頁、*TJ*, 73/63rev., 『正義論』100頁参照)。そうだとすれば、格差原理が規制する「所得」は、他の二原理充足のために必要な額をすでに控除 (ここではマイナスの控除すなわち補助金給付も含めて考える) した、いわば「第一段階の課税後の所得」というべきものである。これに対して、いわば「第二段階の課税」は、格差原理の要求に応える際のもの、ということになる。ただし、ロールズは、このような説明を明示的にしているわけではない。

ただし、正確にいうと、家族（がその子供をみずから養育する）という制度を廃止しないかぎり、公正な機会均等原理によって家族の影響を完全に排除することは不可能であるから、公正な機会均等原理の要求が完全に充足されたとしても、生まれつきの能力およびやる気が同じ人々についても、社会的経済的基本善の格差はなお残る。

格差原理は、これらの事情で残存する社会的経済的基本善の不平等な分配が、「最も恵まれない人々」つまり社会的経済的基本善の量が最も少ない人々にとって最大の利益になるようになされることを要求する。

26．基本善指数

格差原理を適用するためには、その定式化をみれば明らかなように、「最も恵まれない人々」を特定できなければならない。そのためには、社会的経済的基本善の量が最も少ない人々が特定できればよいだけである。そのかぎりで、その序数的比較（順位の比較）ができれば十分である。だが、ロールズは、わかりやすさを考慮して、基本善に属する社会的経済的利益の量を表す指標として、基本善の指数（index）というものを導入している[50]。

格差原理を実際に適用する際には、たとえば、権力は大きいが所得は少ない人と権力は小さいが所得は多い人とを社会的経済的利益に関してどうやって比較するのかという問題が生じるだろう。だが、基本善指数という概念を導入すれば、そうした問題を棚上げにして、格差原理がどのような分配の仕方を要求するのかという問題に焦点を絞ることが可能になる[51]。本章の関心は、その問題（前述**22**でのべた③）にかかわるから、そのようなやり方は、まさにここでは適切である。

ロールズは、分析の単純化、そしておそらく実際上の重要性という観点から、社会的経済的基本善のうち、とくに所得に注目し――ロールズは、所得

49　*R*, § 13.2；cf. *TJ*, 73-74/63-64rev.,『正義論』99-100頁。
50　*R*, 62 and 179,『再説』107頁、311頁。*TJ*, 92/79rev.,『正義論』124頁。これに関する細かい問題については、Parijs（前掲注34），p. 212に簡素な叙述がある。
51　*TJ*, 97/83rev.,『正義論』131頁。

と富を明瞭に区別しているわけではないから、「富」は所得に吸収されるものと考えてよい52——、それを基本善の指標として選んで、基本善指数を比較するという方法で、格差原理の内容を説明している53。このような単純化は、もし所得と、他の種類の社会的経済的利益の間の相関が高いことが想定できれば、いっそう妥当なものとなろう54。以上が、前項25の冒頭で触れた、最も単純な格差原理の分配対象を所得（および富）としてよいことの第二の説明である。ともかく、以下では、社会的経済的基本善の代理変数として所得を選ぶロールズのやり方を受け容れることにしよう。

27．機会としての所得

　格差原理の分配基準の検討に先立ち、二点だけ注意しておきたい。第一に、格差原理によって分配されるべき「所得」は、現実に各人が得た所得ではなく、一生を通じて各人が得る所得の見込み、その意味での「生涯期待所得」である55。それゆえ、格差原理に従う法律によって保障されている所得を、たとえば、人がその所得に見合う労働をしなかったために得ることがで

　52　経済学では、過去からの富の貯えをストックとし、ある期間に入ってくる所得をフローとして、両者を明確に区別する。たとえば、保有する家屋はストックであり、そこから家賃所得（厳密には家賃収入から費用を控除したもの）が入ってくると考える。しかし、ロールズは、そのような細かい区別に配慮していない。だが、格差原理の分配基準がどのようなものかを理解するためだけであれば、そのような区別を考慮する必要はない。よって、所得と富が何をさすかは、経済学にあまりこだわらず、常識的に考えておけばよかろう。たとえば、土地・家屋、預貯金、債券、株券等が富で、給与、地代、利子、配当、印税等が所得といったふうに。

　なお、余暇を社会的経済的利益としての基本善に算入するべきかどうかという問題については、Parijs（前掲注34）, p. 217 and p. 238 n. 28およびパリース『ベーシック・インカムの哲学』（前掲注34）156-160頁参照。また、ロールズがその問題をそれほど重視する必要はないと考えていることについては、CP, 252-253, R, § 53参照。この問題についての鋭いコメントとして、後藤玲子「訳者解説2」（パリース・前掲書）462-464頁参照。

　53　R, 59, 59 n. 26, 62 and 65,『再説』102頁、368頁注26、107頁、111-112頁。TJ, 78/67rev.,『正義論』106頁も参照。

　54　TJ, 97/83rev.,『正義論』131頁。

　55　R, 40, 41-42 and 59,『再説』70頁、73-74頁、102頁。TJ, 64/56rev.,『正義論』88頁も参照。

きないといった事態は、格差原理の認めるところである[56]。

　ただし、格差原理は、所得ないしは社会的経済的利益の分配を受ける市民が、善の構想を形成する能力および正義感覚の能力に加え、知力・体力等についても、社会的協働に参与するのに必要な最小限の能力をもっていることを前提しており、生まれつきそれらの能力が極端に劣る人については、考察対象から除外されている[57]という点に注意されたい。次項で論じるように、ロールズの主たる関心が、社会階層間の所得（正確には社会的経済的）格差の問題にあるからである[58]。（社会階層間で、そのような生まれつきのハンディキャップをもった人の占める割合に大した違いがないと仮定してよいとすれば、彼の主要関心からして、そのような射程の限定は適切なものであろう。）

　分配されるべき所得が、上に説明した意味での「期待所得」――「期待」という言葉が使われているが、確率で決まる「期待値」を必ずしも意味するものではない――であることからすれば、それは「結果としての（実際に得た）所得」ではなく、むしろ「機会としての所得」とみるべきものである。ロールズがこの点をあまり強調しないためか、格差原理は「結果の平等」をめざすものだとしばしば誤解されてきた。だが、格差原理における所得の平等・不平等はあくまで機会ベースで判定されるべきものである[59]。

　公正な機会均等原理との関係（前述**25**参照）についていえば、それが生得的能力――目下の文脈では所得を稼ぐための能力[60]――の同じ者に公正な機会の平等をできるかぎり保障した後で、格差原理は、最も恵まれない者の最

56　*R*, § 14.2.
57　*R*, 4, 18, 21, 24, 49, 60 and esp. 170,『再説』7‐8頁、31頁、35頁、41頁、85頁、103頁、とりわけ297頁（前掲第1章注10に対応する本文で引用した）。*TJ*, 83-84rev.,『正義論』131-132頁。*CP*, 258-259,『現代世界の危機と未来への展望』112頁。
58　*R*, 55,『再説』95頁。*CP*, 612,『万民の法』253頁も参照。
59　Parijs（前掲注34）, pp. 213 and 214参照。また、*R*, 126,『再説』222頁には、格差原理に言及しつつ、「自分の状態を改善する機会」という表現も見られる。
60　それほど重要な論点ではないが、この能力は、単に何ができるかということではなく、問題となっている社会の需要（および他の競争者、生産関係等々）との関係で規定されるべきものであるが、ロールズはそのような問題をほとんど意識していない。後述第4章**81**参照。

大の利益のために、人々の間での不平等な「期待所得」を指示するものである。以下では、このことは周知として、「（生涯）期待所得」を、とくに必要のないかぎり、単に「所得」と表記することにする。（そのような「所得」の値をどうやって調べるのかという問題は、目下の関心からして、さしあたり不問にしておいてよい。）

28. 社会階層間比較

　第二の注意点は、人々への所得（正確には社会的経済的利益）の分配ないし分布を個人ごとに考えるか、集団単位で考えるか、ということにかかわる。これについてロールズは、後者の考え方をとり、各社会階層への所得の分配・分布における格差に注目している[61]。（したがって、後述するように、ロールズがパレート効率の考え方と対比して、格差原理の考え方を説明する際、パレート効率の概念は、個人ではなく、集団を基礎単位として適用されており、その派生的な用法であることに注意されたい。）

　しかも、社会階層を所得によって分類する場合明らかなように、各社会階層の構成員は、固有名——黒人とかヒスパニックといった属性も同種のものと考えられたい——によって定義されるのではなく、所得や労働技能その他の・一・般・的属性によって定義される[62]。それゆえ、各階層の構成は、基本構造や経済状況の変化といった客観的要因の変化、あるいは各人の努力その他の主観的要因によっても変動しうる[63]ものであり、必ずしも固定的なものではない。

---

[61]　*R*, 61,『再説』108頁。*TJ*, 99/84-85rev.,『正義論』133頁。

[62]　*R*, 59 n. 26, 63, 69 and 72,『再説』368頁注26、106頁（キャプション中の最終段落）、120頁、124頁。*TJ*, 96/82rev. and 98/84rev.,『正義論』129頁、132頁参照。

[63]　運や偶然の影響の問題は、個々人については考えられるが、ロールズは（明言しているわけではないが）、集団単位では考えなくてよいと想定しているように思われる。つまり、個人がどの集団に属するかについては運・不運の問題はあるが、各集団内で不運に見舞われる成員の割合は、集団間でだいたい同じと想定しているように思われる。いずれにせよ、そう想定したほうが、ロールズにとって有利であるし、格差原理を理解する目的にとってさしあたり重要な論点ではないので、以下でも、そう想定しておく。

『再説』においてロールズは、分析の単純化のため、社会階層を所得によって定義している。その場合、「最も恵まれない人々」とは、（生涯期待）所得が最も低い集団である[64]。ロールズは、それ以上詳しくは語っていない。だが、読者にイメージを喚起するため、あえてもっと露骨にいうと、最も貧困な社会階層に属する家庭に、最も低い所得獲得潜在能力をもって生まれ、しかも、その家族がそのなけなしの潜在能力を伸ばすような養育・教育を一切してくれないような、そのような家庭で成長した人々である。ロールズは、決して口にしない[65]が、『正義論』（初版）発刊当時、おそらく、アメリカ合衆国の黒人貧困階層のことを念頭においていたと推測される。

第3節　格差原理はどのように分配するのか

29．分配曲線OP

前述22でのべた②の問題、すなわち、格差原理の分配対象についての一応の解答をすませたので、本章の中心問題である③の問題、すなわち、格差原理はどのような仕方で社会的経済的基本善を分配するのか、という問題に入ることにしよう。

ロールズは『再説』において、図1のようなグラフ[66]を用いて格差原理の基本的な考え方を説明している[67]。曲線OPは、社会的協働によって得られた生産物が、所得の相対的に高い集団（「より恵まれた人々」）と低い集団（「より恵まれない人々」）との間でどのように分配されるかという関係を表している。

「所得」が分配されるべき集団を二つ以上の階層に分けて考えることもで

64　*R*, 62, 『再説』107頁。

65　差別観の現れと受け取られる恐れもあるし、無用な誤解――最も恵まれない人々は人種によって特定されるものではないし、メンバーも固定していない――を受ける恐れもあると考えたからであろう。

66　*R*, 62, 『再説』107頁。*TJ*, 76/66rev., 『正義論』103頁の図6も参照。後述第6章**96**の図19も参照。

67　*R*, 61-63, 『再説』105-109頁。

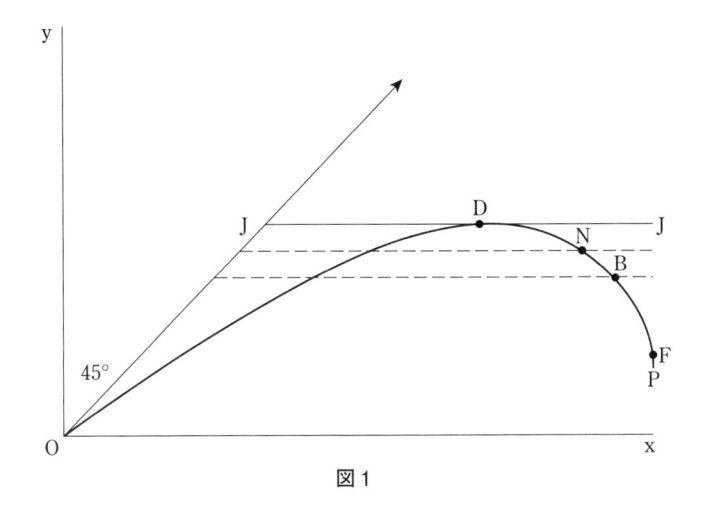

第 3 節　格差原理はどのように分配するのか　　45

図1

きるが[68]、格差原理による分配がどのようなものかを説明するためだけであれば、このような単純化はまことに適切である。その場合、「より恵まれない人々」は、即「最も恵まれない人々」をさすことになる[69]。個々人が、生涯期待所得に「恵まれる」原因が、出身社会階層、生得資質または運に「恵まれた」ことにあることが多いのは事実であるが、すでにのべたように（前述28参照）、ロールズは、格差原理に登場する集団としての「恵まれた人々」、「恵まれない人々」が、あくまで生涯期待所得の多寡によって定義される点に注意を促している[70]。

なお、『再説』においてロールズは、OP における記号 P が production の頭文字に対応することを明示的にのべ、曲線 OP の背後に生産があることを

68　ちなみに、所得階層を三つ以上に分けた場合も、chain connection（最低所得階層の所得が増大するときつねに他の階層の所得も増大するという関係）（*TJ*, 81/70-71 rev.,『正義論』110-111頁）が成立する場合には、最低所得階層の所得の増大は、全階層の改善となる。

69　ちなみに、ここで「恵まれた」「恵まれない」と訳したものの原語は、more advantaged, less advantaged であるが、better off, worse off, (more or less) favored, fortunate, (better or worse) situated といった表現がそれぞれ同義で使われることも多い。*TJ*, 75/65rev., etc. 参照。

70　*R*, 59 n. 26,『再説』368頁注26参照。前掲注61および注62も参照されたい。

強調している[71]。ロールズは、一つには、おそらく、天から降ってきた物
̇　̇　̇　̇　̇　̇　̇　̇　̇
——しかも、人々にとって価値のある物、つまり希少な物、経済学でいう
「財」——の分配を問題にしているのではない、ということを強調したいの
であろう。だが、そのような天から降ってきた財の分配を問題とする正義論
は、そもそも分配的正義論あるいは社会的正義論の名に値しないから、『正
義論』の時点においても、そのような誤解をする専門家は少なかったと想像
される[72]。したがって、少なくとも専門家にとっては無用な強調である。

OP 曲線は、次項以下で解説するところから明らかであるように、生産曲

---

[71] *R*, 61 and 61 n. 31、『再説』105頁、108頁、369頁注31。この曲線は、*TJ*, 76/66rev., 『正義論』104頁では「貢献（＝寄与）曲線」(contribution curve) とよばれていた。それについてのより立ち入った検討は、後述第 6 章で行う。

ちなみに、この曲線は、財政学の教科書（たとえば、井堀利宏『財政　第 3 版』岩波書店、2008年、159頁）に載っている、（所得）税率と税収の関係を表す曲線（税収可能曲線）とよく似ている（下図参照）。税率（ゼロから 1 ）を横軸に、税収を縦軸にとった上で、税率をゼロから出発して次第に上げていくと、税収も増加するが、増加率は次第に低下し、税収はやがて最高点に達する。それ以降は、税率の上昇にともない税収は逓減し、税率 1 （100％）に至ると税収は（全部税金でもっていかれるのならだれも所得を稼ごうとしないだろうから）ゼロになる。曲線の形状は、OP 曲線と同型であるが、意味はまったく異なる。ロールズは、税収可能曲線から示唆を得たのかもしれないと私は推測している。ちなみに、井堀・前掲書160頁に、「ロールズ基準」（＝経済学者が理解する「格差原理」）による最適所得税を説明するグラフが掲載されている。

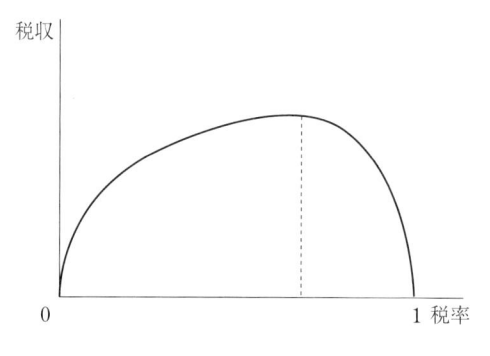

[72] 盛山和夫『リベラリズムとは何か——ロールズと正義の論理』（勁草書房、2006年）123頁に、経済学者ハーサニの誤解が紹介されている。ハーサニは、正義論の専門家ではないから仕方がない（だが、格差原理が社会を構成する個人間の比較ではなく、集団間の比較を問題にしている点を無視しているかぎりでは致命的な誤解である。もともと、ある意味で「雑な」比較であるのであるから、それを「厳密化」すると、「雑な比較」がもっていた重要な特徴が失われる可能性があることに注意しなければならない）。ただし、『正義論』（とくに初版）において、そのような誤解を招く叙述があったこともたしかである。この点については後述第 6 章参照。

線というより、(少なくとも表面的には)分配曲線とよぶべきものである。それゆえ、生産の強調は、かえって誤解を招く。生産の強調は、第二に、ロールズの主観的意図としては、おそらく後述(**36**および**37**参照)の(とくに、恵まれた人々から恵まれない人々への)「貢献」に関係するのであろう。生産活動に従事していなければ、つまり、働いていなければ、協働における「貢献」ということは意味をなさないからである。

　ともかく、曲線 OP は、恵まれた人々と恵まれていない人々とが協働して生産した生産物(あるいは生産物の価値[73])が、両集団にどのように分配されるかを表している。このように言うと、全員が何らかの分業をしつつ、共同して一つの物を生産する作業——たとえば米の共同生産——に従事しているような場面を想像する読者もいるかもしれない。格差原理は、そのような場面に適用できないことはない。だが、ロールズは実際には、社会において市場経済が——したがって交換も——行われていることを当然の前提としている。社会の基本構造の一要素として「市場」が入っていたことを想起されたい(前述**18**参照)。したがって、格差原理の適用を米の共同生産のような場面に限定して理解することは、あまり適切ではない。

　にもかかわらず、格差原理がどのような分配の仕方を指示するのかということを理解するためだけであれば、米の共同生産と生産された米の現物分配[74]のような場面を想定したほうが理解しやすい。したがって、以下しばらく、格差原理が適用されうる事態のなかで最も単純な——つまり、生産(しかも生産要素は労働だけ[75])と分配を直結させ、交換の局面を無視している——上のような事例を思い浮かべながら読み進めていただきたい。

73　やや不正確な言い方だが、ここでは、その生産物を市場で売った場合の売上と考えてよい。生産要素は労働用益だけと仮定する(つまり土地その他の生産要素の費用はただと仮定する)のが一番わかりやすいし、ここでは、それで問題はない。

74　しかも、分配される米の限界効用——その消費量が増えて行く際の1単位あたりの、いわばありがたみ(満足度)のこと——は、事実に反し、一定(constant)、つまり、米はそのかぎりで、お金のようなものと考えるほうが、以下のロールズによるOP曲線を用いた格差原理の説明との関係では、より適切である。

75　前掲注73参照。

30．分配曲線と職種賃金一覧表の対応

図1または、それから点N、B、F[76] および等正義線（後述31参照）を省略して簡略化した図2に目を向けていただきたい。横軸は高所得集団に属する代表的市民Xの所得の量（x）、縦軸は低所得集団に属する代表的市民Yの所得の量（y）を表している。横軸と縦軸の尺度を同じにした上で、横軸に所得の多い人の所得量をとったので、あらゆるOP曲線は、平等分配を表す45度線の下にくることになる。「代表[77]」ということの意味は、代表者の背後にそれとほぼ同じ所得を有する人々が隠れているということであり、代表者は、集団のいわば平均人と考えてよい。したがって、代表間の比較は集

---

[76] ロールズは、効用が基本善とリニアな関係にある（もっと単純化していうと、所得額が即効用値を表す）と仮定した上で、xとyの積が最大になる点Nを「ナッシュ点」とよぶ。ゲーム理論でいう「ナッシュ交渉解」に対応する点のことを言っていると思われるが、ロールズは、後述するように、総生産の増大がほとんどXのみの働きぶりに依存しているかのような想定に立っていると思われるので、ナッシュ交渉解の単純な援用は不適切だと思う。したがって、以後、ナッシュ点は無視する。そうしても、さしあたり、格差原理の説明に影響は及ばない。ナッシュ交渉解については、岡田章『ゲーム理論・入門』（有斐閣、2008年）207-210頁等、ゲーム理論の教科書を参照されたい。

点Bは、「ベンサム点」とよばれ、総生産量、つまり、（高所得集団と低所得集団の人口が同じで、xとyが各集団の所得の平均値を表すと仮定した場合）xとyの和が最大となる点である（ここでも、効用が基本善とリニアな関係にあると仮定されている）。後掲注99も参照されたい。なお、ロールズは（明言していないが）、図1におけるナッシュ点とベンサム点の特定にあたっては、XとYの二人のみからなる社会を想定しているようである。

点Fは、その（接線の）傾きが垂直な点、つまり、Yの所得の減少率が最大の点であると同時にXの所得が最大になる点である。ロールズは、それを「封建点」（feudal point）とよんでいる。聞いたことがない用語であるが、封建領主が農奴から、自分の所得が減らないかぎりで収穫を最大限取りあげてしまう点という含みがあるのであろう。しかし、前述のように、総生産の増加は、YよりもXの働きに圧倒的に依存しているとロールズは想定しているようであるから、若干理解に苦しむところがある。以上の各点の説明については、R, 62, 『再説』107頁参照。

[77] 経済学者アルフレッド・マーシャルが「代表的企業」というときの「代表」概念に倣ったものと思われる。ここでは、「代表」の意味を厳密に考える必要はなく、代表として中央値などをとることもできるが、本文中でのべたような単純平均を意味するものと理解しておいて差し支えない。マーシャルの代表概念については、同（永澤越郎訳）『経済学原理　第二分冊』（岩波書店、1985年）265-266頁参照。

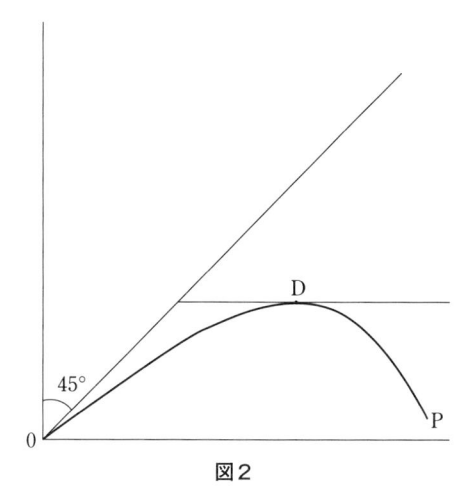

第 3 節　格差原理はどのように分配するのか　49

図2

団間の比較を意味する。なお、x, y が各集団の平均所得を表すとすれば、各々に各集団の人口をかけたものを足すと社会の総所得または総生産になる。

ここで、『再説』18.2節[78] から引用しておこう。

　　協働のスキームは、その公知のルールが生産活動をどのように組織化し、どのような分業を定め、それに参与する人々にさまざまな役割をどのように割り当てるか、等々によって大部分決まってくる。そうしたスキームには、生産物から支払われる賃金・俸給の一覧表が含まれている。賃金及び俸給に格差をつけることによって、生産量が増大するだろう。なぜかと言うと、長期的には、より恵まれた人々により多くの報酬を与えることは、とりわけ、教育と訓練にかかる費用を補填するのに役立ち、何が責任ある地位であるかを示して人々がそれに就くことを奨励する効果があり、また、インセンティブとして働くことになるからである。ある一つのOP曲線は、特定の協働スキームと対になっている。その曲線は、賃金・俸給のみが変化するとした場合、二つの集団への報酬がどう変わるかを示したものである。OP曲線の原点Oは、平等分配点を表す。そこでは、両集団が同一の報酬を受け取る。

78　R, 63, 『再説』108-109頁。訳文は、若干修正した。下線は亀本による。

……一般に、協働スキームが異なるのに応じてそれぞれ異なった OP 曲線が存在する。しかも、あるスキームは他のスキームよりも、より効果的に組み立てられている。あるスキームが別のスキームよりも効果的であると言えるのは、前者の OP 曲線が、より恵まれた人々に与える報酬がいくらであっても、より恵まれない人々に、後者の OP 曲線が与える報酬と比べて、つねにより大きな報酬を与える場合である。他の事情が等しければ、格差原理は社会に対し、最も効果的に組み立てられた協働スキームに対応する OP 曲線上の最高点をめざすように命じる。

この記述からすると、ロールズは、原点においても協働生産があると仮定しているようである。その場合、曲線 OP 上の各点で X、Y の各人が受け取るべき所得は、その点での x、y の値に原点での平等分配分（定数 c とする）を加算した値である。要するに、両軸の値は、平等分配のときの分配分（c）からの増加分を表している。

原点 O が平等分配点とされているのは、差別する理由がないかぎり、自由で平等な人格としての市民は平等に扱われるべきだというロールズの根本的な考え方に由来するものである（前述**16**参照）。

上の引用によれば、曲線 OP の背後には、生産と分業を組織化する協働のスキームがあり[79]、協働のスキームのなかには、職種と賃金を対応させた一覧表が含まれているとされる[80]。所得に注目する目下の分析においては、格差原理との関係では、そうした一覧表のみに注目すればよい。曲線 OP 上の各点に対応して、X の職種とその賃金、そして、Y の職種とその賃金が予め定まっているということである。

どのようにして、そのような曲線を描くことができるのか、という疑問をもつ読者もいらっしゃると思うが、その問題の立ち入った検討は後回しにしたい（後述**38**参照）。ここでは、「賃金及び俸給に格差をつけることによって、

---

[79] このような言い方は、社会主義的指令経済を示唆するが、前述のように、ロールズは市場経済の利用を前提しているので、いわゆる混合経済のような体制を想定されたい。詳しくは、後述第 3 章**60**参照。

[80] *R*, 63 and 72,『再説』108頁、125頁。

生産量が増大するだろう。」という一文に、注目しておいていただきたい。手短にいうと、OP 曲線の背後では、恵まれた人々が賃金の上昇につられて、総生産の増大により貢献するような仕事に就くようになる（そしてその結果、総生産から彼らの取り分をとった残りが恵まれない人々の間で分配される）というメカニズムが働いているということである。ロールズはまったく言及しないが、X の取り分が増えて行っているのは、X の仕事の内容が（総生産の増加に寄与する方向に）変化しているからであって、彼が何ら努力せずにそうなっているのではない、という点に注意されたい。

31. 最低所得最大点と等正義線

　曲線 OP は、原点 O から出発して、職種に応じて次第に賃金格差をつけていくと、点 D までは、両者の所得がともに増加し、点 D 以降は、高所得集団の代表 X の所得は増加するが、低所得集団の代表 Y の所得は減少する。つまり、点 D において、低所得集団の所得は最大となる。「最も恵まれない人々」すなわち最低所得集団の利益を最大化するという格差原理の基準からすれば、点 D の分配が最も正義にかなっているということになる。点 D は、「最低所得最大点」とよんでよかろう。

　ロールズは、その点を特定するのに、「等正義線」と彼が名づける直線を導入し、点 D を OP 曲線と等正義線の接点と説明している[81]。等正義線は、図 1 において、45 度線上の各点から横軸に平行に引かれうる無数の直線（JJ およびそれと平行な破線がそれの例）である。各直線は、最低所得者の所得の一定を表す。だが、点 D は、OP 曲線上の最も高いところにある点というだけであるから、それを特定するためだけであれば、そのような直線をわざわざ引く必要はない。むしろ、D 以外の点において、OP 曲線と等正義線の交点をなす二つの点が、格差原理からみて正義の値が等しい[82]ことを示すため

81　*R*, 62,『再説』106-107 頁。*TJ*, 76/66rev.,『正義論』103-104 頁も同旨。
82　そのかぎりで、等正義線は、ロールズ自身そう考えているように、厚生経済学で使う無差別曲線の一種とみてよいが、そのような説明をしても、格差原理に関する理解がそれほど深まるわけではない（後述第 6 章参照）。ロールズが厚生経済学から示唆を受けたことを示す例の一つではあるが、経済理論の応用例とみないほうがよい。卒

52　第2章　格差原理は格差縮小の要求を含むのか

に使うべきものであろう。しかし、ロールズは、後述（**34**参照）するように、そのような使い方を採用していない。

32. 複数の分配曲線

前述**30**で紹介した『再説』18.2節からの引用文章において、ロールズは、協働のスキームは複数ありうる、したがって、そのおのおのに対応するOP曲線も複数ありうる[83]、としている。そのなかから格差原理は、最低所得集団の成員の所得が「・つ・ね・により大き〔い〕」曲線を選んだ上で、その曲線上の最高点Dを最もよしとするものである[84]。その一例を図3に示しておいた。そこでは、曲線OP_1が曲線OP_2より「効果的」とされる。

しかし、二つの曲線が図4または図5に描かれたような関係にあるときは、どちらが「効果的」かは先ほどの基準では判断できない。だが、ロールズは、（相変わらず等正義線に言及するものの、結局のところ、）点Dの高さのみに注目して、「OP曲線相互が交差する場合、最も高い所でJJ曲線に接するOP曲線が最善である[85]」としている。図4、図5のいずれにおいても、曲線OP_1のほうが曲線OP_2よりよいということである。

また、恵まれない集団の所得の最大値に関しては同一であるOP曲線が複数ある場合、その間の優劣に関しては、より左にある（つまり45度線で表される平等分配により近い）曲線をよしとしている（図6参照。曲線OP_1が曲線OP_2に勝るとされる）。正確にいうと、ロールズは、次のようにのべている[86]。

　　二つのOP曲線が同一のJJ曲線と接する場合は、接点が他方よりも左にあ

　　直にいって、ロールズは、現代経済学を正確には理解していない。しかし、ロールズは政治哲学をやっているわけであるから、経済学から示唆を受けるだけであれば、何の問題もない。
83　なぜなのか、という疑問が当然生じるかもしれないが、それについては、後述**41**および**42**参照。
84　*R*, 63 and 63 n. 32,『再説』109頁、369頁注32。
85　*R*, 63 n. 32,『再説』369頁注32。訳文は若干修正した。
86　前掲注85で挙げた箇所と同じ。

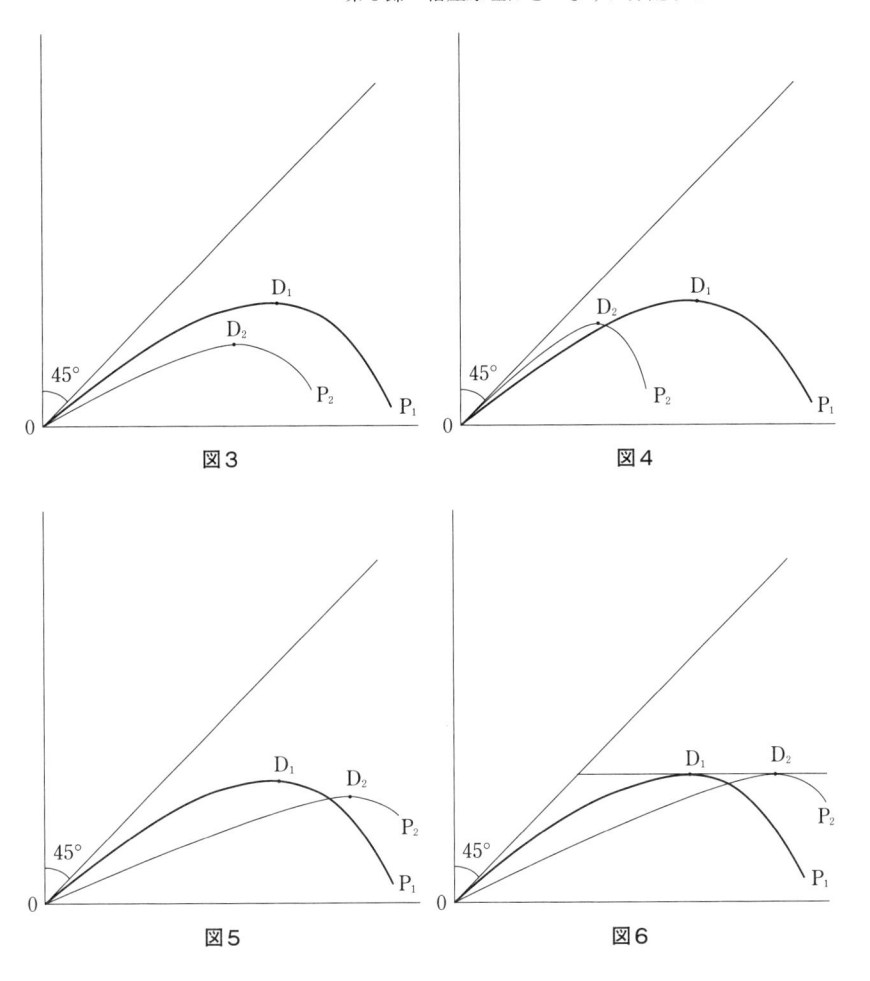

第 3 節　格差原理はどのように分配するのか　53

図3

図4

図5

図6

るOP曲線が最善である。

　この記述は、格差原理は最も恵まれない人々の利益が最大化されることをまず要求し、それがみたされた場合、次に、恵まれた人々と恵まれない人々の（絶対値で測った）格差ができるだけ小さくなる（＝できるだけ平等にする）ことを要求すると読めるが、そのように解釈してよいのだろうか。

33．格差原理の平等主義的要素とパレート効率との関係

　この問題を考えるには、複数のOP曲線間の優劣を考える前に、一つのOP曲線について、格差原理が所得の平等化あるいは格差の縮小とどのような関係にあるか、これをまず取り上げるほうがよかろう。というのは、ロールズ自身が、複数の曲線の優劣について言及する前に、まずは一つのOP曲線について、格差原理は、（原点Oから引かれた45度線に対応する）完全な平等を要求するものではないが、平等主義的な原理だと主張しているからである。問題は、その「平等主義」が何を意味するか、である。

　その一つの説明として、ロールズは、格差原理はパレート効率点のうちから平等分配（つまり45度線）に最も近い点を選ぶとのべている[87]。社会の現状から出発して、その構成員のだれの状態——経済学では普通、「効用」（または同じ意味で「厚生」）の大きさを考えるが、格差原理に関しては「基本善指数」またはその代理変数としての「所得」の大きさとみてよい——も悪くならず、その構成員の少なくとも一人の状態がよくなる、そのような社会状態への移行をパレート改善という。そのような社会状態への移行が不可能な社会状態——つまり、だれかの状態をよくしようとすると、必ず他のだれか一人以上の人の状態が悪くなってしまうような社会状態——をパレート最適またはパレート効率的な状態という[88]。パレート改善の考え方では、全員の状態がよくならなくても、だれか一人以上の状態が改善され、他の人の状態が前と同じであれば、社会全体としては「改善」とされる点に注意されたい。

　OP曲線について具体的にいうと、点Oから出発して、点Dに向けて社

87　*R*, 62 and 123,『再説』107頁、217頁。
88　ちなみに、パレート効率的な社会状態は、通常、無数にある。社会状態を（常識的な意味で）「改善」しようとする何らかの政策が適用される現実の社会は、ほぼ間違いなくパレート最適な状態にある。少なくとも、規模が大きく複雑な現代国家において、何らかの政策の実行によってだれ一人、前の状態もよりも悪くならないなどということは実際にはありそうもない。しかし、ロールズは集団単位で考えているから、そのかぎりで、（派生的な意味での）「パレート改善」の事態は生じるかもしれない。たとえば、国全体の経済成長をめざす政策が成功し、その恩恵が全所得階層に及ぶような場合である。

会状態（ここでは X と Y の所得分配[89]だけを考える）が変化して行くとする——しかも、点から点への変化の経路としては OP 曲線上の各点から、同曲線上のより右の点への変化しか考えないとする——と、その間、X、Y の所得はともに上昇しているから、その間の社会状態の変化はつねにパレート改善である（実際は、両人の状態がともによくなっているから、パレート改善で要求されること——片方の人のみが改善され、他方の人が現状維持であってもよい——以上の要求がみたされている。ただし、ロールズは、パレート改善を、いわば「全員が改善」（＝ロールズの言い方では「相互利益」mutual advantage[90]）とあまり区別せずに使うことも多い。それが許されるのは、OP 曲線に水平または垂直な部分がないと仮定する場合だけであるが、ロールズが描く OP 曲線は、実際そのような形状をとっている）。

　これに対して、点 D から出発して、曲線上の右下に向かう変化は、X の所得が増えるとき、Y の所得はつねに減少しているから、その間にあるすべての点は、パレート最適またはパレート効率的な点である。D もパレート効率点の一つである——X の状態が改善されると Y の状態はつねに悪くなるから——から、「格差原理がパレート効率点のうちから平等分配（すなわち45度線）に最も近い点を選ぶ」ということは、そのとおりである。

　しかし、点 D を選ぶというだけなら、何も「平等に近い」と言う必要はない。点 D は、「最も恵まれない人々」の代表 Y、すなわち最低所得者の所得が最大になる点ということだけで特定されるのであるから。しかも、「平

---

[89] ただし、x, y は、その所得を得るための費用（たとえば何時間働いたかとか、どれだけきつい仕事をしたかとか）を控除した純所得ではないから、厳密には、x が増えたからといって、X の状態が改善されたかどうかわからない。それゆえ、以下の叙述に見られるようなパレート改善または最適の判断は、OP 曲線を見ただけでは実はできない。しかし、ロールズは、X がその仕事を自分で進んで選ぶと想定していると解釈することもできるから、そのかぎりで——つまり、自分の状態が改善されるからこそ選ぶのだ、と考えてよいから——、パレート改善とみることができる。

[90] R, 77,『再説』133頁。TJ, 77/66rev.には、mutually advantageous の語が見える。『正義論』104頁では、「相互の相対的利益」と訳されているが、若干わかりにくい。邦訳において、その直後にあるように、「曲線 OP は右上がり」ということしか意味しない。

等に近い」ということが効いてくるのは、曲線 OP 上の DP 間（図 2 における曲線 OP の右端の点を P とする）、つまりパレート効率点間の優劣の比較においてのみである。OD 間では、右に行くにしたがって格差は拡大している——平等（45度線）から次第に遠ざかっている——のであるから。したがって、等正義線との接点云々の話は、本来は、OP 曲線の D より右の部分（点 D を含む）でのみ考えるべき問題である。点 D より左の部分（点 D を含む）でも、等正義線が関係するかのような叙述（をロールズは多用しているが）をするのは混乱のもとであるように思われる[91]。

34. 正義と不正義の領域区分

他方で、最低所得者の所得の大きさのみに注目すれば、図 7 の OP 曲線上の点 A と点 B [92] は、それに関し同じであるが、格差原理は点 A を選ぶとされる。点 A は点 B より格差（すなわち $x-y$）が小さいからそうなる、ということであれば、格差原理は格差縮小要求を含んでいるということになりそ

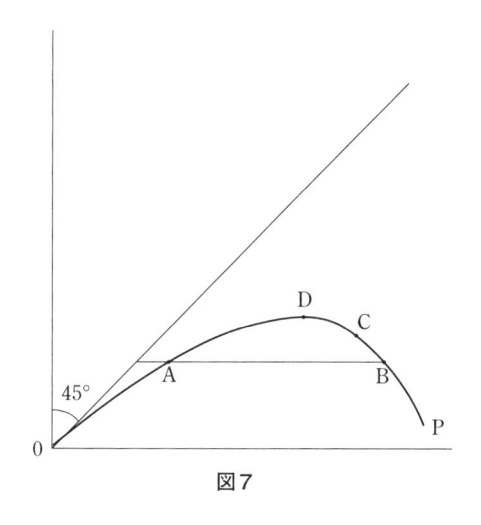

図7

---

91 より詳しくは、後述第 6 章とくに **105** 参照。
92 ここでは、ベンサム点（前掲注76参照）とは違う点であるが、同じ点と考えても議論に影響を及ぼさない。

うである。ところが、ロールズは、そのような説明を採用していない。（前述**32**で触れたように、最低所得最大点の値が同じ複数の曲線の優劣が（所得の絶対値で測った）平等への近さによって決まるとされたことと比較されたい。）

　ロールズは、図7において点Aが点Bに勝る理由を、格差が小さいということには求めない。それはむしろ、Aはともかくも正義にかなっているが、Bは端的に正義に反する分配であるからだとされる[93]。

　ロールズはそのことを、『正義論』の時期には次のように説明していた[94]。ロールズは、曲線OPを3つの領域に区分し、OからDに至るすべての点を「変化を通じ正義にかなっている[95]」（just throughout）とする。点Dは、「完全に正義にかなっている」（perfectly just）とする。そして、DからPへ至る点（ただしDを除く）を「正義に反する」とする[96]。したがって、Aは、変化を通じ正義にかなっている領域に属するが、Bは不正義の領域に属することになる。それゆえに、AはBに勝る。というよりもBは、格差原理が含意する正義の観点からみて論外とされるのである。DとBの間にある点Cは、Aよりも最低所得者の所得で勝っているにもかかわらず、（ロールズは明言していないが）同じ理由でAよりも劣ることになろう。

　では、BとCでは格差原理からみてどちらが勝っているのだろうか。当然Cであろう。その理由は、Cのほうが最低所得者の所得がより高いということだろうか、それとも、Cのほうが格差が小さい（＝より平等）ということだろうか。

　残念ながら、ロールズは、このような細かい問題は取り上げていない。しかし、ロールズが、BまたはC（つまり不正義）からD（つまり完全な正義）

93　これは、「平等との近さ」または等正義線が効いてくるのは、点Dより右の部分においてである、という前述**33**の最後にのべた私の解釈の正しさの傍証となる。

94　この説明は、『再説』でも放棄されていない。*R*, 64, n. 34, 『再説』369頁注34参照。

95　目下の文脈では、たとえば「大体において正義にかなっている」という訳語のほうがよいかもしれないが、後述の議論（第4章**64**参照）との関係で、この訳を採用しておく。

96　*TJ*, 78-79/68-69rev.（後述**41**の本文中で翻訳引用する）、『正義論』106-107頁、*CP*, 138, 『公正としての正義』133頁。

への変化を最善としていることは明らかであり[97]、その点から推して、BからAへの変化もよしとするように思われる。さらに、BからAをへて原点Oの直前までに至る変化すら許容するかもしれない。そうだとすると、格差原理が、まず最低所得者の所得最大の点を選び、次に格差がより小さい点を選ぶという、前述32の最後にのべた解釈は間違っているように思われる。いったい、最低所得最大という基準と平等に近いという基準との関係はどうなっているのだろうか。

この問題は、前述33の最後の段階ですでに触れたように、曲線OP上のOD間に関するかぎり、最低所得改善と格差縮小とが背反するので、OP曲線を眺めていただけでは解決できそうもない。視点を変えて、ロールズが『再説』においてとくに強調し始めた互恵性の観念に注目してみよう。

第4節　格差原理と互恵性

35．互恵性の条件

まず、関連するテキストを『再説』36.3ないし36.4節[98]から抜粋しておこう。

〔原初状態の〕当事者たちが格差原理〔への合意〕に到達しうる一つの仕方を理解するために、図1を考察しよう。OD間の部分では<u>全員が利益を獲得し</u>、そして、点Dが最初の（パレート）効率点であるから、彼らは原点Oから点Dに移行することに合意したと考えよう。

点Dまでくると、当事者たちは、OP曲線の右下に向かって傾斜する部分にあって、点Dより右にある点Bへ点Dから移るべきかどうかを問う。点Bは、（所得と富に準拠する限りでの）平均効用[99]が（諸制約に服して[100]）最大化さ

97　*TJ*, 79/69rev.,『正義論』108頁。
98　*R*, 123-124,『再説』217-218頁。訳文を若干修正した。下線は亀本による。
99　ベンサムは、全員の快楽すなわち「効用」の合計が最大となるをよしとした。平均効用とは、社会の構成員全員の効用を人口で割ったもの。ベンサム点とロールズがよんでいるのは、平均効用が最大化される点のこと。効用は、財から得られる快楽を意味するから、効用と所得（諸財の束と考えられたい）とは同じではない。だが、

第 4 節　格差原理と互恵性　59

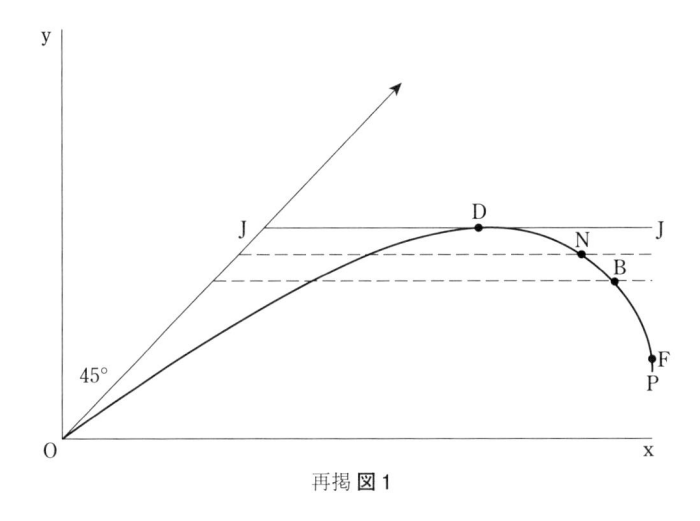

再掲 図 1

　れるベンサム点である。点 D から点 B を経て点 F（封建点）[101]──最も恵まれた人々の効用が最大化される点──に至る曲線上の点もまた効率点である。つまり、その部分での移動は、一方集団の指数を上昇させるが、それは必ず、他方集団の指数を低下させる。右上の方向に移行することで誰もが利益を得る部分 OD とは対照的に、DF 間の部分は衝突が起こる部分である。
　格差原理は、点 D にとどまり、衝突部分に入らないことへの合意を表している。点 D は、次のような互恵性条件を充たす、（最も高い[102]）OP 曲線上の

「所得に準拠する限りでの効用」（ここでは富は所得と同じようなものとみなし、所得で代表させる）とロールズが言っているのは、所得と効用との間にリニアな関係があると仮定する、もっと単純にいえば、所得の大きさを効用の大きさとみなす、ということである（経済学的には問題がないとは言えない仮定だが、ここでは不問にする）。社会の構成員が X と Y の二人しかいないとすれば、総生産（＝x＋y）は、OP 曲線が北西から南東に走る直線（横軸と45度の角度をなす）と接するとき最大となる。それがベンサム点である。後述第 6 章**98**も参照されたい。

100　格差原理に優先する原理、つまり、平等な自由原理と公正な機会均等原理の要求がすでに充足されていることを意味しているだけである。

101　点 F の意味については、前掲注76参照。

102　前述**32**で説明したところからして、「いくつかの OP 曲線のなかで D が最も高いところにある」という意味であろうが、ロールズは、同じものをさして「最も効率的なOP 曲線」（R, 123,『再説』216頁）とも言っているので混乱を誘う。第一に、そこで言われている「効率的」は、パレート効率的という意味ではない。（たとえば労働用

〔DF間（点Dを含む）の〕唯一の点なのである。その条件とは、どの点においても、恵まれた人々は、恵まれない人々に損害を与えて、改善されてはならない、というものである[103]。……

　……格差原理は、平等分割から出発して、より恵まれた人々は、どの点においても、より恵まれない人々に損害を与えて改善されてはならない、という考えを表現している。しかし、格差原理は基本構造に適用されるものである以上、それに暗黙裡に含まれる互恵性のより深い観念は、社会的諸制度は、最も恵まれない人々を含めて全員の利益になるのでないかぎり、生まれつきの才能、どの家族に生まれたか、人生の途上で出会う運・不運といった偶然事を利

　益の）投入量が同じとすれば産出量がより多いという意味である。「能率的」または「生産性が高い」と言い換えたほうがよい。実際、ロールズは、その意味で「効果的」（effective）という語を使う場合もある。たとえば、前述30における『再説』18.2節からの引用文章では、「効果的」という言葉を用いている。第二に、前述32で触れたように、前掲の図4、図5および図6のように二つのOP曲線が交差する場合、いずれのOP曲線がより「効果的」であるかは一概には言えない。

[103] このあたりの原文は、次のようなものである。……the following reciprocity condition: those who are better off at any point are not better off to the detriment of those who are worse off at that point. 図1でいえば、最初のbetter offがXを、worse offがYをさすことは明らかであるが、二番目のbetter offについてだけ「改善」という訳語を与えたのは、ここで問題になっているのはOP曲線上のDF間（点Dを含む）の移動（ないし変化）であるから（OD間の点はすべて「互恵性条件」をみたしていることに注意されたい）、変化を表す訳を当てないと、格差原理がパレート効率点（つねに点から点への変化が問題になる）の集合から点Dを選ぶという主張がはっきりしなくなると考えたからである。

　だが、ロールズが、そう考えていない可能性もある。つまり、単純に、金持ちは貧乏人に損害を与えて金持ちであってはならない、といったふうに考えているのかもしれない。実際、邦訳は、その線にそった解釈をとり、「どの点においても、暮らし向きのよりよい人々は、その点で暮らし向きのより悪い人々の犠牲の上に暮らし向きがよりよくあってはならない」（『再説』217-218頁）となっている。

　しかし、OP曲線におけるOからDへの間の変化がよしとされるのは、そのすべての点において、X、Yの両方ともが「利益を獲得する」（上掲引用文章2行目。原文はgain＝「改善される」）ということにあるから、そのような変化を軽視する解釈は、どう考えてもつじつまがあわない。次の段落の最初の文の原文の解釈についても、同様の問題が生じるが、ほとんど同じなので、説明は省略する。

　結論的に、以下では、ロールズの真意がどうであれ、彼が筋の通った思考をしていると仮定して解釈を進めることにする。このような方針は、ロールズ自身も歓迎するであろう。ロールズの採用する古典解釈の方針については、『ロールズ政治哲学史講義Ⅰ』（前掲第1章注8）xi-xii頁参照。

用してはならない、というものである。

36. 弱い互恵性と強い互恵性

　ロールズは、格差原理が互恵性（reciprocity）の観念を含んでいることを、それがパレート原理（または相互利益の原理）や功利主義原理に対してもつ強みとして強調する。

　曲線 OP 上の OD 間の点が正義にかなっているとされるのは、恵まれた人の所得が増加するときはつねに恵まれない人の所得も増加するからである。このような両者の単なる所得変化の関係を「弱い互恵性」とよぶことにしよう——ロールズ自身は、「深い互恵性の観念」（前項35の引用文章最終段落参照）という言葉は用いているが、互恵性の強弱を区別しているわけではないが。ここで、『正義論』（初版）で表明された「弱い互恵性」に言及する文章[104]を引用しておこう。

　　……格差原理は、互恵性の観念を表している。それは相互利益〔mutual benefit〕の原理である。……B〔恵まれない人々の代表〕は、A〔恵まれた人々の代表〕のほうが暮らし向きがよいことを受け容れることができる。なぜなら、A の利益〔advantages 所得の増加〕は、B の期待を増加させる仕方で獲得されたからである。だが、困難は、A が不平を言う根拠をもっていないということを示すことにある。

　他方で、ロールズは、OD 間の変化に、もっと「強い互恵性」の関係をみている。つまり、曲線 OP 上の OD 間において、より左下の点からより右上の点への変化を、ロールズは、恵まれた人が恵まれない人に貢献（contribution）したからこそもたらされるものと解釈しているように思われる[105]。

104　*TJ*, 102-103/88rev.,『正義論』138頁。ただし、改定版には、第一文および第二文を除き、対応部分はない。

105　*TJ*, 76/66rev.,『正義論』104頁に「寄与（＝貢献）曲線」という語が見られる。*TJ*, 81/70rev.,『正義論』110頁には、「それらの曲線は、最も恵まれた集団の代表の、より恵まれない集団への貢献を示す」という表現が見られる。また、前述16で引用した論文「憲法上の自由と正義の概念」（1963年）では、後に格差原理と命名される原理は、「共通の利益に貢献するサーヴィスに対する報酬」（前述27頁）にかかわるもの

「貢献」という言葉は『正義論』でも使われていた。だが、そこでは「相互利益[106]」という言葉も使われ、互恵性と相互利益の異同が判然としなかった[107]。これに対して、『再説』においては、相互利益（＝「弱い互恵性」）と、互恵性（＝「強い互恵性」）とが明確に区別されている（その異同はなお判然としないが）。関連する部分[108]を引用しておこう。

　ここで[109]決定的に重要なのは、格差原理が互恵性の観念を含むという点であ

とされていた。
106　前掲注90およびそれに対応する本文参照。
107　*TJ*, 76-77/66rev.,『正義論』104頁。念のため、関連する部分を訳出しておこう。「貢献曲線、すなわち曲線OPは、基本構造によって規定される社会的協働が相互に利益となると想定して描かれている、という点に注意されたい。」（初版）。「貢献曲線、すなわち曲線OPが右上がりであるのは、基本構造によって規定される社会的協働が相互に利益となると仮定されているからである、という点に注意されたい。」（改訂版）。両文は、もともと同じ意味だ（つまり、考えは変わっていない）とするのがロールズに有利な解釈であるが、改訂にあたってロールズは、初版の文では、点D・より右の部分、すなわち、傾きが右下がりの部分も相互利益となる――たとえば、原・点と比べればそこでも「相互利益」といえば相互利益となっている――と誤解される恐れがあると考えたのであろう。私が第4章で詳しく検討するように、（強い）互恵性の観念がOP曲線の傾き右上がりに対応するとみるのも、このような『再説』に至る時期――『正義論』の改定作業も含まれる――のロールズの考えの微妙な変化に注目してのことである。
108　*R*, 76-77,『再説』133頁。ただし、下線および「貢献」に付した圏点は亀本による。
109　「生まれつきの才能の分配を共同資産とみる」というロールズの有名な考え方との関係で、ということ。*R*, 75-76,『再説』130-133頁参照。*TJ*, 101/87rev.,『正義論』136-137頁に、「われわれはかくして、格差原理が実際のところ、生まれつきの才能の分配を共同資産〔common asset〕とみなし、かつ、その分配がどのようなものであろうと、その便益を共有〔share、法学でいう「共有」ではなく、「総有」――コモンズ「共有地の悲劇」といわれるときの「共有」〕するという合意を表している」（初版）、「格差原理は実際のところ、生まれつきの才能の分配をいくつかの点で共同資産とみなし、その分配の相補性によって可能となったより大きな社会的・経済的便益を共有するという合意を表している」（改訂版）という一文がみられる。改訂版では、「いくつかの点で」という語句が補われているのは、「共同資産とみなされるのは、生まれつきの才能の分配であって、各自の生まれつきの才能そのものではない」（*R*, 75,『再説』131頁。圏点は亀本による。）ということに注意を促すためであろう。経済学者のなかには、上の文を市場経済のことを言っているのだと誤解する人もいるだろうが、ロールズは、ゲームや音楽作品の共同演奏の例を挙げている。OP曲線を米の共同生産のような例で考えることが、ロールズの意図に合致するゆえんである。

る。才能に恵まれている人々（生まれつきの才能の分配に関し、道徳的にはそれに値するとは言えないにもかかわらず、より幸運な地位にある人々）は、なお一層の利益——なぜなら、彼らは才能分配上の幸運な地位にあるということからだけでもすでに恩恵を受けているから——を獲得することを奨励されるが、それは、彼らが生まれつきの才能を訓練し、またそれを、才能に恵まれない人々（生まれつきの才能の分配に関し、前と同様、道徳的にはそれに値するとは言えないにもかかわらず、より不運な地位にある人々）の善に貢献する仕方で使用するという条件がみたされている限りでのことである。互恵性は、公平性〔impartiality〕——これは利他的である——と、相互利益との間に位置する道徳的観念である[110]。

『政治的リベラリズム』において、「公平性は、一般的善によって動機づけられているので利他的である[111]」と説明されている。そこで言われている「公平性」は、いわゆる理想的観察者が、社会全体の利益を慮って社会の効用を最大化しようとする際の能力をさしており、功利主義の一ヴァージョンに含まれるものである。格差原理は、最も恵まれない人々の基本善だけに注目して、その上昇のみをめざせばよいだけだから、全員の効用を公平無私に考慮するといった、神ならぬ普通の人々——原初状態の当事者は普通の市民を代表する——が十分にもちえない能力まで要求するものではない[112]。しか

　ちなみに、アダム・スミスは、（大河内一男監訳）『国富論Ⅰ』（中公文庫、1978年）30頁において、次のようにのべている。「人間のあいだでは、はっきり違った天分がたがいに役に立つのである。すなわち、取引し、交易し、交換するという一般的性向のおかげで、人間のそれぞれの才能が生みだすさまざまな生産物は、いわばひとつの共同の資財（ストック）となり、だれでもそこから、他の人々の才能の生産物のうち自分の必要とするどんな部分でも購入することができるのである」。ロールズの文と一見似ているが、スミスは、分業を伴う交換経済の利点について論じているのである。ロールズは、スミスのいう「商業社会」または「文明社会」の住人ではない。この点については、後述第3章**60**も参照。

　本題からは、ずれるが、これほどまでに共同体主義的な側面をもつロールズの正義論を、共同体主義者が批判するのには、理解に苦しむところがある。批判の代表例として、M. J. サンデル（菊池理夫訳）『リベラリズムと正義の限界　原著第二版』（勁草書房、2009年）参照。

110　*PL*, 16 and 50にも同旨の叙述がある。
111　*PL*, 16. 原文にある括弧は無視した。

し他方で、格差原理は、単に全員が改善されればよいという要求以上のものである。これが、ロールズが「互恵性は、公平性と相互利益との間に位置する」と言うことの意味である。

37．OP 曲線による強い互恵性の解釈

だが、これだけでは（強い）互恵性の中身はなおはっきりしない（以下、単に「互恵性」と言うときには、とくに断らないかぎり、「強い互恵性」をさすものとする）。互恵性の意味をOP曲線を使って解釈してみよう。

前述のように「互恵性」の観念にとっては、恵まれた人の恵まれない人への貢献という要素が決定的に重要である。そう考えないと、強い互恵性と弱い互恵性、あるいは、互恵性と単なる相互利益とを区別することができない。私がそのように考えるに至った決定的な理由の一つは、パレート原理（および相互利益の原理）は、曲線 OP 上の OD 間における、より右上の点からより左下の点への変化を認めないが、注意するべきことに、ロールズの主張する格差原理はそれを認めている、ということにある。点 D から右下方向への変化と異なり、その変化は、「恵まれた人が恵まれない人々に損害を与えている」とは言えないから、それは、前項 **35** で取り上げた互恵性条件――恵まれない人々の改悪に伴って、恵まれた人々が改善されてはならない――をみたしている。ただし、そこでいう「互恵性条件」は、恵まれた人々から恵まれない人々への積極的な貢献を直接にさすものではなく、単に「点 D をこえて右下部分に入らない」という消極的な含意を表しているにすぎないが。

ここで、関連する部分[113]を、やや長いが重要なので、『再説』18.3 節から

112 　*R*, 60, 『再説』103 頁（訳文は若干修正した）に、「正義原理の適用にあたってわれわれが、例えば市民各自の（合理的）選好または（功利主義の見方ではそうであるように）欲求の充足によって測られる各市民の総体的な幸福の見積もりを考慮に入れることはない……。もちろん、われわれは市民各自の善ないし幸福を、道徳的・結社的あるいは個人的な理想の観点から考慮することもない。」とある。前掲注37で挙げた箇所も参照されたい。より詳しくは、後述第3章**59**参照。

113 　*R*, 63-64, 『再説』109-110 頁。訳文をごくわずか修正した。圏点および下線は、亀

第4節　格差原理と互恵性　65

引用しておこう。

　　格差原理の今一つの特徴は、最も不利な状況にある〔＝最も恵まれない〕人々の（所得と富で測った）期待が、何世代にもわたる継続的経済成長によって、停止することなくどこまでも大きくなることを要求するものではない、という点にある。……格差原理は実際、社会的協働による生産・分配を適当な期間に分けて考えた場合、その一期間〔経済成長のない単純再生産の社会が仮定されていると思われる〕において、社会的生産物の生産から得られる所得と富に関する格差が、次のようなものであることを要求する。すなわち、より有利な状況にある人々の正統な期待が減少する場合は、より不利な状況にある人々の期待もまた減少するということである。従って、社会はつねに、OP曲線の上昇部分または頂点にあるということになろう。（このように定義された）許容される不平等は、この条件を充たすし、正義に適った基本構造が長期にわたって維持され再生される、定常的均衡状態[114]にある社会的生産物と両立する[115]。

　　前段落で述べたのと同じ点を別の側面から言えば次のようになる。格差原理は、富と所得の不平等がいかに大きく、また、人が生産物からの分け前をより多く得ようとして働く意欲がいかに大きかろうとも、現存の不平等が最も不利な状況にある人々の利益に効果的に貢献することを要求する。さもなければ、不平等は許容されない。最も不利な状況にある人々の福利も含めた、社会の富の総量は、どのような生活を送るかに関する人々の決定に依存している。自由の優先は、物質的財の点できわめて生産的な労働に従事することを強制するこ

　　本による。
[114]　簡単にいうと、年々歳々、人口も変化せず、同様の生産活動、消費活動をくり返すこと。いわゆる単純再生産と同義。
[115]　この段落は、理解に苦しむところが多い。経済成長に言及されているところからすると、OP曲線（各協働スキームに対応する）が複数出てこないとおかしい――より「効果的な」曲線（前述32参照）が経済成長後の曲線と考えられる――ように思われるが、他方で、「社会はつねに、OP曲線の上昇部分または頂点にある」という叙述からすると、OP曲線上の各点がさまざまな協働スキームに対応するようにも思われる。また、同じことをのべているとされる次段落では、OP曲線上の各点は、人々がどれだけ「一生懸命働くか」に対応しているように思われる。それも協働のスキームを表すものとみることができるが、経済成長との関係で定義される協働スキームとは種類の違うものであり、多少なりとも経済学の知識がある者には理解しがたい叙述である。

とはできない、ということを意味する。人々がどのような種類の労働を行うか、また、どれほど一生懸命行うか、それは、社会が提供するさまざまなインセンティブ〔単純なモデルでは協働のスキームによって定められる職種に応じた賃金の高さのこと〕に応じて彼らがいかに決定するかにかかっている。従って、格差原理の要求とは、社会的富の総量の大きさにかかわらず——それが大きかろうが小さかろうが——、現存の不平等が自分だけでなく、他の人々の利益にも資するという条件が充足されなければならないということである。この条件から、格差原理が、最も不利な状況にある人々の期待の最大化という考え方を援用するにもかかわらず、本質的に互恵性の原理であることが明らかになる。

　恵まれた人の所得の減少にともなって、恵まれない人の所得が減少するということは、私見によれば、前述の「貢献」ということの裏面であり、互恵性の観念に反しないどころか、むしろ、強い互恵性を弱い互恵性から差別化しようとする場合の一つのポイントであるように思われる。社会の構成員があくせく働いて総生産の増大をめざすよりも、全員の所得は多少減っても精神的・文化的に豊かな暮らしをしようとする、といった選択を格差原理は——というよりも、平等な自由原理のほうが優先するがゆえに——許すのである[116]。

　これと対照的に、曲線 OP 上の D から P へ至る変化は、恵まれた人々が恵まれない人々を「犠牲にして」(at the expense of)[117]、あるいは「損害を与えて」(to the detriment of)[118]——ロールズはあまり意識していないようであるが、これらは「貢献」と対になっている用語であるように思われる——所得を増加させているから、(強い)互恵性の観念に反するとされる。

---

[116] この点は、『正義論』（初版）の時期にはあまり強調されていなかった。各人がどのような生活を送るか、どのような仕事を選ぶかについて自由であることについては、本文中で引用した箇所のほか、R, 50 and 72,『再説』87頁、125頁では、同じことが「純粋な背景的手続的正義」の観点から説明されているので参照されたい。ロールズの「手続的正義」に関する私の理解については、亀本洋『法哲学』（前掲第1章注48）484-488頁参照。

[117] R, 125,『再説』220頁；cf. TJ, 104/89rev.,『正義論』141頁。

[118] R, 124,『再説』217-218頁。前述**35**で引用した文章の最後の二段落参照。

38. OP曲線をどうやって描くのか

　以上が、ロールズによるOP曲線を使った互恵性の説明（についての私の解釈）である。だが、OP曲線を表面的に見ただけでは、そのような解釈はでてこない。OP曲線そのものは、両者の所得の関係とその変化を表すだけで、どちらがどちらに・貢・献・し・たとか、どちらがどちらを・犠・牲・に・し・たということは表現されていないからである。

　そもそも、OP曲線は、どうすれば描けるのであろうか。ロールズによれば、OP曲線から、恵まれた人（ここでは所得というより、生まれながらの才能、生得資質に恵まれた人と考えるべきである——稼ぐ能力に恵まれているがゆえに、高賃金の申し出を受けることができるのであるから）に、恵まれない人より相対的に多くの所得を支払うことを約束すれば、その人は能力を開発し発揮するインセンティブを与えられる結果、協働による生産量が増加することが読み取れるらしい[119]。もちろん、期待所得の約束と労働者の行動や生産量との因果関係がわからないかぎり、そのような解釈は不可能である。しかし、ロールズは、そのような因果関係には関心がないという[120]。

　さらに、社会におけるさまざまな生産物の生産に関する生産関数（インプットとして投入される生産諸要素の量とアウトプットとしての生産物の産出量との関係）が、OP曲線において固定されているのか、変化すると想定されているのかも不分明である。高い所得の約束によるインセンティブの提供が技術革新をもたらすとされている点からすると、生産性は上昇し、したがって

---

[119] *R*, 63 and 77,『再説』108頁（前述30で引用した文章の第一段落）、135頁。*TJ*, 78/68rev.,『正義論』106頁。

[120] 前掲注119に挙げた『正義論』（初版）の該当箇所でロールズは、格差原理の考え方の例証のため、社会階層を企業家階層と未熟練労働者階層に二分した上で、次のようにのべている。「……企業家たちに許されたより大きな期待は、労働者階級の長期的期待を上昇させることをするように企業家たちを誘導するであろう。企業家たちのよりよい期待は、経済プロセスがより効率的になる、技術革新がより速く進む、等々のためのインセンティブとして作用する。結果的にもたらされる物質的便益は最終的に、〔協働の〕システム全体に、したがって、最も恵まれない階層にも行き渡る。私は、こうしたことがどれほど真実かを考察するつもりはない。重要な点は、そうした不平等が格差原理によって正義にかなうとされるなら、その種の事柄がともかくも主張されねばならないということだけである。」（改訂版もほとんど同じ叙述）。

生産関数も変化するようでもあり、格差原理は経済成長のない単純再生産の社会と両立するとされている[121]点からすると、生産関数は一定でもかまわないようでもある。要するに、どうでもよいとロールズは考えているのである。

たしかに、OP曲線の背後には、協働のスキーム、したがって賃金表のルールがあるのであるから、OP曲線は規範的な曲線であり、経験的な曲線ではない。しかし、ある程度の経験的データがなければ、つまり、職種と賃金を変化させるとどの程度総生産が変化するかということがある程度推測できなければ、そもそもOP曲線を描くことはできない。これは、計画経済に近い企てであるから、それがいかにして市場経済と両立するのかという別の論点が提起されることになる。だが、この問題は、目下の関心から外れるので、ここでは立ち入らないことにしよう。（本項の問題は、後述第4章でより立ち入って扱う。）

39. 互恵性の偏り

ともかく、ロールズにできるだけ有利に解釈して、何らかの適当なOP曲線を描くことができると仮定しよう。その場合、OP曲線上の各点は、何を意味しているのだろうか。それは、これまでの考察からすると、恵まれた人の職種および賃金と、恵まれない人の職種および賃金のペアである、と考えるのが最も妥当であるように思われる[122]。

それでよいとして、その場合、前者の職種と後者の職種がセットになって、一つの協働生産が可能になると想定されているから、少なくともどちらかが、そのような仕事はしたくないといって職場放棄すれば、生産は停止するだろうし、もっと楽に仕事がしたいといって怠ければ、生産は低下するであろう。しかし、これは、所得階層、したがって職種を単純化のため二つにしか分けなかったために生じた難点とも考えられ、職種を適当な数に分ければ、この点はある程度改善されよう。だが、それぞれの職種で必要な人数は

121　R, 63-64,『再説』109-110頁（前述37で引用した文章の第1段落）; PL, 7 n. 5参照。
122　そのような素直な解釈を簡単に許さない理由の一つについては、前掲注115参照。

ある程度固定されるだろうから、職をめぐる競争が生じると同時に失業問題も生じるであろう。ロールズはここでも、失業に大いに関心をもつとしても、その発生メカニズムには関心を示さないだろう。

そのようなロールズに問うても仕方がない問題よりもむしろ、ここで確認しておきたいのは、より恵まれた人とより恵まれていない人とが、それぞれの生産において協力して働くことなしには、OP 曲線は画餅に帰すだろうということである。OP 曲線上の各点は、恵まれた人と恵まれない人の職種、というよりも、実際の労働が連携して初めて意味をなすものだからである。つまり、あらかじめ定められたルールの枠内で各人が自分の仕事と賃金を選び、かつ、それによって定まる仕事の質と量を果たさなければ、OP 曲線の背後にある生産は実現されず、したがって、その OP 曲線も現実的な意味をもたないのである。

たとえば、少なくとも両者の一方が、できるだけ楽をしてできるだけ高い賃金を得ようという態度であれば、所期の成果は達成できないだろう。それゆえ、「貢献」というのであれば、恵まれた人から恵まれない人への貢献だけでなく、恵まれない人から恵まれた人への貢献も、OP 曲線が成立するための必要条件となるであろう。だが、これまでの検討からもわかるように、ロールズの互恵性の理解は、恵まれた人の貢献のみを強調する――たとえば、前述36で引用した『再説』の文章（本書62-63頁）参照――点であまりにも偏っているように思われる[123]。

ロールズは実際、前述36で引用した『正義論』（初版）の文章では（その最

---

123 『再説』におけるのと対照的に、『正義論』では、恵まれた人から恵まれない人への一方的貢献がそれほど強調されることはなかった。たとえば、*TJ*, 112/96rev., 『正義論』150頁参照。そこでは、「公正原理」（principle of fairness）の説明という文脈においてではあるが、次のようにのべられている。「主要な考え方は次のようなものである。何人かの人々が、ルールに従って、それゆえ、全員にとっての利益を生み出すのに必要なかぎりで各自の自由を制限して、相互利益的な協働事業に従事しているとき、そのような制限に服してきた人々は、彼らの服従から利益を得た人々に対して、同様の服従を要求する権利をもっている。われわれは、自分も公正な分担をすることなく、他者の協力的労働から利益を得てはならない。」（初版、改訂版とも同一の原文）。

後の文において)、「困難は、Aが不平を言う根拠をもっていないということを示すことにある」として、「貢献」という言葉こそ使わないものの、偏りを正面から認め、不満をもつかもしれない恵まれた人々をどう説得するかを考えていたように思われる。念のため、その文の続き[124]を訳出しておこう。

> たぶん彼〔A、恵まれた人〕は、彼が〔OP曲線によって定められた取り分〕より多くをもつとBの取り分が減ってしまうという理由で、〔OP曲線の定めがなければ〕もちえたかもしれない取り分よりも少ない取り分で我慢することを要求されている。この恵まれた人になんと言って説明したらよいのだろう。第一に、各人の福利は、社会的協働のスキームに依存しており、そのようなスキームなしにはだれも満足ゆく人生を送ることができないことは明らかである。第二に、われわれが全員に自発的協力を求めることができるのは、スキームの定めが理にかなったものであるときに限られる。何らかのうまく働く制度が全員の幸福のための必要条件であるとき、生まれつきの才能の点でより恵まれた人々、あるいは社会境遇の点でより幸運な人びとが、他の人々に対して自分たちとの協力を期待することができるためには、協力の基礎となる条件が必要である。格差原理は、そのような公正な基礎であるように思われる。

前述36で引用した文章(本書61頁)から上の文章までの部分は、『正義論』の改定版では、冒頭の二つの文を除き、ほぼ全面的に書き換えられている。念のため、その部分[125]も訳出しておこう。

> ……格差原理は、互恵性の観念を表している。それは相互利益の原理である。だが、一見したところ、それは、最も恵まれない人々に有利な方向に不公正に偏っていると見えるかもしれない。この問題を直観的な仕方で考察するために、単純化のため、社会には二つの集団しかなく、一方は他方よりはるかに恵まれている〔＝生涯期待所得が高い〕と仮定しよう。社会は、(第一原理の優先および公正な機会均等原理によって定められる) 例の制約のもとで、いずれかの集団の期待を最大化することができよう。だが、両方の集団の期待を最大化することはできない。なぜなら、われわれは、一度に一つの目的しかその実現

---

[124] *TJ*, 103.
[125] *TJ*, 88rev.,『正義論』138-139頁。

度を最大化することができないからである〔OP曲線の点Oから点Dへ至る変化のほうが「相互利益」と言うにふさわしいにもかかわらず、ロールズはここで、パレート最適な社会状態、つまり点Dから右下への変化のことを想定している〕。最初からより恵まれている人々のために社会が最善を尽くす〔＝図1において点Fを選ぶ〕べきでないことは明らかであるよう思われる。それゆえ、われわれが格差原理〔＝点Dを選ぶこと〕を拒否するとすれば、二つの期待の何らかの加重平均値の最大化〔＝図1における点Bや点N〕を選ぶほかない。しかし、われわれがより恵まれた人々に少しでもウエイトを与える〔＝図1におけるOP曲線の右下がり部分において点D以外を選ぶ〕とすれば、われわれは彼らのために、自然的および社会的偶然によってすでにより優遇されている人々への利得をウエイトの評価にあたって考慮していることになる。そのような仕方で利益を受けるべきだという事前の〔＝生まれる前の〕請求権をだれももっていなかった。それゆえ、加重平均値の最大化は、より恵まれている人々を、言ってみれば2回優遇するということである。したがって、より恵まれた人々は、事態を一般的な視座〔自分が恵まれた集団に属するかどうかわからないということ〕から見るとき、各人の福利が社会的協働のスキーム——それなしにはだれも満足ゆく人生を送ることができない——に依存していることを認める。彼らはまた、全員の自発的な協力を期待することができるのは、スキームの定めが理にかなったものであるときに限られるということも認める。したがって、彼らは、（彼ら自身も含め）だれもそれへの事前の請求権をもっていないところの有利な地位によって、いわば、自分はすでに補償されていると考える。彼らは、加重平均値を最大化するという考えを捨て、格差原理〔＝点Dを選ぶこと〕を基本構造を定めるための公正な基礎とみなす。

初版と改定版、いずれの文章にも共通するのは、恵まれた人々が幸福な生活を送れるのは、恵まれていない人々の協力があってこそであるから、恵まれた人々からみれば、社会的総生産への自分たちの貢献度に比べて自分の賃金は安すぎ、恵まれない人々の賃金は高すぎるように見えるかもしれないが、恵まれない人々からの協力が得たければ恵まれた人々は我慢せよという内容である。だが、この説明では、OP曲線上の点Fも実現可能な（しかも、互いに協力していると解釈できる）点である（そこでも、恵まれない人々は、

原点 O に比べれば改善されている。）かぎりで、説得力が弱い。

したがって、改定版ではさらに、恵まれた人々に対して、あなたたちは偶然によってたまたま恵まれているのだから、そもそも、生産への貢献度に比べて賃金が安いと言う権利はないのだ、ということが付け加えられている。生まれつき才能に恵まれ、恵まれない人々より現に高い賃金——生産への貢献度との関係はさておき——を得ているだけでもすでに十分優遇されているのに、それ以上の優遇を求めるなんてとんでもないと思いませんか、ということである。前述36で『再説』から引用した文章とほぼ同じ内容である。

格差原理は、結局のところ、恵まれた人々の総生産への（恵まれない人々のそれに比べて）圧倒的に大きな「貢献」は当然視する一方で、その貢献度を恵まれない人々の所得を最大化するという目標をこえてカウントすることを拒否する。これは、OP 曲線についていえば、恵まれた人々の労働が、あたかも、恵まれない人々の所得増大のための手段であるかのように扱われていることを意味する（後述第 5 章85参照）。互恵性についてのロールズの説明を聞けば聞くほど、その観念の通常のイメージからますます遠ざかって行くように思われる。

40. 最低所得最大化の要求、正義・不正義の領域区分、格差縮小要求の関係

ロールズの強調する互恵性の観念を細かく検討することによって、格差原理の要求するものが何かが、かえってわかりにくくなってしまった。ここで問題を整理するため、図 7 に点 C′（点 C と y の値は同じ）を付け加えただけの図 8 に目を向けて、ロールズがどの点をよしとするのか、これまでの検討結果を確認しつつ、考えてみよう。

点 D が一番よいとされることはくり返すまでもなかろう。さらに、OP 曲線上の点 D を除く DP 間の点はすべて不正義とされた。点 B から点 D への移動はもちろん、点 C への移動も、よしとされた（前述34参照）。点 D から点 A（またはそれより左下にある OP 曲線上の点）への移動は、点 D に比べると最低所得者 Y の所得は低下するにもかかわらず、XY 両人がそれを望む

第 4 節　格差原理と互恵性　73

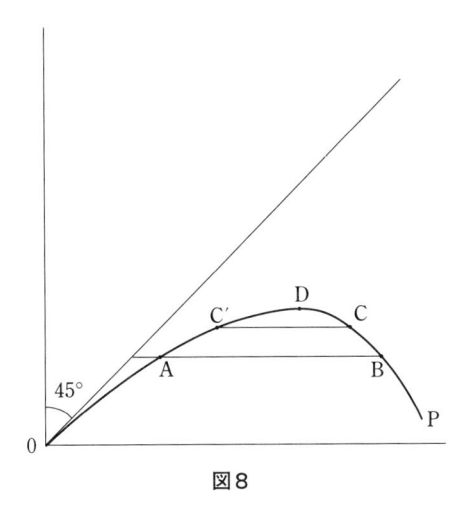

図 8

かぎりよしとされた（前述37参照）。

　問題は、点 A から点 C への移動である。X は、所得が上昇するのであるから、当然それを望むであろう。点 C はたしかに、不正義の領域に属するが、Y も同様の理由で、そのような変化を望むのではなかろうか。

　X と Y の不平等の観点からみると、どうなのだろうか。点 C はたしかに、点 D に比べて不平等が大きい点ではある。だが、原点 O から出発して OP 曲線上を右に行けば行くほど、一般に格差は拡大する。点 D をこえると、格差が急激に拡大するというだけである。

　いずれにせよ、点 C は、Y の所得については点 A より勝る点である。最低所得の最大化ということだけを考えれば、点 A から点 C への移動は望ましいように見える。格差原理は、恵まれない人々の所得（あるいは基本善指数）が上昇するかぎり、不平等を許容または要求するものであるから、点 A から点 C への移動は、格差原理によって認められるものであるように思われる。

　だが、格差原理の意味を探求する際、点 A から点 C への移動を格差原理が認めるかどうかという問題設定は、おそらくロールズの意図にそうものではない。ロールズからすれば、OP 曲線が実現可能なものとして存在するの

であれば、点Aから、わざわざ不正義の点Cへ移動する必要はなく、点D（「完全な正義」）、または少なくとも点C以上の高さにあるOD間の点（「変化を通じ正義」）に移動すればよい、ということになろう。

同様の理由で、ロールズは、点C′から点Cへの移動も禁じるであろう。しかし、yの値が同じであるにもかかわらず、それが不正義の領域（OP曲線の点Dより右下の部分）に属するという理由で、その点への移動を禁止するということは、結果的に、不平等の拡大の阻止、したがって格差縮小要求を含意することになる。点Aから点Cへの移動を禁じる理由として、点Cが不正義の領域に属するということを挙げても、点Cが点C′と比べて不平等が大きいということを挙げても、結論は変わらない。

格差原理の解釈として後者の理由を重視する場合、点Cも点C′とyの値は変わらないのであるから、それは、YのXに対する（所得が自分と比べ大きいことへの）妬みを格差原理が積極的に考慮に入れていることを意味するように思われる。これは、原初状態の当事者が他人に対して妬みを抱かないとされているのと対照的であり、ロールズは格差原理の説明および正当化を基本的に原初状態の当事者の視点から行っている（前述本書2頁、15頁参照）だけに格別の注目に値する。（われわれの正義感覚は普通、妬みと通底しているから、ロールズの主張を無視して考えれば、注目に値しないが。）

41. スキームの意味の変更

ここで、前項**40**の最初に取り上げた点Aから点Cへの移動をめぐる問題について補っておこう。それについては、次のような一見奇妙なことも生じる。図9は、図7の曲線OPをOP$_1$とし、OP$_1$上の点Aと点Cを通る別の曲線OP$_2$を新たに書き加えたものである。この図では、ロールズの見解によれば、OP$_1$のスキームでは（点Aと点Cのみを問題とした場合）点Aのみが正義にかなっているが、OP$_2$のスキームでは点Aも点Cも正義にかなっており、点Cのほうがより望ましいことになる。分配に関しては同一の点Cが、スキームの描き方によって、評価が変わってくるのである。

このような混乱が生じる遠因は、協働の「スキーム」は、『再説』では、

第 4 節　格差原理と互恵性　75

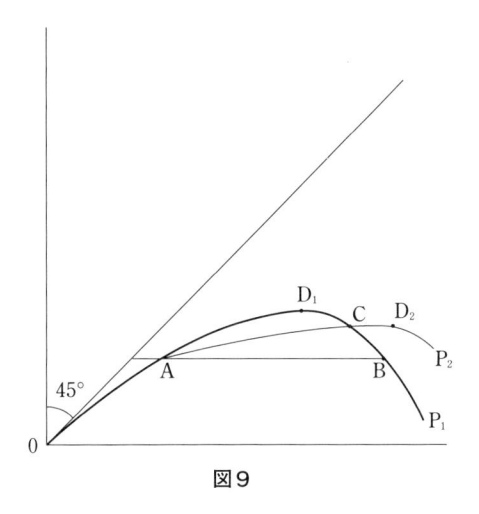

図 9

おのおのの OP 曲線に対応するとされているのに対して（前述 30 および 32 参照）、『正義論』では、一つの OP 曲線上の各点に対応させられていた（少なくとも、ように思われる[126]）ことにある。この点は第 6 章で、より詳しく論じるが、例証のため、『正義論』から引用しておこう。ロールズは、「完全に正義にかなっている」、「変化を通じ正義にかなっている」および「正義に反する」の区別（前述 34 参照）を説明する文脈で次のようにのべている[127]。

　……格差原理の適用にあたっては、二つのケースを区別するべきである。第一のケースでは、最も恵まれない人々の期待が（もちろん上述の制約〔＝第一原理の優先および公正な機会均等〕のもとで）実際に最大化されている。ここ〔＝OP 曲線上の点 D〕では、恵まれた人々の期待のいかなる変化も、最も恵まれない人々の状況を改善することができない。ここでは、最善の制度が成立している。それを私は、完全に正義にかなったスキームとよぶことにする。第二のケースでは、より恵まれた人々全員の期待〔の増加〕は、より恵まれていない

---

[126] 『再説』においてもなお、スキームが OP 曲線上の点をさすかのように読める叙述があり（後述第 6 章 93 参照）、ロールズがその解釈を変えたかどうかの厳密な判定はむずかしい。だが、以下では、変えたと判断して議論を進めることにする。
[127] *TJ*, 78-79/68-69rev.,『正義論』106-107 頁（初版と改訂版とで原文は変わっていない）。わかりやすくするため、「スキーム」に下線を引いた。

人々の福祉〔の増加〕に、〔彼らの福祉を最大化しないにしても〕少なくとも貢献することはできる。つまり、もし、より恵まれた人々の期待が減少すれば、最も恵まれない人々の期待も同様に減少するであろう。だが、ここ〔＝OP曲線上の点Oと点Dの間にある点〕では、最大値はまだ達成されていない。より恵まれた人々の期待のさらなる増加は、最下層の人々の期待を上昇させるであろう。そのような<u>スキーム</u>を、私は、正義にかなった最善の制度ではないにしても、変化を通じ正義にかなっている、と言うことにする。ある<u>スキーム</u>は、(一つ以上の階層の[128]) 期待の増加が過度であるとき、正義に反している。それらの期待が減少させられれば、最も恵まれない人々の状況は改善されるであろう。……

若干わかりにくいが、よく読めば、「スキーム」がOP曲線上の各点をさしていることはおわかりいただけよう。『正義論』においては、OP曲線は一つしか登場しないから、図9のようなものは、実は描けなかったのである。

42. OP曲線の解釈の変更の理由──純粋な手続的正義と格差原理との関係

「スキーム」の解釈の変更は、同時に、OP曲線上の点がさすものが変更されたことを意味する。OP曲線上の点の解釈が、このように暗黙裡に変更──ロールズ自身はそれに気づいていない（振りをしたい[129]）可能性もある──された原因は、どこにあるのだろうか。

『再説』に至って、OP曲線の背後に生産があることを強調し始めたことからすると、各人の労働の負担量（あるいは、現代の経済学では使わないが「不効用」）が前と同じだとしても、技術革新その他によって生産性が上がるとOP曲線は、より「効果的な」（前述**32**参照）ものになるから、複数のOP曲線を考える必要がある、とロールズは思ったのかもしれない。だが、それはまったく（経済学でいう）「技術的な」問題であり、格差原理の本質的内容

128　ここでは、ロールズは、より恵まれた階層がいくつかあると想定しているが、単純化して、一つ、つまりXが代表する階層だけと考えてもよい。

129　前述本書2頁参照。

とは無関係であるように思われる。それに、そもそも、OP 曲線における P という文字が、ロールズが最初からその背後に生産があることを当然の前提としていたことを示唆しているのであるから、生産の強調に過度に注目するのは的外れであるように思われる。

　私見によれば、『再説』において OP 曲線上の各点が X と Y の仕事・賃金のペアに対応すると解釈されるようになったのは、ロールズは明示的には言及していないが、OP 曲線と、格差原理が純粋な手続的正義に従うこととの関係を、より整合的に説明しようとする意図によるものではないかと思われる[130]。つまり、OP 曲線上の O から D に至る点のどれを選ぶかは各人の自由に任され、どの点を選んでも、その結果はすべて正義にかなっているという純粋な手続的正義の考え方は、さまざまな協働のスキームが OP 曲線上の各点に一対一で対応すると考えた場合、説明がむずかしくなるからである。協働のスキームは、仕事・賃金のさまざまなペア——これが OP 曲線上の諸点に対応する——を提供し、各市民はそれを自由に選ぶとしたほうが、純粋な手続的正義の考え方と——加えて、職業選択の自由という基本善とも——より整合的である。

　しかし、その場合、O から D へ至る点では、D に近いほど、両者の所得がともに大きくなるから、より望ましいという、従来からの主張の根拠はより弱くなるようにも思われる。ロールズは実際、前述**37**で指摘したように、X と Y の所得がともに減少することは、彼らがそれを自分で納得して選んだのであれば、格差原理に合致すると考えているのである。

　要するに、格差原理がもともともっていたはずの最低所得最大化の要求が、第一原理（および公正な機会均等原理）と純粋な手続的正義に由来する、自由とそれに対応する責任——所得の少なくなる仕事を自分が選んだのだから不平を言ってはいけないということ——の要求に大幅に譲歩せざるをえなくなっているのである。そうだとすれば、少なくとも今問題にしている局面では、格差原理は最低所得最大化の要求すら含むものではない、と言ってよ

130　*R*, 68,『再説』117頁, *TJ*, 84-85/74rev.,『正義論』116頁参照。「純粋な手続的正義」に関する私見については、前掲注116で挙げた箇所参照。

いのではなかろうか。

第5節　格差原理と格差縮小の予定調和か

43. 最低所得最大点の特定の必要性とその困難さ

　これまでの考察によると、格差原理は、協働のスキームが、OP曲線上のOD間の各点に対応する職種・賃金を定めるルールと、点Dを除いたDP間の点に対応する分配を違法としまたはその改善を強制するルールとを定めることを要求するだけで、最低所得最大化の要求は必ずしも含まないものであることが明らかになった。最低所得が最大化されるかどうかは、各人の選択にかかっているからである。

　結局、「完全に正義にかなっている」という概念は不要であるかに見える。にもかかわらず、最低所得が最大化される点D——（不）平等という観点からみれば「格差最適点」と言ってもよい——を発見あるいは決定することはやはり重要である。なぜかというと、それがわからないかぎり、正義にかなった分配と正義に反する分配とを区別することができないからである（図9を再度参照されたい）。

　しかし、すでに触れたように（前述38参照）、最低所得最大点の決定は、経験的データに依存するから、それほど簡単なことではない。それゆえ、実際の分配ルールが、正義にかなっているか否かの判定にとって、ロールズの愛好する「熟慮した判断」(considered judgment)はほとんど役に立たないであろう。分配的正義の判定は、経済学の理論的研究と実証的研究に依存するところがあまりにも大きいからである。

　かつてロールズは、全員の効用を知る必要がある功利主義に比べて、格差原理は最も恵まれない集団を特定すればよいだけだから、適用がはるかに容易であることを格差原理の長所として誇っていた[131]。だが、OP曲線のありうべき形状、もしくは少なくとも格差最適点を特定できなければ格差原理を

---

[131] *TJ*, 90-92/78-79 rev., 『正義論』123-124頁。

適用できない、とりわけ、何が正義に反する分配かがわからないとなると、その誇りも吹き飛んでしまうことであろう。だが、ロールズの正義論が実際に使えるかどうか、ということは本章の関心ではない。(この問題は、後述第5章で扱う)。

44. OP曲線を使った格差原理への異論とロールズの応答

本題に戻ろう。格差原理が格差縮小要求を含むか否かを主要な関心として、これまで行ってきた検討によって、正義と不正義の区別にとって最低所得最大点は重要だが、格差原理そのものは、必ずしも最低所得の最大化を要求しない、という意外な結論が導かれた。格差原理が最低所得最大化の要求を含むという、私の当初の理解——これはロールズ自身の理解でもあろう——は不正確だったのである。しかしまだ、格差縮小要求をめぐる本章の主要問題は解明されていない。

『再説』のなかでロールズは、特殊な形状のOP曲線を持ち出して格差原理に反論を試みる二つの異論を取り上げている[132]。図10と図11の曲線が、それぞれが持ち出す曲線の形状である。

図10の曲線は、原点から曲線の最高点に至るまでの横軸にそった距離が非

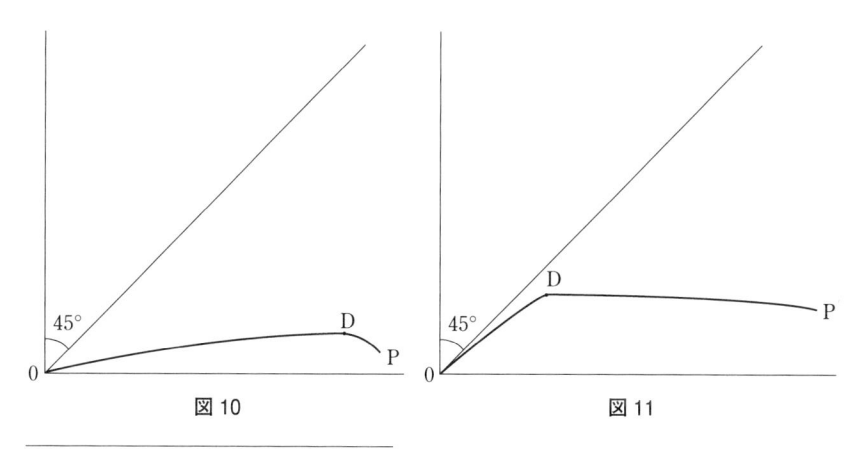

図10   図11

---

132 R, 66-68, 『再説』114-118頁。TJ, 157-161/135-139rev., 『正義論』212-217頁も参照。

常に長いから、結局、恵まれない人と恵まれた人との所得格差が、最初から大きく、次第に拡大し、点Dで——正義の領域では——最大になる。異論の根拠は、点Dをよしとすることは、あまりにも格差が大きいので、恵まれない人からみて正義に反するのではないか、ということにある。

　図11の曲線は、点Dまでは急激に上昇するが、点D以降は比較的平坦なカーブがずっと続く。異論の根拠は、点Dより右の部分において、恵まれた人の所得を大きく増加させても、恵まれない人の所得の減少分はごくわずかであるから、その部分が不正義とされるのは、恵まれた人からみて正義に反するのではないか、ということにある。

　これらの異論に対するロールズの応答は、一言でいえば、そのような曲線は、実際には生じないということである。その根拠は、第一に、格差原理が適用される以前に第一原理と公正な機会均等原理の要求が充足されていること、第二に、協働の組織化の仕方には多様な可能性があるから、そのような曲線が生じることは考えにくいということである。第二の根拠が薄弱であることはくり返さない（前述38参照）。だが、第一の根拠だけからしても、一応の説明はできる。

　図10の曲線についていえば、平等な基本的自由と公正な機会均等がすでに十分に保障されていれば、（生得資質や出身階層に）恵まれない人々も、社会からの経済的、教育的その他の支援をえて、より高度な生産技能を身につけることが可能になるから、結果的に恵まれた人々との能力格差が縮小され、したがって、比較的高い所得層のなかでの競争が激しくなり、その賃金は次第に低下するだろうから、曲線の形状は実際には、図１の曲線のような通常の形状に近づくだろうということである。

　図11の曲線についていえば、点Dより右の部分で生じるような恵まれた人々の所得は、平等な基本的自由と公正な機会均等を実現するために、課税などを通じてすでに、恵まれない人々に移転されているはず[133]だから、曲線

133　第一原理および公正な機会均等原理の格差原理に対する辞書的順序での優先ということを文字通りに受け取れば、格差原理を適用する前に、高所得者からの税金は先行する原理の要求をみたすために使い尽くされており、格差原理の要求充足のために回

第5節　格差原理と格差縮小の予定調和か　81

の形状は実際には、通常の形状に近づくだろうということである。念のため、関連する部分[134]を引用しておこう。

> いずれの返答においても、その基本的な考え方は、異論……で想定されたようなOP曲線の形状は、基本構造が格差原理に優先する諸原理の要請を充たしている限り、実際には生じない、ということであった。……格差原理は、より有利な状況にある人々とより不利な状況にある人々への分配率〔＝xとyの比〕がどの範囲に収まるべきかについて確定した限界を定めるものではない。……なぜなら、われわれは、その分配率が純粋な背景的手続的正義の結果として落ち着くに任せたいと思うからである。このことは、熟考の結果、実際の分配率がわれわれに不正義との印象を与えない限り[135]、完全に受け容れうるものである。
>
> ……われわれは、誰が何を得たかについて一覧表を作成することができるが、それだけでは、結果的に生じた分け前の分布が、格差原理を充たす、最も（あるいは一つの）効果的に設計された協働システムから生じたかどうかわからないのである。そうだとすれば、分配率の限界を特定しないまま放っておき、分配の観察可能な特質またはその全体的形状を無視するのが最善である。正義の二原理によって秩序だてられた社会においては、結果的に生じる分配の観察可能な特質は、不正義とは思われない範囲内に収まると思う。私は、そうであってほしいと思う。
>
> 分配に課されうる最も単純な限界ないし形状は、すべての社会的善の厳密な平等〔＝45度線〕である。明白なことだが、格差原理は、そのような意味での平等主義的な原理ではない。……しかしながら、格差原理は、……〔別の〕意

　　す余裕がないといったことも考えられる。ロールズはそのような問題に関心をもっていないが、先行する原理の要求の「完全な」充足ということには、一定の限度が暗黙裡に設定されているのである。前掲注48も参照。
134　R, 68,『再説』117-118頁。
135　ロールズは、ここに注を付して次のように説明している。本章の関心からして重要な文章であるので、紹介しておく。「もちろん、公正としての正義の内部においては、これ以外に、われわれは、われわれの正義原理のすべてが充足されているにもかかわらず、分配率が正義に反するかどうかの判断をするための基準をもっていない。「われわれに不正義との印象を与える」と述べたが、それは、実際の分配率がわれわれの心をかき乱し、われわれにどうもおかしいという気持ちを起こさせるということにほかならない。……」（『再説』370頁注36）と。

味では、平等主義的な原理である。それは、OP曲線上の効率点のうちから、平等に最も近い点を選ぶからである……。

　図10によって提起された格差問題に関してだけいえば、ロールズの結論は、格差原理に先行する正義原理の要求がみたされているかぎり、普通は、格差は一定範囲に収まるであろうということである。これは、最低所得最大点（格差最適点）にも当てはまるし、それより左側であれば、まして当てはまる。

　いずれにせよ、格差縮小要求は、格差原理そのものから発する規範的要求ではない、ということである。格差縮小は結局のところ、第一原理と公正な機会均等原理がすでに充足されているという事実と、適当なOP曲線が描けるであろうという事実とに依存する、事実問題として扱われているのである。

　ロールズが現実の社会において所得ないしは社会的経済的基本善の格差が一定範囲に収まることを希望しているのは、上に引用した文章から明らかであるが、格差原理は現実の所得格差について何も発言できない——それが正義に反するか否かの判定は、各人が格差原理と無関係にするほかない——という結論には、いささか驚きを禁じ得ない。その結論は、格差原理は、社会の基本構造を定めるための指針としては使えるし、また、使うべきものであるが、その結果が正義に反するか否かは判定する能力がない、ということを意味するのであるから。

　このような見解は、前述（38参照）のOP曲線をどうやって描くかについては関心がないというロールズの立場とも符合する。だが、それは、ロールズの正義論を——それが社会の基本構造を対象とするとされているにもかかわらず——制度論として扱うことの意義を疑わせるのに十分である。だが、この問題については触れるだけにとどめ、より立ち入った考察は、後述第5章で行いたい。

45. 最低所得の最大が水平な直線をなす場合

ロールズが取り上げているわけではないが、OP曲線の特殊な形状としては図12のようなものも考えられる。D_1、D_2、D_3は、横軸に平行な同一直線上に並んでおり、恵まれた人から恵まれない人への貢献を強調する「強い互恵性」（あるいは、パレート改善と区別される「弱い互恵性」でも）に基づく格差原理の解釈によれば、D_1のみが許容され、D_2、D_3は正義に反するものとされよう。

あるいは、一方の所得の変化は他方の所得の変化に必ず影響するから、そもそもそのような曲線の形状は生じない[136]、とロールズは言うかもしれない。しかし、それはいずれにせよ、最終的には事実の問題である。しかも、定額年金のみで暮らすような人々を考えた場合、ロールズのような回答で満足するわけにはいかない[137]。これも、本章の関心から外れるので触れるだけにとどめよう。

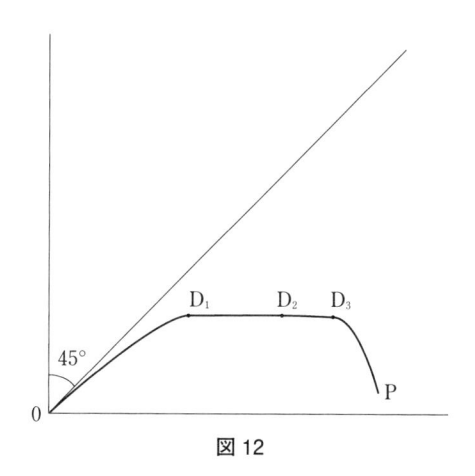

図12

---

136 *TJ*, 81-82/71-72 rev.,『正義論』111-113頁参照。
137 close-knitness（より恵まれた人の所得変化がより恵まれない人の所得変化につねに影響を及ぼすという関係、逆にいえば、OP曲線に水平部分がないということ）が生じない場合に、格差原理はどのように解釈されるべきかついて、Parijs（前掲注34）, pp. 203-210にきわめて興味深い考察がある。

46．格差原理と格差縮小要求の関係

　本章の一応の結論は、ロールズの正義論を整合的に理解しようとするかぎり、格差原理は格差縮小の要求を含まず、ただ、ロールズの主張にとって都合のよい条件がみたされた場合、事実問題として、格差が縮小する方向に向かうであろうというだけである（とくに前述44参照）、ということである。ただし、そのような傾向が生じる原因の一つとして、他の二原理の要求がすでに充足されているということがある、という点には注意する必要がある。

　しかし、この結論は、最低所得最大点の最低所得が同じ曲線の間では、格差が小さい曲線が勝る（前述32および図6参照）というロールズの主張と整合しない[138]。これは、ロールズによる格差原理の説明において、格差縮小要求が明示的に現われているほとんど唯一の主張である。だが、彼自身によるその扱いはきわめて軽く、しかも、ロールズは、OP曲線の実際の形状にも、それに対応する現実の制度がもたらす実際の格差にも理論的な関心はないと言うのであるから、その主張を重視することは、少なくともロールズの意図には合致しないであろう。したがって、この主張は、ほとんど無視してよいかに見える。ところが、そうでもない。

　格差縮小要求と関連づけることが可能なものとして、格差原理が、図8における点Cと点C'とでは、後者を選ぶということがあった（前述40参照）。これは、実は、前段落で扱った主張の場合と本質的に同じ原則にのっとっている。つまり、両方とも、「同一の等正義線上にある点については、格差の小さいほう選ぶ」という原則に従っているのである。ロールズは、点Cを拒否するのに、それがOP曲線上の点Dより右下の部分にあるということを理由としているが、上の原則は、点Dが特定できなくても（前述43参照）適用可能なものであり、ロールズの主張にとって、より優れたものであるように思われる。

　したがって、本章の本当の結論は、「同一の等正義線上にある点につい

138　この点の検討は、今後の課題としたいが、現時点では、制度論としては、ロールズの意図にあえて反し、格差が大きいほうの曲線が勝るという方向で格差原理の解釈替えを行うほうがよいのではないかと考えている。

は、格差の小さいほう選ぶ」というかぎりで、格差原理は、ロールズの明示的な主張に反し、格差縮小要求を含むということである。したがって、「格差原理は最も恵まれない人々の利益が最大化されることをまず要求し、それがみたされた場合、次に、恵まれた人々と恵まれない人々の（絶対値で測った）格差ができるだけ小さくなる（＝できるだけ平等にする）ことを要求する」という前述32の最終段落で提示した解釈は、驚くべきことに、実は正しかったのである。ロールズは、これと同じ結論に、「格差原理はパレート効率点のなかから最も平等に近いものを選ぶ」（前述33参照）という前提から出発して、本人も気づかぬまま、いささか迂遠な道を通って結果的に到達した、とみることができる。

47．格差原理の最低所得最大化の要求は選択の自由に劣後する

考察の副産物として、格差原理の含む最低所得最大化の要求、正確には、最も恵まれない人々の社会的経済的利益の最大化の要求は、市民個人の選択の自由に道を譲る、ということが明らかになった（前述42参照）。格差原理がそのように要求したとしても、市民は基本的自由を保障されているかぎり、各市民の選択のほうが当然優先し、そのような要求に従う必要はないからである（たとえば、原点Oから動かなくてもよい）。そうだとすれば、ロールズによる格差原理の定式化はやや不正確なものと言わざるをえない。「最も恵まれない構成員にとって最大の利益」という表現よりも、むしろ、「全員の利益」というもともとの簡明な表現のほうがまだましであるように思われる。

第3章　格差原理の正当化

　前章22で、格差原理をめぐる諸問題を、次の五つに分類した。すなわち、①正義の二原理に含まれる他の原理との関係、②規制対象、③分配基準、④分配の手段・制度、⑤正当化。前章では、①および②について説明した後、格差原理が格差縮小の要求を含むのか否かという問いに答えるため、③の問題を検討した。

　そこでは、右往左往しながら、どうにか次のような結論に到達した。ロールズのテキストを素直に読むかぎり、格差原理は格差縮小要求を含まないかに見える。だが、最も恵まれない集団の所得（基本善指数）が同じ点の間での比較に限っては、格差縮小の要求を実は含むのだ、と。

　本章では、前章と同じく『公正としての正義 再説』を基本的なテキストとした上で、⑤にかかわる問題、すなわち、格差原理の正当化の問題を検討することにしよう。

第1節　なぜ『再説』に注目するか

48. 政治的リベラリズムと『再説』

　『再説』において「公正としての正義」の内容は、『正義論』（初版）以来の見解との連続性を保ちつつも、「政治的リベラリズム」（前述第1章第2節参照）の線にそって微妙に修正されている。全体をおおう最も重要な修正点は、社会を、自由で平等な道徳的人格としての市民の間で行われる公正な協働のシステムとみた上で[1]、正義原理を、そのような協働を統べる「政治的な」原理と明確に位置づけたことである[2]。

　1　*R*, 5, 19, 39 *et passim*,『再説』10頁、32-33頁、69頁ほか各所。
　2　*R*, 7-8,『再説』13-14頁。

ロールズのいう「政治的」とは、「包括的」(comprehensive) と対比される概念である[3]。彼によれば、民主的社会を構成する各市民は、それぞれが自発的に脱退することが可能な各種の共同体または結社に属し、それぞれの集団の奉じる包括的教説を、各自の善の構想 (conception of the good) の一部をなすものとして支持している。だが、各集団の構成員は同時に、自発的脱退が事実上ほとんど不可能であるにもかかわらず、場合によっては権力行使を許された社会、これを構成する市民であり、正義原理は、そうした市民間の権利主張を調整し、また義務や負担の分配を定める「政治的な」、つまり、各々の「包括的」教説とは異なるレベルにある――しかし、各々の「包括的」教説が理にかなったもの (reasonable) であるかぎりは、それらによっても支持されうる――、そのような原理として把握される[4]。

社会の基本構造を規制するべき「正義の二原理」(前述第1章3、第2章**17**、または後述**50**参照)のなかでも、第一原理は憲法の必須事項とされるが、第二原理はそうではない[5](前述第2章**20**参照)。これは第一に、さまざまな包括的教説を支持する市民たちでも、その教説が理にかなったものであるかぎり、少なくとも平等な基本的諸自由・権利の保障を要求する第一原理は肯定するだろうし、そうでないと民主的社会の存立は危うくなってしまうという、立憲民主政体を支持するロールズの根本的な立場[6]の現れである。第二に、さまざまな社会的経済的不平等の問題を扱う公正な機会均等原理および格差原理は、第一原理に比べると異論の余地が大きいものであり、さまざまな事実も考慮に入れつつなされる立法の段階での指針となるものである、というロールズの考えの表明でもある。

ロールズは、第一原理の第二原理に対する優位、そして、公正な機会均等原理の格差原理に対する優位を再三再四強調する。格差原理は、先行する二つの原理の要求が社会の基本構造において完全に[7]充足されているときには

3　*R*, xvii-xviii, § 47 *et passim*,『再説』xi-xii 頁、第47節ほか各所。
4　*R*, §§ 11, 12.3, 26, 54.3-4 and 58.
5　*R*, §§ 9.3, 13.5-6 ; cf. § 46.2 ; *PL*, 227-230.
6　*R*, § 11.6.
7　「完全に充足されている」ということの意味については、前掲第2章注133参照。

じめて適用されるものにすぎない。

　にもかかわらず、格差原理はなお、「公正としての正義」にとって不可欠のものである。その背後には、各自が生まれ育つ家庭や社会階層、生まれつきの能力、人生の途上で出会う運・不運、これらの偶然事[8]によって生じる不平等は道徳的にみて根拠がない[9]という、ロールズが社会的正義の問題に取り組み始めて以来の強固な信念がある（前述第2章**21**参照）。

49. 格差原理の正当化における『再説』の新しさ

　以上のような『再説』の基本的な考え方は、前著『政治的リベラリズム』の内容とほとんど重複している。『再説』の新しさは、格差原理の内容と正当化に関する説明の更新にある。とくに次の二点が注目に値する。

　第一に、旧著『正義論』では、正義の二原理が・全・体・と・し・て、功利主義になぜ勝るかを論じるというかたちで議論が展開されていたのに対して、『再説』では、第一原理および公正な機会均等原理の擁護論と、格差原理の擁護論とを分離した上で、それぞれについて、それら（とくに格差原理）が功利主義になぜ勝るかという議論が提出されている[10]。

　第二に、『正義論』では、正義の二原理の正当化におけるマキシミン・ルールの役割が不明確であったのに対して、『再説』では、それが明確にされている[11]、ということである。

　以下、上の二つの点に注目しつつ、『再説』における格差原理の正当化に焦点をあてて検討を行う。だが、その前に最小限の準備作業も必要であろう。

8　*R*, § 16.1.
9　*R*, § 21.
10　*R*, §§ 27-40 ; cf. *CP*, 245-249.
11　*R*, § 34.2.

第2節 「公正としての正義」の基本的構成要素

50. 人間観と社会観

『再説』においてロールズは、政治的な構想としてのみずからの正義論が、民主的社会の政治文化に含まれる諸観念に大いに依存することを強調している[12]。そのうち、最も重要な観念は、「自由で平等な道徳的人格としての市民」という理念である[13]。これは、「政治的」な観念であり、そのかぎりで規範的な理想である[14]。この点は、民主的政治文化からロールズが引き出す他の諸観念についても同様である。もちろん、そのような諸観念は絶対不動のものではなく、現実の市民自身の「熟慮した判断」(considered judgment) にてらして再考可能なものである[15]。

「自由で平等な人格としての市民」という観念と並んで重要な観念は、前述した (**48**参照)、「そのような市民間の公正な協働のシステムとしての社会」という観念である[16]。

自由で平等な人格としての市民は、二つの道徳的能力によって定義される

---

12 *R*, 5 and §9.1, 『再説』9頁、第9.1節。
13 *R*, §7.
14 *R*, 19, 『再説』33頁。そこでロールズは、「人格の構想自体は、形而上学的でも心理学的でもなく、規範的かつ政治的でなければならない」とのべている。
15 *R*, §10.
　　R, 29, 『再説』50頁において、ロールズは「熟慮した判断」(=「熟慮された判断」) について、次のように説明している。「これらは、われわれの判断能力が最も十分に行使され、その能力を歪める諸々の力から影響を受けそうにない、そのような条件のもとで下された判断である (『正義論』第9節)」と。自分の「熟慮された判断」が、他の人の熟慮された判断と異なることがあるのはもちろん、自分の内部の他の判断と不整合であることもある、という点に注意されたい。*R*, 30, 『再説』51頁参照。
　　そうした不整合の調整にかかわるのが、有名な「反省的均衡」という概念であるが、本書では扱わない。その概念は、各人の思考内容に指針を与える力がまったくないので、格差原理をめぐる考察にも一切影響を与えない、と私は考えるからである。その言葉は、道徳的思考の構造についてのロールズの自己理解の一部を漠然と記述する用語にすぎない。
16 *R*, §2.

(前述第1章2参照)。すなわち、善の構想を形成・修正・追求する能力と、正義感覚への能力である[17]。なお、社会的協働は労働を伴うので、市民はみな、最小限の労働能力をもつものと仮定されている[18]という点に注意されたい。

「基本善」は、二つの道徳的能力を十全に育成・発揮しつつ、社会的協働へ参加するために必要な社会的条件および汎用的手段として定義される[19](前述第2章23参照)。各市民の善の構想の追求にとって不可欠な基本善である市民的諸自由——思想・良心の自由、結社の自由、人身の自由、職業選択・移動の自由、法の支配に属する諸権利等々——は、第一原理によって平等に保障される。正義感覚への能力の育成と発揮にとって不可欠な政治的諸自由——参政権、政治的言論・表現の自由等々——も、基本善として第一原理によって保障される[20]。

ロールズは、これらの市民的諸自由と政治的諸自由とを合わせて、「基本的諸自由(および諸権利)」とよぶ。注意するべきことに、ロールズは、政治的諸自由については、単なる形式的平等ではなく、その公正な平等——政治的諸自由の値打ちがそれを行使する人の社会的経済的地位によって左右されることを防止すること——が保障されるべきことをとくに強調している[21]。

他方で、権力・特権、所得・富といった社会的経済的基本善[22]に関して

17　*R*, §7.1 ; cf. *TJ*, 505/442rev.,『正義論』661頁。
18　*R*, 18 and 170,『再説』31頁、297頁。前述第1章6頁最終段落も参照されたい。
19　*R*, 57 ; cf. §51.2,『再説』99-100頁。同第51.2節も参照されたい。
20　*R*, §§13.3 and 17.2.
21　*R*, 46 and §45,『再説』81頁、第45節。前掲第2章注18も参照されたい。ロールズは、「政治的諸自由の公正な価値が保障されるところでは、同様の才能と意欲をもつ市民たちは、政府の政策に影響を与えたり、権威ある地位についたりする可能性に関し、経済的階層や社会的階層のいかんにかかわらず、ほぼ等しいチャンスをもつことができる」(*R*, 46,『再説』81頁)とのべている。公正な機会均等原理の考え方とよく似た発想であり、両者の違いがわかりにくいかもしれない。第一の違いは、前者は実質的な平等化をめざし、後者は基本善指数が上昇するかぎりで不平等を認めるという点にあり、第二の違いは、前者は政治参加——政治的共同体ないし社会を構成する市民としての平等な地位、あるいは「憲法制定権力」(constituent power)の問題(*R*, 46,『再説』80頁)——にかかわり、後者は主として職業選択にかかわるという点にある。

は、まず「公正な機会均等原理」が、生得的能力とやる気が同じ程度の者には同じ程度の社会的経済的利益を得るチャンスを保障し[23]、それでもなお残る不平等——主として生得的能力の差異に由来する——については、格差原理が、最も恵まれない人々に最も有利になるような不平等な分配を指示する[24]（前述第2章**25**参照）。

前2章で、すでに提示した（第1章7頁、第2章28頁）が、ここでも、『再説』における「正義の二原理」の定式を掲げておこう。

第一原理　各人は、平等な基本的諸自由からなる十分適切なスキームへの同一の侵すことのできない請求権をもっており、しかも、そのスキームは、諸自由（＝自由権）からなる全員にとって同一のスキームと両立するものである（平等な自由原理）。
第二原理　社会的経済的不平等は、次の二つの条件をみたさなければならない。第一に、社会的経済的不平等が、機会の公正な平等の条件のもとで全員に開かれた職務と地位に伴うものであること（公正な機会均等原理）。第二に、社会的経済的不平等が、社会のなかで最も恵まれない構成員にとって最大の利益になるということ（格差原理）。

51. 原初状態

これらの正義原理は、原初状態における契約という手続によって発見され、正当化される。原初状態とは、民主的政治社会の文化に含まれる諸観念のなかから、とくに政治的な正義構想の構築にとってロールズが重要だと考える諸観念を濾過し、集約するための思考実験装置とみてよい[25]。原初状態について、ロールズは次のように[26]説明している。

　　第一にそれは、もっぱら自由で平等な人格とみなされる市民の代表者たち

22　*R*, § 17.2.
23　*R*, § 13.2.
24　*R*, §§ 17-19.
25　*R*, §§ 6.4 and 23.1.
26　*R*, 80,『再説』143頁。訳文は、ごくわずか修正した。

が、基本構造を規制するべき、社会的協働の公正な条項（それが正義原理によって表現されるのであるが）について合意する際の公正な条件とわれわれが——ここで今——みなしているものをモデル化している。

　第二にそれは、そのような公正な条件のもとで、（市民の代表者としての）〔原初状態の〕当事者たちが、正義の諸原理を適切に提案したり拒否したりする際の理由に対する制約として受け容れることができるとわれわれが——ここで今——みなしているものをモデル化している。

　ここには、三つのレベルがある。第一に、民主的政治社会に生きる「われわれ」、第二に、自由で平等な人格としての市民、そして第三に、原初状態の当事者である。「われわれ」は、当該民主的社会に生きる現実の市民である。無知のヴェールをかぶせられた原初状態の当事者が直接に代表するのは、生身の「われわれ」ではなく、理想化された自由で平等な市民である。しかし、その理想は、民主的社会に生きる「われわれ」の政治文化から抽出されたものである。

　原初状態の当事者は、自分が代表する市民の利益——とりわけ前述の二つの道徳的能力の行使にかかわる根本的利益[27]——のために、その市民に成り代わって正義原理の選択を行うのであるが、その際に考慮する事項は、自由で平等な道徳的人格という理念を間に挟んで、よく考えた上での（considered）「われわれ」の判断ないし確信に由来するのである。

　注目するべきことに、『正義論』と比べて『再説』では、原初状態の当事者と「われわれ」の一人である——あるいは、一人にすぎない——ロールズとの距離が文章表現上非常に近くなっている。（当然ながら、『正義論』その他の著作をいくら読んでも、「われわれ」がどう考えているかはわからない。ロールズがどう考えているか、どう考えるべきだと考えているか、しかわからない。）

　『正義論』では、原初状態の当事者たちは、自由で平等であるがゆえに取引上の優位は互いにないとされ[28]、そのかぎりでは『再説』でも変更はな

27　R, §§ 13.4 and 32.4.
28　TJ, 12/11rev., 150/130rev., 『正義論』18頁、204頁。ゲーム理論的な問題設定を示唆する（あるいは示唆しすぎる）言葉だが、「対称的」（symmetrical）という表現も

い[29] のであるが、『正義論』では、どちらかというと合理的な選択主体とい
う側面が際立っており[30]、当事者と、「われわれ」および「道徳的人格とし
ての市民」とのかかわりがそれほど明確ではなかった。

　これに対して、『再説』では、市民は各自の善の構想の追求について合理
的であるという規定と並んで、正義の制約内でその追求を行う点で「理性
的」（reasonable）であるということもまた、いっそう明確にのべられてい
る[31]。市民が、合理的かつ理性的だとすれば、それを代表する[32] 当事者もま

　　　同じことをさす。
29　*R*, 16, 20 and 82,『再説』27頁、34頁、146頁。
30　*TJ*, 17-18/15-16rev. and 142-145/123-125rev.,『正義論』25頁、192-196頁。
31　*R*, §§ 2.2 and 23.2-3.
　　　R, 81-82,『再説』145頁でロールズは、次のようにのべている。「……原初状態に
おいて当事者たちに課せられる道理に適った〔reasonable〕諸条件〔＝「お互いの
状況の対称性と知識の限界（無知のヴェール）」〕は、彼らが、自分が代表する人々の
善の増進をめざして、正義原理について合理的な〔rational〕合意に達する際の制約
となる。いずれの場合でも〔この文脈でロールズは、カントの定言命法と公正として
の正義における原初状態での選択手続とを比較している〕、道理に適ったものが合理
的なものに優先し、後者は前者に絶対的に従属する。この優先性は、正〔right〕の
優先性を表す。」と。ここで言われている「正」は、「正義」と言い換えてもよいが、
基本構造の規制原理としての「正義」とは異なるレベルにあるものなので、「正」と
いう用語が当てられている。また、ロールズの正義論については、「正」を「公正」
と言い換えてもほぼ同じこと――ただし、ロールズは（強い、および深い）互恵性の
観念も「公正」に含ませることもある（前掲第2章注9も参照）――であるが、カン
トとの共通性について語る文脈であるから、「正」という、より一般的な言葉が使わ
れているのである。なお、ロールズのカント論として、John Rawls（Barbara Her-
man ed.）, *Lectures on the History of Moral Philosophy*, Cambridge, Massachusetts:
Harvard University Press, 2000. pp. 143-325, 坂部恵監訳、久保田顕二・下野正俊・
山根雄一郎訳『ロールズ哲学史講義　上・下』（みすず書房、2005年）219-469頁参
照。
　　　密接に関連する重要な論文（「政治的リベラリズム」への転回期における最も重要
かつ難解な論文でもある）として、"Kantian Constructivism in Moral Theory"
(1980), in *CP*, 303-358参照。その p. 325でロールズは、次のようにのべている。「こ
の〔人格間の社会的協働という〕理念は、自由で平等な道徳的人格に妥当するべきも
のであり、また、その理念は、社会的協働を、単に社会的に調整された生産的活動と
みるのではなく、協働の公正な条項の観念と相互利益の観念――これらがそれぞれ、
理性的なものと合理的なものとの区別によって表されるものである――を実現するも
のとみる。」と。政治的リベラリズムへの転回ということをそれほど重視していない

た当然、そのように思考しなければならないことになる。

52. 秩序だった社会

ロールズの正義論を理解するにあたっては、それが「秩序だった社会」（well-ordered society）を前提していることを理解することが不可欠である。『再説』において、「秩序だった社会」は「正義についての一つの公共的（public）構想によって実効的に規制された社会」とも言い換えられている[33]。そこにいう「公共的」には、「公に知られている」というニュアンスもあり、日本語の「公共的」とは若干異なるので注意されたい。

「秩序だった社会」は、次の三つのことを含むとされる[34]。第一に、全員が、同一の政治的な正義構想およびその中核をなす正義原理——複数の原理のセットであることもある——を受け容れており、かつ、他の人々もそれと同一の正義構想および原理を受け容れている、ということを知っている。第二に、社会の基本構造が上にのべた正義原理に適合していることが公に知られている（＝全員が知っている）。第三に、市民たちは実効的な正義感覚をもっている。つまり、市民たちは、公に承認された正義原理を理解し適用し、ほとんどの場合それに従った行動を可能にする正義感覚をもっている。

「秩序だった」社会という観念は、理想化されたものではあるが、何らかの正義構想または原理が、秩序だった社会において、市民間の権利主張の調整という機能を果たすことができるかどうかに着目して、正義構想・原理の

ように思われるが、ロールズのカント的構成主義をメタ倫理学の一種として詳細に検討するものとして、福間聡『ロールズのカント的構成主義　理由の倫理学』（勁草書房、2007年）がある。

32　represent（代表する）という英語は若干わかりにくい。英語で言いかえればstand for（「～の代わりに立つ」というのが直訳）ということである。それは、「国会議員が国民を represent する」、「代表取締役は株式会社を represent する」といった場面のほかに、「xは所得を represent する」、「契約モデルは原初状態における思考を represent する」といった場面でも用いられる。「頭に思い浮かべる、イメージする」ということをさすときもある。その場合は「表象する」という哲学・心理学用語が当てられる。それは、ドイツ語の vorstellen に相当する。

33　R, 8,『再説』14頁。前掲第1章注33、34および対応する本文も参照。

34　R, 8-9 and §60.2,『再説』15頁、第60.2節。

優劣を見定める視点を提供するとされる[35]。

　ある正義原理ないし正義構想に準拠して社会が建前上組織化され制度化されているとしても、それに生真面目に従うのが自分だけであり、他の人々は都合のよいときだけ従い、都合の悪いときには適当に脱法行為をするといった現状を知れば、もともとはまともな正義感覚をもっていた人々も、そのような秩序には従う気がしなくなるであろう。「秩序だった社会」とは、そのようなことが起こらない条件のうち、ロールズが最も重要だと考える若干の部分を記述した理論上の概念である。それは、現実の社会が「秩序だっているか、秩序だっていないか」の判定に使うための事実概念ではない、ということに注意されたい。

　後述（**56**参照）の安定性をめぐる議論との関連でいえば（前述第1章**9**も参照）、「秩序だった社会」はある種の均衡状態を表し、何らかの正義構想に従う社会について、それが「秩序だった社会」から離れようとするとき、もとに戻る力が働くかどうか、これを頭のなか（＝原初状態）で想像するのが、ロールズのいう正義構想ないし正義原理の「安定性問題」である。

　誤解されることがあまりにも多いので、くり返すが、ロールズの誤解を誘う叙述にもかかわらず、「秩序だった社会」という言葉から、現実の具体的社会を想像することはやめたほうがよい。それは、現実には同一の商品がさまざまな価格で売られているにもかかわらず、経済学で完全競争市場における「均衡価格」というものが意味をなすのと類比されるべき位置を、「公正としての正義」の理論構造のなかで与えられている。

第3節　正義原理の選択におけるマキシミン・ルールの役割

53. 原初状態における正義原理の優劣比較

　ロールズは、『再説』においてもなお、原初状態から正義原理を導出する議論は、理想としては演繹的論証であるべきだ[36]という旧来の主張[37]を堅持

35　*R*, §3.
36　*R*, 17 and 82,『再説』28頁、147頁。ロールズは、演繹的論証の例として、経済学

第 3 節　正義原理の選択におけるマキシミン・ルールの役割　97

している。だが、実際にはロールズは（これまた『正義論』のときと同様[38]）、当面それを断念し、「われわれ」（実際にはロールズ）によって与えられた政治的な正義原理の候補リストのなかから、原初状態の当事者はどれを選ぶであろうかという問題設定を採用している[39]。それによれば、正義の二原理対他の候補という勝抜き戦をやって、前者が他のすべての候補に勝利すれば、そのかぎりで正義の二原理が・当・面最善の正義原理であるということになる。

『正義論』では、正義の二原理は「古典的功利主義」と「平均効用最大化原理」[40]——以下「平均効用原理」と略する——と対決し、その結果、正義の二原理が勝ち残った[41]。『再説』では、正義の二原理は、第一に平均効用原理と比較され、第二に、格差原理に代えてミニマム保障付き平均効用原理を置くほかは正義の二原理とまったく同一の原理のセットと比較される[42]。

　　の消費者理論における予算制約下での諸財の最適購入量決定問題の例をしばしば挙げる。それについては、後述第 6 章**94**参照。
37　*TJ*, 121/104-105rev. and 185/162rev.,『正義論』163頁、252頁。
38　*TJ*, § 21.
39　*R*, § 23.4. ロールズは、そのような手続も（可能的には）演繹的と考えているらしいが、演繹の諸前提が明確に示されはしないのであるから、そのような点にこだわるのは意味がない。彼が実際に行っているのは、アリストテレス以来のトピック的論証の一種である。
40　この功利主義の二分法は、ややわかりにくい。一方で、社会の総効用の最大化をめざすのが古典的功利主義、一人あたりの効用の最大化をめざすのが平均効用原理だという比較的わかりやすい説明が与えられている。だが、ロールズ自身認めているように、人口が一定の場合、当然ながら両者は同じ結論をもたらす（*TJ*, 161-162/139-140rev.,『正義論』218-219頁）。他方で、より注目するべきことに、平均効用原理は、原初状態の当事者としての自分が各社会階層に属する確率とその階層に属した場合の効用の積すなわち期待値の合計を最大化しようとするのに対し（*TJ*, 164-166/142-144rev.,『正義論』222-225頁）、古典的功利主義は、一人の理想的な観察者が全員の利益を公平無私に共感的に考慮した効用を最大化するものとされている。古典的功利主義は、原初状態の当事者が他人の利益に関心をもっていないという規定に反するので、それが選択されることはないとされる（*TJ*, § 30）。
　　なお、「功利主義者としてのロールズ」に関する私見については、かなり大雑把な説明ではあるが、亀本洋『法哲学』（前掲第 1 章注48）602-603頁参照。
41　*TJ*, §§ 26-30.
42　このような二段階比較は、*TJ*, xiv rev.,『正義論』xv-xvi 頁でも予告されていた。Joshua Cohen,"Democratic Equality," *Ethics* vol. 99, 1989, pp. 727-751も同様なやり方で格差原理を説明しており、ロールズはそれを高く評価している。*R*, 43 n. 3,

すでに述べた理由（**49**参照）から、本章では、この第二比較に注目する。また、最も有力な対抗馬と思われる、平等な自由原理・公正な機会均等原理・ミニマム保障という制約付きの平均効用原理——以下、「制約付き効用原理」と略する——に正義の二原理が勝ることが立証されれば、その他の原理セットとの比較は省略してよい、という点でも第二比較は注目に値する[43]。

実際、ロールズも、第一比較においては、社会的経済的不平等の問題に立ち入ることなく、平均効用原理が、自由で平等な市民の死活的利益にかかわる平等な基本的諸自由を侵害するおそれが十二分にあるということを主たる根拠（後述**54**における（c）の論点）に、原初状態の当事者はそれを却下するとあっさり結論づけている。

54. マキシミン・ルール

本章の関心からすると、第一比較は、そこでマキシミン・ルールの使用法が明らかにされている点で注目に値する。それによれば、第二比較は、不確実性下での決定ルールとしてのマキシミン・ルールに依拠していない[44]。

『正義論』では、ロールズ自身、「公正としての正義」が合理的選択理論に属するかのような叙述をした[45]こともあり、正義の二原理がマキシミン・ル

『再説』364頁注3参照。
43　R, 120, 『再説』211頁。
44　R, 95, 『再説』168頁。
45　TJ, 16/14-15rev., 『正義論』24頁に、「契約という問題設定を使うメリットは、それによって、正義原理が合理的な人々によって選択されるであろう原理であり、そのような仕方で正義の概念内容〔conception〕が説明され正当化されうるという考え方が伝わることにある。〔そこでは〕正義の理論は、合理的選択理論の一部、しかも、たぶん最も重要な一部である。」とある。また、CP, 132, 「分配における正義」（1967年）『公正としての正義』124頁にも、「社会契約説においては、正義論、そして実に倫理学自体が、合理的選択の一般理論の一部なのであり、このことは、カント流の倫理学の定式化では全く明白な事実である。」という合理的選択理論を肯定的に評価する叙述がある。これに対して、TJ, 171-172/149rev., 『正義論』232頁では、「道徳哲学とりわけ正義の理論において確率の意味が問題となるということに驚く人もいるかもしれない。しかし、それは、道徳哲学を合理的選択理論の一部とみなす契約説を応用することの不可避的結果なのである。」として、ロールズは合理的選択理論を応用

ールに従う原初状態の当事者によって選択されるだろうということがその正当化の決定的な要素だと誤解[46]されがちであった。しかし、『正義論』においても、よく読むと、マキシミン・ルールは、原初状態という問題設定のもとで正義の二原理を支持する議論を見つける際の発見的 (heuristic) 機能が強調されていただけであり、正義の二原理の正当化全体にとって決定的とされていたわけではない[47]。『再説』では、この点がより明確にされている。

「公正としての正義」においてマキシミン・ルールが使用される状況は、ゲーム理論でそれが使用される状況と似て非なるものである。ゲーム理論においてマキシミン・ルールは、他のプレイヤーの選択いかんが自分の選択の結果に影響を及ぼすことを知っている各プレイヤーが、互いに協力せずに、自分の利得を最大化する選択肢を選ぶという状況で使用される。原初状態は、そのような状況ではない[48]。

することのデメリットに言及している。

[46] ロールズ自身、「私が格差原理を擁護する際に用いた議論が不確実性に対する極端な嫌悪に依存している、という広まった俗説は誤りである」が、「それは、『正義論』における説明の欠陥によって不幸にして促進された誤りではあるが。」(R, 43 n. 3, 『再説』364頁注3) として、誤解の原因の一端がみずからの『正義論』(とくに初版) の叙述の仕方にあったことを認めている。

[47] TJ, 152/132rev.,『正義論』207-208頁では、次のようにのべられている。「人は、正義の二原理が諸制度にもたらす帰結について詳細に検討し、正義の二原理が基本的な社会政策に対してもつ含意に注意を促すことができる。このような仕方で正義の二原理は、われわれの正義についての熟慮した判断との比較によってテストされる。第二部は、このような作業にあてられる。しかし、人は、原初状態の観点からみて決定的な、正義の二原理の擁護論を見つけようと試みることもできる。それがどのようにしてなされうるかを見るために、正義の二原理を社会的正義の問題に対するマキシミン解とみなすことは、発見装置として有用である。」と。また、TJ, 168/145rev.,『正義論』227頁には、「正義の二原理をよしとする議論を配列するための発見装置としてのマキシミン・ルール」という言葉もある。

[48] ロールズ自身、以下の表1をさして、「それは、戦略ゲームではない状況における利得と損失を表す。決定する人に敵対してプレイする人はいない。」(TJ, 153/133 n. 19rev.,『正義論』209頁) として、このことを正面から認めている。ロールズの援用するマキシミン・ルールは、ゼロサムゲームにおいて効用最大化者がとるマックスミニ戦略とは使われる状況が異なるので、それと無関係であると考えたほうがよい。原初状態は、ゼロサムゲームの状況ではない。

以下の本文でのべるように、問題となっているのは、原初状態の当事者は、「合理

100　第3章　格差原理の正当化

決定	状況		
	c_1	c_2	c_3
d_1	－7	8	12
d_2	－8	7	14
d_3	5	6	8

表1

ロールズは『正義論』において、表1を使用して、彼が用いるマキシミン・ルールを説明している[49]。これは、ある人が三つの選択肢（原初状態の当事者の場合、正義原理の候補）d_1、d_2、d_3をもっており、生じる確率はわからないが、状況（原初状態の当事者が属するかもしれない社会階層）c_1、c_2、c_3のいずれかが生じるとき、各状況に応じてそれぞれの選択肢から生じる（初期状況と比べた）利得を数値で示したものである。d_1をとったときの最悪の利得は－7（損失が7とい

的」であるから、マキシミン・ルールに従うということではなく、どのような状況なら、マキシミン・ルールに従うことが「合理的」か、ということである。そこで問題になっている「合理的」という言葉は、紛らわしいので、「賢い」——実際、*TJ*, 156/135rev.,『正義論』212頁に 'unwise, if not irrational'（「非合理とは言えないにしても、賢くない」）という記述がみられる——と言い換えたほうがよく、「合理的なプレイヤーは（フォン・ノイマン＝モルゲンシュテルン型の）「期待効用」を最大化する」という意味での「合理的」とは意味が異なることに注意されたい。そのかぎりで、原初状態における正義の二原理の選択に限ってみても、それをゲーム理論という意味での「合理的選択理論」の応用とみることはできない。私の理解と（一致点も多いが）微妙に異なる解釈として、盛山和夫『リベラリズムとは何か』（前掲第2章注72）76-82頁参照。なお、ロールズの正義論全体の理解については（ロールズから示唆を得てどのような正義構想を抱こうと自由であるが）、私は同書と根本的なところで意見を異にする。「ここ〔＝ロールズが「正義」を社会制度の第一の徳（virtue）としているところ〕で社会は一つの道徳的主体として考えられている。そして社会が道徳的な責任を引きうけるのが「制度」という側面においてなのである」（同書58頁）。これを読んで、私は驚きを禁じえなかった。ロールズはたしかに、そのような表現を時として用いているが、キリスト教において、道徳的な責任を神に対して負うことができるのは個人としての人間だけである。「社会が道徳的な責任を負う」という表現は（あるとしても）、キリスト教徒にとってはつねにメタファーである。「法人が法的責任を負う」という表現なら問題はない。

[49] *TJ*, 153-154/133 n. 19rev.,『正義論』209頁。ロールズは、表中の数値を100ドル単位で表示している。たとえば、5は500ドルを表す。ロールズは初版（*TJ*, 155）では、表中の数値が基本善指数の代理変数としての貨幣額であって、効用の大きさではないことを強調していたが、改訂版では、その部分は削除されている。初版において、ロールズがマキシミン・ルールをゲーム理論の応用と考えていたとすれば、（当事者がリスク中立的と仮定すれば）貨幣額とフォン・ノイマン＝モルゲンシュテルン型期待効用を同一視してもかまわないので、混乱を誘う叙述であったことは確かである。さらに、OP曲線の説明においては（前掲第2章注76参照）、基本善指数をフォ

うこと)、同じく d_2 については－8、d_3 については5である。マキシミン・ルールは、最悪の結果が最善である選択肢をとるよう要求する。この例では、d_3 をとるよう要求する。この場合、選択している人に対抗する別のプレイヤーがいるわけではないから、いわゆるゲーム的状況にはない。

ロールズは、マキシミン・ルールを原初状態の当事者が正義原理を選択するためのルールというより、むしろ、正義原理の選択にあたって当事者が考慮するべき論点を発見するための装置として用いている。ロールズによれば、原初状態の当事者がマキシミン・ルールに従うことが合理的であるための条件は以下の三つである[50]。

(a) 当事者は、各々の状況が起こる確率を定めるための基礎をまったくもっていない。この条件が完全にみたされるのは、確率の概念が適用されることすらない場合である。

(b) 「保証水準」(guaranteeable level)——最悪の結果が最もましな選択肢をとったときのその結果——が相当満足できるものである。この条件が完全にみたされるのは、保証水準が完全に満足できるものである場合である（表1では、5という数値が付与されている）。

(c) 最悪の結果が最もましな選択肢以外の選択肢から生じうる最悪の結果が、保証水準を相当下回る。この条件が完全に充足されるのは、それらの結果が、保証水準のはるか下にあって、許しがたく、できれば避けられねばならないものである場合である（表1では、－7または－8という数値が付与されている）。

ン・ノイマン＝モルゲンシュテルン型期待効用と読み換えていると思われる場面もあるので、いっそうの混乱を誘う。

　もっとも、ロールズが、『再説』にいたっても、ゲーム理論も経済学も正確に理解していないことは明らかである——その証拠に、ロールズの数多くの経済学上の初歩的な誤りを挙げつらう（一流の）経済学者はいない——から、上のようなささいなミスにあまり注目するべきではないが。また、ロールズが改訂版において、表1およびその説明を脚注に移したことは、彼自身、上のような問題点にある程度気づいていたことも示唆する。

[50] R, §§ 28.1-2. TJ, 154-156/134-135rev.,『正義論』208-212頁にも同旨の叙述があるが、『再説』の叙述のほうがより明快である。

若干わかりにくいので、それぞれの逆を見てみよう。すなわち、マキシミン・ルールを使用することが合理的でないのは、次の三つの場合である。

(a′) 各状況の確率分布が少なくともある程度わかっている。

(b′) 保証水準が満足できるものではない。

(c′) 選択されなかった選択肢から生じる最悪の結果が保証水準をそれほど下回らない。

(a)でいわれている状況とは、選択対象になっている正義原理が完全に実現された社会(＝秩序だった社会)で当事者が陥るかもしれない状況である。格差原理との関係で問題になるのは、最も恵まれない社会階層に属する確率である。どのような社会でどのような社会階層に属するか、その確率についてロールズは、原初状態の当事者は無知のヴェールのもとにあるので、確率を評価する基礎をまったくもっていないと主張する[51]。

『正義論』においては、各当事者は確率分布がわからないのであるから、どの状況に陥る確率もみな同じとして選択を行うはずであり、その結果、正義の二原理ではなく、平均効用原理が選択されるはずだという有力な異論に対して、ロールズは、わからないものはわからないのであるから、そのようなやり方は許されないという反論を詳細に展開していた[52]。

これに対して、『再説』ではロールズは、ベイジアンを含む主観的確率概念を全面的に拒否し、何らかの客観的確率概念しか認めないとした上で、リスクと不確実性を峻別し、原初状態の当事者は確率を定めるための客観的基礎を一切もっていないがゆえにリスクは問題とならず、当事者が直面するのはむしろ不確実性だと明言している。さらに、当事者は不確実性を異常に嫌

51　*R*, §§ 29.1 and 31.1-2.

52　*TJ*, § 28. 私には、これは水かけ論としか思えない。前掲注48で触れたように、それは、どっちが「賢いか」という問題であり、決着のつけようがない。宝くじを買う人が賢いか、買わない人が賢いか、というのと似たような問題である。「普通の人ならどうするか」ということなら、実験・観察も可能だが、無知のヴェールのもとにある当事者の選択について、生身の人間を使って実験することは、彼らは原初状態の当事者の規定に違う情報・性格を相当程度もっているはずであるから、ほとんど不可能である。逆にいうと、ロールズはその点に(彼の自己理解にかかわらず)逃げているとも言える。

悪しているという誤解[53]に対しては、当事者は前述（**51**参照）の市民の「根本的利益」を考えて思考するがゆえにそう見えるにすぎないのだ[54]と反論している。

　こうして、条件（a）はみたされていることになる。ロールズは、正義の二原理の選択にとって、（a）の論点はまったく重要でないとすらのべている[55]。

　ロールズは『再説』に至っても、マキシミン・ルールに依拠する論法を完全に放棄しているわけではない。だが、それが果たす役割は結局、正義原理の候補から生じ得る・最・悪・の・結・果に注目して、前述の論点（b）および（c）について、その優劣を比較するということに尽きると言ってよい。実際ロールズは、「前述の三つの条件のすべてが、あるいは、その一つでさえ、完全に充足されている必要はない[56]」と明言している。このことは、マキシミン・ルールが「合理的」選択の方法としてではなく、主として（あるいは単に）、・論・点・発・見の方法として利用されていることを意味する。

　この線にそって、第一比較では、論点（a）はほとんど無視し、（c）の条件は完全にみたされ——平均効用原理では基本的諸自由さえ保障されていないということ——、条件（b）もほぼ完全にみたされている——平等な基本的諸自由が保障されているだけでも相当に満足できるということ——という理由で、正義の二原理（とくに第一原理）が平均効用原理に、いわば当然に

53　*R*, §31.2.
54　この主張も、若干理解に苦しむところがある。それが、たとえば表1の－7または－8に代えて、マイナス無限大を置くということを意味する（これは実は論点（c）にかかわる事項）とすれば、平均効用原理でも結論は同じになる。（a）の論点については結局、ロールズは、原初状態の当事者はいかなる種類の確率も用いることができないという規定を原初状態の当事者の定義に入れていると解するのが一番わかりやすい。それなら、定義の問題であるから、どうしようもない（現実の社会の制度として応用するものでないかぎり、勝手にしてくれと言うほかない）。だが、それは、ロールズが「合理的選択理論」と（ほとんど）無関係なことを主張しているということを意味する。立っている土俵が違うのであるから、有意味な論争は生じようがない。不毛な論争の典型例である。
55　*R*, 120,『再説』211頁。
56　*R*, 99,『再説』175頁。

勝利するとされる。

第4節　第二比較における格差原理の正当化

55．互恵性

　正義の二原理と制約付き効用原理の優劣が争われる第二比較においては、マキシミン・ルールの使用が合理的であるための条件（c）は使用することができない。制約付き効用原理は、基本的諸自由および公正な機会の平等に加え、社会的ミニマムも保障する——ロールズは政治哲学者として、制度の詳細には関心がないが、具体的な制度としては、生活保護等の最低所得保障制度や「セーフティネット」と総称される各種の制度・政策をイメージすればよい——のであるから、この比較においては条件（c）はみたされていないからである。したがって、主要な論点は、格差原理が条件（b）を（ほぼ）完全に充足しているということ、その点で制約付き効用原理は劣るということにある[57]。

　結論からいえば、格差原理が制約付き効用原理に勝利する最大の根拠は、前者は互恵性の観念を含むが[58]、後者は含まないということにある。それについては、前述第2章（第3節および）第4節ですでに解説したが、ここで手短に復習しておこう[59]。ロールズは、格差原理が互恵性の観念を含むということを説明するために、図1のようなグラフを用いている。原初状態の当事者たちは、取引上の有利不利の差はなく、対称的地位にある。当事者たちはまた、ここで比較されている二つの原理セットに共通する内容として、選ばれるであろう原理が自由で平等な人格とみなされた市民たちに適用されるということを知っている（前述**52**の「秩序だった社会」の第一および第二の条件）。それゆえ、彼らは所得の平等な分配から出発するとされる[60]。原点O

57　*R*, 120,『再説』211頁。

58　*R*, §36.

59　前述第2章ですでに扱った事項であるので、以下本項では、『再説』ないしその他の著作における対応箇所の注記は最小限にとどめた。

60　*R*, 123,『再説』216頁。なぜ「それゆえ」なのか私には理解できないが、ロールズ

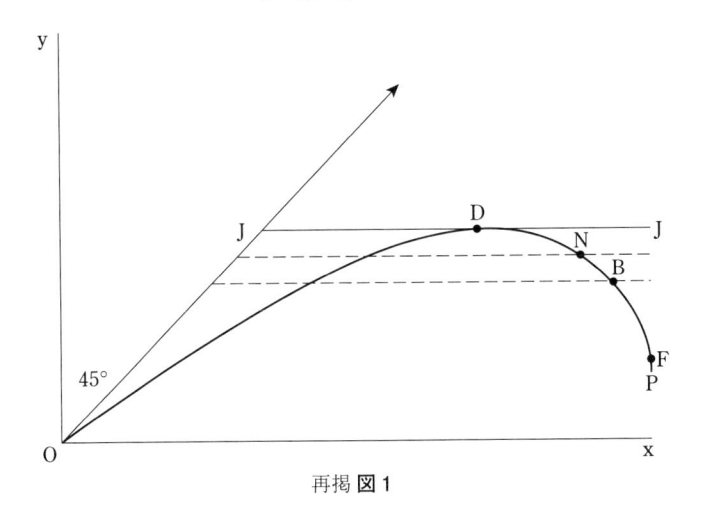

第4節　第二比較における格差原理の正当化　105

再掲 図1

は、そのような出発点である。

　曲線OPは、ある社会的協働のスキームのもとで、高所得集団（「より恵まれた人々」）の代表Xの所得（x）と低所得集団（より恵まれない人々）の代表Yの所得（y）とによって特定される点の集合を表している。曲線OP上のOD間では、xの増加に伴いyも増加し、曲線上の点Dより右の部分では、xの増加に伴いyは減少している。点Dは、Yの所得が最高になる所得分配点である。点Dは、「等正義線」、すなわち、横軸に平行に延びる直線（Yの所得一定を表す）のうち、最も高い直線と曲線OPとの接点でもある。

　格差原理は、所得分配が点Dになることを要求する。正確にいうと、協働のスキームおよびそれに対応するOP曲線にはさまざまなものがありうるから、格差原理は、Yの所得が相対的に高くなるようなOP曲線（したがって、それに対応する協働のスキーム）を選んだ上で、所得分配がその曲線上の点Dに対応するものになることを要求する[61]。

　の正義論を理解しようとする場合、これを疑ってはならない。前述本書6頁、28頁参照。
61　前掲第2章注84およびそれに対応する本文参照。

ロールズが格差原理に与えている直観的な説明は、次のようなものである[62]。すなわち、原初状態の当事者は、平等分配から出発するといっても、不平等な分配を行うことにより全員の状態が改善されるのであれば、それを拒否する理由はなく、全員にとって[63]最大の改善点である点Dを選ぶであろう。しかし、OP曲線上の点Dより右の点は、点Dと同じくパレート最適点であるとはいえ、XがYを「犠牲にして」より大きな所得を得ている点であるから、たとえ社会的総生産の点では勝るとしても、互恵的でないので許されない。

そこでは、互恵性と相互利益は、ほとんど同一視されている[64]。だが、別の個所では、互恵性は、利他性と相互利益の中間に位置する観念とされ[65]、格差原理は互恵性の「より深い観念」を含意していることが強調されている[66]。

ロールズによれば、生まれつきの才能に恵まれている人は、道徳的にみて、その才能に値するわけではない。それに恵まれていない人についても同じである。それゆえ、社会の構成員の間での生得的才能の分布は、その全体が一種の共有資産とみられるべきものである[67]。才能に恵まれている人は、

62　R, § 36.
63　「全員にとって」は、「恵まれない人々にとっても、恵まれた人々にとっても」という意味であるが、重点は「恵まれない人々」のほうにある。社会階層を三つ以上にわけて考える場合、chain connection（前掲第2章注68参照）が成立するとき、最低所得階層（最も恵まれない人々）の改善は全階層の改善になる。だが、ロールズは、「全員にとって改善」ということに、このような単純な意味以上の意味を込めている。正義原理によって組織される現実の社会において、自分がもし最も恵まれない階層の一員になったとしたら、ということを考えたなら、原初状態の当事者（そして、その背後にいると想定される自由で平等な市民、あるいは、そのまた背後にいる現実のわれわれまたはあなた）は、最も恵まれない人々の改善こそが全員の改善だと考えるであろう。ロールズは、民主的政治社会の一員としての読者が、このような想定に同意することを期待している。
64　R, 64,『再説』110頁参照。また、前述第2章**36**、とくに61頁の『正義論』初版からの引用文章も参照。私は前述**36**で、この互恵性の概念を「弱い互恵性」とよんだ。これについては、後掲注69も参照されたい。
65　R, 77,『再説』133頁。前述第2章**36**の注108、ならびにそれに対応する引用文章および本文参照。
66　R, § 36.4.

所得獲得上有利な立場にいるというだけでもすでに優遇されているのだから、なおいっそうの利益を得ることが奨励されるのは、恵まれた人が自分の才能を訓練・育成し、そうして実現された能力を、生まれつきの才能に恵まれていない人々の利益に貢献する仕方で使用するかぎりでのことである[68]。ロールズは、格差原理のなかに、この「深い互恵性」の観念を読み取っている[69]。

互恵性にかかわるここでの結論は、格差原理は互恵性の観念を含んでいる（これは保証水準が高いということ以上のものである）から、原初状態の当事者が代表する市民にとって、保証水準は完全に満足できるものである——前述の（b）の条件は完全に充足されている——ということである。制約付き効用原理がその点でいかに劣るのかに関する議論は後述する。互恵性に関する以上の議論は、次に提出される安定性の議論の前提でもある。

56．正義原理の安定性

ロールズは、原初状態においてその当事者が正義の二原理を正当化する議論を、二つの部分に分けている。第一の部分では、当事者は、みずからが代表する市民が妬みや悪意等の特殊な心理をもたず、ただ自由で平等な人格であるとしたら、つまり自分がそのような市民の受託者または後見人であったとしたら、どのような正義原理を選択するだろうか、という観点から、当事者が考慮するべき事項が議論として提出される。議論の第二の部分では、選択された正義原理が、市民の間にそのような特殊な心理を生み出すことがなく、むしろ、その正義原理を積極的に支えるような心理的態度や性格を生み

67　*R*, § 21. 前掲第 2 章注109も参照。

68　*R*, 76-77, 124, 158,『再説』133頁、217-218頁、278頁。*TJ*, 101-102/87rev.,『正義論』136-137頁、*CP*, 82,『公正としての正義』93-94頁も参照。

69　なお、前述第 2 章**36**および**37**で私が提示した「弱い互恵性」と「強い互恵性」の区別においては、前者は単なる相互利益、後者は、それに加えて相互貢献を強調するものである。ロールズの「深い互恵性」の背後には、生まれつきの才能分配の道徳的恣意性（のゆえに恵まれた人は社会あるいは恵まれない人々に貢献するべきだ）という考え方があり、「強い互恵性」と結びつきうるが、着眼点が若干ずれている。「強い互恵性」の問題は、次章でより立ち入って論じる。

出すことになるかどうかを当事者は考慮する。選択された正義原理がこのテストにも合格し、安定的であることが立証されれば、原初状態からの議論は完結する[70]（前述第1章**9**も参照）。

こうした議論の二段階への分割は、第一比較においても第二比較においても行われている。ロールズは明言していないが、前述の互恵性の議論が・い・ず・れ・か・と・い・え・ば第一段階の議論に属するものであったのに対して、以下で取り上げる安定性の議論[71]は、互恵性の議論に大いに依存しつつも、・い・ず・れ・か・と・い・え・ば第二段階の議論に属するものと思われる。ちなみに、第一比較も含め[72]全体として、この第二段階の議論[73]に重点が置かれている点に、『再説』の一つの特色がある。

ロールズによれば、正義原理が安定的であるのは、その正義原理が基本構造において実現されている秩序だった社会において、その正義原理を支持する思考や感情、性格がそこで成長し生活する市民の間におのずから生まれるときである。逆にいうと、市民が所得の高低等に関して実際の自分の立場を知ったとき、原初状態で選ばれた正義原理もしくはそれに従う基本構造ないし社会的協働のスキームを再交渉によって改定したいという気になるならば、そのような正義原理は安定的ではない[74]。

57. コミットメントの緊張

ロールズは、このことを「コミットメントの緊張」（strains of commitment）[75]という独自の用語で説明する。その要点は、原初状態の当事者は、

70　R, §§ 25.5 and 54.1-2.
71　R, § 37.
72　R, § 33.
73　その詳細な展開については R, part V ; cf. TJ, part 3.
74　R, § 37.1.
75　R, 103, 110 and 128-129,『再説』181頁、193頁、225-228頁。『正義論』においてもすでに、「コミットメントの緊張」（邦訳では「コミットメントが課す試練」という若干わかりにくい訳語が採用されている——「契約の誠実さ」とでも訳すのが、日本語としてはわかりやすいかもしれない）は登場しており、正義の二原理の正当化においてきわめて重要な役割を果たしていた。にもかかわらず、それに注目する論者は、当

第4節　第二比較における格差原理の正当化　109

自分が代表する市民が現実の状況を知ったとき守れないような契約内容——ここでは正義原理——に合意してはならないということである[76]（これは、前述52で触れた「秩序だった社会」の諸条件、とくに第三条件と深く結びついている）。原初状態の当事者は、無知のヴェールにおおわれているがゆえに、考えることはみな同じであるはずなのに、なぜロールズは契約モデルに固執するのかという疑問に答える手がかりの一つがここにある。ロールズの「公正としての正義」の正当化においてきわめて重要な論点であるから、関連個所を『再説』29.3節[77]から引用しておこう。

　　第三条件〔前述の(c)〕から出発する議論には、もう一つの考慮も入っている。それを説明しよう。〔原初状態において〕当事者たちは合意〔agreement〕を取り結ぶものとみられている。たんに、各当事者が別々に同一の選択をする、ということではない。合意は、誠実になされなければならない[78]。つまり、それを尊重しようとする十全な意図だけでなく、そうすることができるという相当な確信をももってなされなければならない。われわれが合意することのできる事項からなる集合は、われわれが合理的に選択することのできる事項からなる集合に包含され、しかも、前者は後者よりも小さい[79]。われわれは、〔一か八か〕やってみようと決意するのと同時に、〔合意の〕結果が悪ければ、原状回復のためにできることをしようと意図することができる[80]。
　　しかし、われわれは、合意をしたなら、その結果を受け容れ、与えた約束に

　　初はあまりいなかった。ロールズが『再説』において、それを詳しく説明している背景には、そのような事情がある。TJ, 145/126rev., 176-177/153-154rev., 255rev.（初版には対応する叙述がない）, 423/371rev. and 475rev.（初版には対応する叙述がない）,『正義論』196-197頁、239-240頁、387頁、556頁、712頁参照。
76　R, §29.3
77　R, 102-103,『再説』181-182頁。下線は亀本による。
78　ちなみに、これは、ロールズがリベラリズムの暫定協定説（前述第1章13参照）を嫌うことと軌を一にしている。しかし、政治的実践は道徳的にのみ正当化されるわけではないのである。
79　これは、原初状態における当事者の選択が単なる「合理的選択理論」に、あるいはマキシミン・ルールにさえ、基づいているのではないことを明言する文である。
80　たとえば「条約（＝契約）は破るためにある」と考えるスターリンその他の現実政治家のモットーである。道徳的にはよくないことかもしれないが、条約を守って国が破滅することに賛成する国民は少ないであろう。

従って、結果とともに生きなければならない。今問題にしている場面[81]では、合意の内容は、永久に（第二のチャンスはない）[82]相互に承認されるべき正義原理であるから、われわれの合意（われわれの代表者がわれわれの教示に基づいて結んだ合意）を尊重することは、その原理を基本構造のための公共的な〔＝公知の〕正義構想としてみずから進んで適用し、全生涯にわたるわれわれの思考と行為において、その含意を肯定することを意味する。

そうだとすれば、明白なことだが、当事者は、コミットメントの緊張と呼んでよいものの重みを考慮しなければならない。当事者は、自分によって代表される人々が、合意された原理を合意の観念が要求する仕方で尊重することが相当程度期待できるかどうか、これを自問しなければならない。……

これを読むと、原初状態が契約モデルに従っているのは、コミットメントの緊張に耐えうる正義原理を選択しなければならない、という制約をそれに含ませるためだと理解してよいように思われる。ところが、そうでもない。関連する部分[83]を『正義論』第 3 部「合理性としての善さ」から引用しておこう。

　　以上の考察を合わせると、われわれは次のような指導原理を手に入れる。すなわち、合理的な[84]個人は、自分の〔人生〕計画がどのような結果に終わろう

81　「原初状態からの議論では」という意味である。だが、それには、原初状態の当事者が正義の二原理を発見し、正当化するという第一段階の議論と、安定性の問題をも考慮して正当化するという第二段階の議論とがともに含まれており、わかりにくい。

82　もちろん、憲法または法律の改正を考える段階で、正義原理の内容を原初状態の当事者の観点から見直すこと自体には問題がない（前述 50 の第 1 段落参照）。ある個人がある時に、原初状態モデルに準拠してさまざまな正義原理の優劣について思考する場合、原初状態の当事者は、選択されるべき正義原理があたかも永久に施行されるという前提でそのよしあしを判断する、とその個人は想定するべきであるということである。

83　*TJ*, 422-423/370-371rev., 『正義論』555-556 頁。

84　この「合理的」も、前掲注48および注52で触れた「合理的」とは異なるが、合理的選択理論でいう「合理的」をこえる内容をもっている。その内容をここで解説することはできないが、私の用語法では、行為について「賢い」というときの一つの考え方をさしている。『正義論』第 3 部のこのあたりに現われているロールズの人生観は、あえて粗雑にいえば、マックス・ウェーバーが『プロテスタンティズムの倫理と資本主義の精神』（大塚久雄訳、岩波文庫、1989年）で描いたカルヴィニズムの思想に

とも自分を非難する必要が決してないように、つねに行為するべきである。……

　……原初状態の観点に、自己に対する責任が関係していることは十分に明らかであるように思われる。熟慮による合理性（deliberative rationality）という観念がそこでも妥当するから、その観念は、当事者たちは自分が万一最も不幸な境遇に陥ったとき、正義構想の適用結果が自己非難に通じる、そのような正義構想に合意することができない、ということを意味する。彼らは、そのような後悔から免れるよう努力するべきである。そして、公正としての正義の諸原理は、コミットメントの緊張をめぐる前述の議論（第29節）からわかるように、他の諸構想よりも、この要求をよりよくみたしているように思われる。

これは結局、前項の最後に触れたように、原初状態の当事者は自分が運悪く最も恵まれない社会階層に属するようなことがあったとしても（前述の(c)の論点——したがって、どちらかというと第一比較にかかわる）、従うことのできるような正義原理を選択しなければならない、ということを意味する。そのような思考は、契約という問題設定を採用しなくても十分可能であるから、ロールズの意図は別にして、契約モデルの必要性ということにはなお疑問が残る[85]。

58. 格差原理を安定させる力

第二比較においては、制約付き効用原理はすでに、第一原理および公正な機会均等原理に加えて、社会的ミニマムまで保障しているのであるから、原

　（これが金儲けを積極的に肯定する点を除いて）近い。一言でいえば、integrity（「一貫性」、同じ意味で「誠実さ」とも訳せる）ということである。

[85] 原初状態の正当化手続の遂行にとっては、原初状態の当事者は自分が（間接的に代表する人々が）どのような社会階層に属することになるかがわからないということで十分であるから、現時点では、「公正としての正義」の構想を、その正当化理由を熟慮しつつ選択するために、契約モデルは不可欠のものではないと私は考えている。だが、いずれにせよ私は、原初状態の正当化手続にはあまり関心がない。私は、正当化に関しては、制度構築の指針としての格差原理が、原初状態（および反省的均衡）というアイデアと独立に、いかに正当化できるか、ということのほうに関心がある。この点については、前述第2章**22**も参照。

初状態の当事者が考慮するべき事項としては、恵まれない人々の不満よりも恵まれた人々の不満のほうが重要である。

　先行する二つの原理と並んで格差原理に従う秩序だった社会において最も不満を抱きそうなのは、ロールズによれば、最も恵まれた人々（最高所得者）である。というのは、先のOP曲線上の点Dから右へ所得分配点を変えれば、彼らはより多くの利益を得ることができるからである[86]。正義の二原理が安定的であるためには、そのような不満の傾向に打ち勝つ力が働かなければならない。ロールズは、そのような力として三つのものを挙げている[87]。

　第一に、秩序だった社会における正義構想の公知性に由来する教育的効果がある[88]。市民たちは、より恵まれた立場にある人々も含めみな、自分を社会的協働に参加する自由で平等な市民とみているから、それを規制する正義原理が相互利益という意味での互恵性の観念を反映するものでなければならないと考えるはずである。まず、これによって格差原理は支持される。第二に、才能の分布を共有資産とみる、より深い互恵性の観念についてもまったく同様のことが妥当する。第三に、これも正義原理の公知性に由来することだが、格差原理は、相互信頼や協調的徳性[89]の育成を促進する効果がある。

　これらの力の効果によって格差原理を含む正義の二原理の安定性が保たれ、前述の条件（b）、すなわち、「保証水準が相当に満足できるものである」という条件が完全に充足される、というのがロールズの主張であろう。だが、いささか循環論法の嫌いもないわけではない。この点の検討は、制約付き効用原理への批判を扱った後にしよう。

59. 制約付き効用原理の弱点
　ロールズは、制約付き効用原理に反対するいくつかの論拠を挙げている。念のため付言すれば、それは、ロールズが提出しているものであるが、原初

86　R, §37.2.
87　R, §37.3.
88　R, 125,『再説』221頁。
89　R, §§33.3-4.

状態の当事者もそう考えるだろうという性質のものである。

　第一の難点は、図1の縦軸・横軸を基本善の指数ではなく、効用の大きさとみなすとして、平均効用の最大化をめざす場合、最適点は曲線 OP 上の点 D より右のどこか（たとえば点 N とか点 B [90]）になるはずだが、ロールズによれば、その決定がむずかしいということにある。これは、経済学の用語でいえば、どの社会的厚生関数を選ぶかという問題である（詳しくは後述第6章第2節および第3節参照）。ロールズは、効用原理は、効用の個人間比較の問題に加え、パレート最適点からの選択に関しても不確実な原理であるため、紛争と不信感を増すだろうと主張する。これに対して、所得等の客観的に観察可能な指標をとり[91]、点 D を最適とする格差原理は、はるかに優れていると主張する[92]。

　しかし、私見によれば、これは大して説得力のある議論ではない。第一に、等正義線も社会的厚生関数の一種である点では変わりがない（詳しくは後述第6章**96**参照）。第二に、点 D の特定は、所得分配率の変化と総生産の変化との相関に関する理論的・実証的研究に大いに依存するがゆえに相当困難である（前述第2章**38**参照）。第三に、社会的経済的基本善の指標を厳密に構成するには、所得や富以外に権力や特権といった構成要素間のトレード・オフ関係を規定しなければならない（前述第2章**26**参照）。これらすべての難問をある程度解決しないかぎり、格差原理に従う社会がどのようなものであるのか、これを当事者は想像することができないであろう。ロールズは、想像できると想定しているようだが。

　それはともかく、制約付き効用原理についてロールズが指摘する第二の難点は、それは、恵まれた人々の（点 D からみた）効用の増大のために、恵まれない人々に効用の減少を甘受するよう要求する点で、格差原理が恵まれた人々に要求するもの（前項**58**参照）に比べて、恵まれない人々に過大な要求

---

[90] 各点の意味については、前掲第2章注76および注99参照。
[91] R, 59-60, 『再説』102-103頁。前掲第2章注112およびそれに対応する本文も参照。また、『正義論』における説明については、前掲第2章注131およびそれに対応する本文も参照。
[92] R, §38.1.

をする、したがって、恵まれない人々が制約付き効用原理に従う際の心理的緊張は大きくなり、不安定性につながるということである。ロールズによれば、互恵性の原理としての格差原理が、他人が自分にしてくれたことに対して同様のもので報いるという「われわれ」の性向をあてにするだけであるのに対して、効用原理は、「われわれ」がもっているものとしては、それよりもはるかに弱い性向、すなわち、他人の利益・関心をわがことのように感じるという同感の能力をあてにせざるをえない[93]。

　この議論も、ロールズが持ち出すOP曲線が何を意味するかを真剣に考えた場合、説得力を欠くものである。OP曲線は、所得分配率の変化と総所得の相関を表しているだけであり、各人がどれだけ重い仕事をし、またその費用（仕事をするために使った費用、あるいは、仕事をすることで失われた便益）をどれだけ負担したかを表してはいない。それゆえ、恵まれた人々と恵まれない人々の間で、どちらがどちらにどれだけの負担を強いたかは不明なのである（詳しくは、後述第4章第3節参照）。したがって、そのような論点について、格差原理と平均効用原理との優劣を比較すること自体がそもそも不可能である。

　ロールズが挙げる第三の難点は、制約付き効用原理に伴う社会的ミニマムが、格差原理によって要求されるミニマム（点Dにおけるyの値）に比べて、正義原理全体への支持の安定性に関し劣るということである。

　ロールズによれば、制約付き効用原理に伴うミニマムとは、人がほどほどの（decent）生活を送るために必要不可欠なものだけをカバーするものである[94]。すでにのべたように、原初状態の当事者は、平等な基本的諸自由と機会の公正な平等は保障されているにしても、そのようなミニマムしか与えられない現実の市民が、どのような行動や態度に出るかということをも考慮しなければならない。

　これに関してロールズは、二つの可能性があるという。第一に、恵まれな

---

[93] *R*, § 38.2 ; *TJ*, 177-178/155rev., 184-188/161-164rev. and 500/438rev., 『正義論』241-242頁、250-255頁、655頁。

[94] *R*, 128-129, 『再説』226-227頁。前掲第2章注20も参照。

第4節　第二比較における格差原理の正当化　115

い人々は、抑圧されていると感じ、社会の正義構想を拒絶し、機に乗じて暴力的行動に出るであろう。第二に、政治的社会から撤退し、各自の共同体または結社へと引き込もるであろう[95]。いずれにせよ、正義原理を積極的に支持することはない。ロールズは、制約付き効用原理に伴うミニマムは第一の可能性を招来するものではないが、第二の可能性を阻止するのに十分なものではなく、それに応じて原理も不安定なものになると主張する。これに対して、格差原理によって保障されるミニマムは、互恵性の観念を反映するものであるので、恵まれない人々にも受け容れやすく、それゆえ正義原理も、より安定的なものになるとされる[96]。

　互恵性との関係は別にして、格差原理の保証するミニマムの水準自体も、おそらく制約付き効用原理のそれよりも高いだろうとロールズは付言している[97]。しかし、ロールズも承知しているように、これは決定的な論拠ではない。制約付き効用原理のもとでのミニマムは、その社会の全体的な豊かさに依存しており[98]、その原理に従う社会のほうが格差原理に従う社会よりもはるかに総生産が大きいということは十分ありうるからである。

　実際ロールズは、制約付き効用原理が採用するミニマムは資本主義的福祉国家の提供するミニマムにほかならないとし[99]、そのミニマムが、人間の基本的ニーズの供給をこえ、かなり高水準の福祉給付を伴うものであることを認めている[100]。ロールズが問題にしているのは、ミニマムの水準ではなく、それを定める際の基本的な考え方——とりわけ、互恵性の観念が働いているか否か——の違いなのである。ロールズは、その問題を『再説』第四部で、正義の二原理にかなう財産私有型民主主義（property-owning democracy）と、ミニマム保障付き平均効用原理に従う福祉国家的資本主義（welfare-state capitalism）とを対比しつつ扱っている。そこで論じられる諸論点は、

95　*R*, 128, 『再説』225-226頁。
96　*R*, §§ 38.3-4.
97　*R*, 130, 『再説』228頁。
98　*R*, 129, 『再説』227頁。
99　*R*, 129, 『再説』228頁。
100　*R*, § 41.4.

第二比較の射程をこえるものではあるが、格差原理の正当化に関連するかぎりで、以下、手短に触れておこう。

60. 財産私有型民主主義　対　福祉国家的資本主義

　厳密にいうと、福祉国家的資本主義は、制約付き効用原理に完全に対応するものではない。前者においては、第一に、政治的諸自由の公正な平等（前述50参照）は保障されていない。また、第二に、機会の形式的な平等は保障されているものの、機会の公正な平等は保障されていないからである。だが、政治的諸自由の値打ちの平等を除く基本的諸自由の平等が保障されている点、および、相当高度のミニマム保障はあるが格差原理は働いていないという点では、両者はほぼ完全に対応していると考えてよい。

　ロールズは、財産私有型民主主義が福祉国家的資本主義に勝る理由をどこに見ているのだろうか。結論からいえば、政治的諸自由の公正な平等と自尊心の確保（前述第２章24参照）という二点について、それぞれの正義構想に完全に従う社会がどのような結果をもたらすかという観点から、財産私有型民主主義に軍配を上げているのである。その議論の要点は以下のようなものである[101]。

　「財産私有型民主主義」という言葉は、それと同じく正義の二原理にかなう「リベラルな社会主義」との対比で用いられており、両者の間には、後者が生産手段（いわゆる「人的資本」[102]（教育・訓練・学習等によって各個人の内部に蓄えられた労働能力・稼得能力）は除く――以下同じ）の国有または社会的所有を原則とするのに対して、前者は生産手段の私的所有を認めるという点で違いがあるにすぎない。財産私有型民主主義は、生産手段の私有を許容するだけであって、その狙いはむしろ、富、財産、資本のできるだけ広範な分散的な保有あるいは社会的所有を促進することによって、経済力の集中を防ぐことにある。経済力の集中は、政治力の集中につながり、ひいては政治的権

---

[101]　R, §§ 41-42, 45, 49 and 51.8, esp. §§ 42.3-4.
[102]　たとえば、ゲーリー・S・ベッカー（佐野陽子訳）『人的資本――教育を中心とした理論的・経験的分析――』（東洋経済新報社、1976年）参照。

利・自由の公正な平等を阻害するからである。これに対して、福祉国家的資本主義は、そのような経済力・政治力の集中と跋扈を許してしまう。形式的には平等で、実質的には値打ちのない政治的な諸自由を与えられた恵まれない人々は、自分は社会から平等な市民として認められていないのだと感じ、自尊心を傷つけられ、そのような政治的社会の善さを肯定することができないであろう[103]。

　そのような事態を阻止するため、財産私有型民主主義は、公正な機会均等原理に則って、恵まれない人々のために十分な教育と訓練の機会を提供し、人的資本の広範な保有を支援する。それでもなお残る社会的経済的格差は格差原理によって、最も恵まれない人々に最も有利になるようなかたちで縮小される。いずれの場合も互恵性の観念が貫徹されており、社会は、互恵性の原理に従って予め協働のスキームを定め、それに則って協働に参加した人には、規定どおりの社会的経済的利益を分配する。そのような意味での背景的手続的正義[104]に従う社会に住まう市民たちは、たとえたまたま社会的経済的に恵まれない階層に属していても、自分は社会から尊重されているのだと感じ、そのような正義の二原理に従う民主的社会を肯定的に評価するであろう。これに対して、福祉国家的資本主義の社会は、諸々の自由と機会を形式的に平等に保障するだけで、その後はすべて、市場での自由な競争に任せ、結果として生じる敗者に、事後的にミニマム給付を行うだけである。彼らは、自尊心を傷つけられ、政治的社会から撤退するであろう。そのような社会はまた、常時福祉に依存する下層階級をつくる恐れが非常に大きい[105]。

　このようなロールズの財産私有型民主主義の擁護論は、それ単独でみれば、民主的社会に生きる「われわれ」の正義感覚に訴える力が大きいであろう。しかし、他の議論との関係を考えると、いくつかの疑問が浮かぶ。

　第一に、先の擁護論では、互恵性の観念が、格差原理だけでなく、先行する二原理においても働いていることが前提されているが、その説明がやや漠

---

[103]　*R*, §§ 59-60.
[104]　*R*, 51-57 and 139-140,『再説』89-99頁、247-249頁。
[105]　*R*, 139-140,『再説』247-249頁。

然としているように思われる。これに関してロールズは、自由で平等な市民間の協働という理念が、秩序だった社会における正義原理の公知性を通じて、市民たちに互恵性を感得させるのだという議論を展開しているようにも見うけられるが[106]、そうだとすると、格差原理に伴う互恵性の強調によって、制約付き効用原理に対する正義の二原理の優越を示そうとした第二比較の議論の位置がやや不明確になるのではなかろうか。

　第二に、政治的諸自由の値打ちの平等の確保のために、公正な機会均等原理と格差原理が働くという主張も、ロールズがくり返し強調する原理間の絶対的優先関係との関係で問題をはらむものである。というのは、その主張は、第一原理の充足が第二原理の充足に少なくともある程度依存することを含意するからである[107]。そうだとすると、第二比較の問題設定、すなわち、先行する二原理は共通かつ完全に充足されたものとして、二つの対抗する原理セットを対決させるという試み自体が、すわりの悪いものになってしまう。

61. 互恵性の説明におけるジレンマ

　いずれにせよ、問題は結局、「公正としての正義」における互恵性の位置いかん、ということになりそうである。最後に、これに関する暫定的仮説をのべることで本章のむすびに代えたい。

　晩年のロールズは、正義の二原理の正当化を根底的に支えるのは互恵性の観念だと考えるようになったのだと思う。『再説』の主要目的の一つは、そのことの論証にあった。だからこそ、ロールズは、互恵性が最も鮮明に現れ

106　*R*, 6, 49, 60 *et passim*, 『再説』11-12頁、85頁、102-103頁ほか各所。
107　逆方向の依存性については *R*, 46 n. 10, 『再説』366頁注10で触れられている。そこに、「格差原理に優先する諸原理からの諸要求は、分配上重要な効果をもっている。例えば、機会の公正な平等が教育に適用される場合の効果や、政治的諸自由の公正な平等がもつ分配上の効果について考えてみられたい。格差原理をそれに優先する諸原理から切り離して単独で考えている限り、格差原理を真剣に取り上げていることには決してならない。」とある。この問題については、前掲第2章注48および注133も参照されたい。

第 4 節　第二比較における格差原理の正当化　119

る格差原理の説明を強化した（その説明の難点についてはくり返さない）。しかし、そのことによってかえって、先行する二原理における互恵性の働きが不鮮明になってしまったのである。

　私見によれば、この難点は、『正義論』（とくに初版）では生じなかった。そこでは、公正としての正義の一般的概念と特殊的概念という区別が採用され（前述第 2 章**20**参照）、前者においては、原理間の優先関係は厳密には適用されず、最も恵まれない人々に最も有利になるように、という格差原理の考え方が、先行する二つの原理を含めて「公正としての正義」全体に妥当するものとされたからである。つまり、格差原理によって保障されるミニマムの上昇と引き換えに、基本的諸自由や機会の公正な平等が多少制限されたとしても、それが長期的にみて、最も恵まれない人々に有利になるようなものであるならば、それは許容されたのである[108]。これに対して、特殊的正義概念では、原理間の絶対的優先関係が妥当する。「一般的」という言葉には、「基本的」というニュアンスもあった。

　もちろん正確には、一般的正義概念が適用されるのは、歴史的文化的事情や経済発展の不十分さなどのため、民主的社会をすぐに形成するための条件がいまだ整っていない社会に限られる。しかし、ロールズは、「政治的リベラリズム」の射程をそのような条件を具備した社会に限定し[109]、『正義論』の改訂版もこの線にそって修正されている。こうして、第一原理および公正な機会均等原理と、互恵性との関係が不明確になったのである。

　格差原理に焦点をあてた議論は、先行する二原理と格差原理との分断をいっそう強める。憲法の必須事項としての第一原理と立法指針としての格差原理という考え方、格差原理が最も異論が多いことの自認（前述**48**参照）、これらもすべて分断を強化する方向に働く。しかし、互恵性こそが「公正としての正義」全体の正当化にとって最も重要なのである。

　だから、格差原理によって互恵性を説明せねばならない。しかし、そうすると、互恵性が格差原理にのみかかわるという誤った印象を与えることにな

---

[108]　前掲第 2 章注25でも挙げたが、*TJ*, § 13の最終段落（改訂版では削除）参照。
[109]　*R*, 43 and 43 n. 5,『再説』76頁、365頁注 5 。

る。『再説』においてロールズは、こうしたジレンマに陥っているように思われる。

第 4 章　格差原理は互恵性の観念を含むのか

　前章48および49ですでにのべたように、『公正としての正義 再説』の新しさは、「政治的リベラリズム」（前述第1章第2節参照）の観点からなされた、「公正としての正義」の中核をなす「正義の二原理」の説明の更新にある。とりわけ、格差原理の内容とその正当化にかかわる説明の変更が、最も注目される点である。

　実際ロールズは、『正義論』改定版（1999年出版）のはしがき（1990年11月付）において、もし今『正義論』を書き直すとしたら、二つの事項について違った書き方をしただろうとのべており[1]、その一つはまさに格差原理にかかわるものである[2]。

　そこでロールズは、正義の二原理を原初状態から正当化する議論について、平等な基本的自由の第一原理および公正な機会均等原理を正当化する議論と、格差原理を正当化する議論とを明確に区別するため、正義の二原理を他の二つの対抗原理と比較するという手法をとりたかったとのべている。それによれば、正義の二原理はまず、平均効用最大化原理と比較される。この第一比較において、平均効用最大化原理は、市民の平等な基本的諸自由および公正な機会均等を守ることができないという理由だけで、原初状態の当事者にとって受け容れがたいものであるから、格差原理を取り上げるまでもなく、正義の二原理に劣るものとして却下される。

　格差原理は、第二の比較によって取り上げられることになる。ロールズはここでは、格差原理に焦点を絞るため、正義の二原理の対抗馬として、格差

---

[1] *TJ*, xiv rev., 『正義論』xv-xvi 頁。"Preface for the French Edition of *A Theory of Justice*" (1987) in *CP*, 418にも同旨の叙述がある。

[2] もう一つは、ロールズの支持する財産私有型民主主義と、敗者の自尊の基盤を掘り崩すセーフティネットの機能しかもたない福祉国家的資本主義との違いをはっきりさせること。これも『再説』で実行された。その概略については、前述第3章**60**参照。

原理に代えて平均効用最大化原理をおくほかは正義の二原理と同一の正義原理を持ち出す。その際、ロールズが、格差原理が平均効用最大化原理にまさる最大の根拠として挙げるのは、前者が互恵性の観念を含むということである。後者は、互恵性の観念を含まないから、平等な自由、公正な機会均等を保障した後は、恵まれた者たちが恵まれない者たちを犠牲にして、より多くの社会的経済的利益を手にすることを許す。そうだとすれば恵まれない者たちは、そのような内容を含む正義原理を積極的に支持することはないであろう。これが、ロールズが平均効用最大化原理を却下する議論のあらすじである。そして、前章でみたように、こうした議論の詳細が後に『再説』で展開されたのである[3]。

当然ながら、格差原理が互恵性の観念を含まないとすれば、この議論は瓦解する。もちろんロールズは『再説』において、「格差原理は互恵性の観念を含む」とくり返しのべている。にもかかわらず私は、格差原理と互恵性の不可分の関係を熱心に説くロールズの議論を読めば読むほど、格差原理と互恵性との関係を理解することがますます困難になった。

そこで、本章では、これまでどおり『再説』を基本的なテキストとしながら、「格差原理は互恵性の観念を含むのか」という問題に焦点を絞って、ロールズの見解を検討してみたい。(なお、互恵性についてはすでに、前述1、35～37、39、55、58、61でも取り上げた。適宜ご参照願いたい。)

以下の考察において私は、格差原理をめぐるロールズの見解の欠点を執拗に追及する。誤解を避けるため一言断っておけば、それは、ロールズの正義論を否定するためではなく、むしろ、それを高く評価した上で、私なりの関心から、その弱点の改善の道を探るためである。

---

[3] $R, \S\S\ 27\text{-}40.$

第1節　分配基準としての格差原理の多義性

62. 格差原理の両義性

すでに何度も登場したが、説明の便宜上、正義の二原理の定式化をまず掲げておこう。

> **第一原理**　各人は、平等な基本的諸自由からなる十分適切なスキームへの同一の侵すことのできない請求権をもっており、しかも、そのスキームは、諸自由（＝自由権）からなる全員にとって同一のスキームと両立するものである（平等な自由原理）。
>
> **第二原理**　社会的経済的不平等は、次の二つの条件をみたさなければならない。第一に、社会的経済的不平等が、機会の公正な平等の条件のもとで全員に開かれた職務と地位に伴うものであること（公正な機会均等原理）。第二に、社会的経済的不平等が、社会のなかで最も恵まれない構成員にとって最大の利益になるということ（格差原理）。

格差原理の定式化を素直に読む場合、「社会的経済的不平等」が「最も恵まれない構成員にとって最大の利益になる」とは、ロールズに倣って社会的経済的基本善の代理変数として（生涯期待）所得を選ぶことにすると（前述第2章26参照）、「所得」の不平等が、社会のなかで所得の最も低い集団にとって最大の利益になる、ということを意味する。これは、最低所得集団の所得が、できるだけ高くなるような所得格差を定める協働のスキームを要求する。これが、分配基準としての格差原理の第一の意味である[4]。

しかし、ロールズは格差原理に対してもう一つの意味を与えている。それは、所得の相対的に高い集団の所得が増加（または減少）するときには、所得の相対的に低い所得の集団の所得も増加（または減少）しなければならない、というものである。ロールズは、この第二の意味を、格差原理が互恵

---

[4]　*R*, 62,『再説』107頁、*TJ*, 76/66rev.,『正義論』103-104頁。

表2　格差原理の意味

格差原理Ⅰ	最低所得最大
格差原理Ⅱ	OP曲線上の点の傾きが右上がり
格差原理Ⅲ	格差縮小

性[5] の観念を反映するものとしてとくに強調している[6]（前述第2章36および37参照）。

以下では適宜、今のべた格差原理の第一の意味を格差原理Ⅰ、第二の意味を格差原理Ⅱと表記することにする（表2参照。格差原理Ⅲについては、前述第2章46または後述本章67参照）。

格差原理を第一の意味で適用する際には、最低所得集団の所得の値（の上下）という、いわば一点、あるいは一線に注目すればよかったのに対して、第二の意味で適用するためには、所得の変化、したがって、点と点とを比較する必要がある。このことは、分配基準としての格差原理の理解にとって決定的に重要である。

ともかく、格差原理ⅠとⅡは、明らかに同じではない。それゆえ、両者が対立することはないのか、という問題を検討する必要があろう。このような問題関心をもって、以下しばらく、『再説』におけるロールズの論述に従って、分配基準としての格差原理の内容をみて行こう。

63．OP曲線による格差原理Ⅰの説明

第2章第4節および第3章55ですでにみたように、『再説』においてロールズは、執拗なまでにOP曲線を使って、格差原理に含まれる互恵性の見方を読者に理解させようとしている。くり返しにはなるが[7]、ここでもその基

---

[5]　前述第2章36において私は、それが「単なる所得変化の関係」を表すかぎりで、「弱い互恵性」とよんだ。

[6]　*R*, 124,『再説』217-218頁、*TJ*, 76/66rev.,『正義論』103-104頁、"Distributive Justice: Some Addenda" (1968) in *CP*, 170 (incrementという言い方で「限界」概念がすでに導入されている),『公正としての正義』186頁（後述第5章84で引用）。

[7]　したがって、ここでは、ロールズの著作の参照箇所の註記は原則として省略する。

幹部分を手短に説明しておこう。

再掲図1をご覧いただきたい。横軸は高所得集団に属する代表的市民Xの所得の量（x）、縦軸は低所得集団に属する代表的市民Yの所得の量（y）を表している。説明の単純化のため、社会階層が所得で二分されている。よって、高所得（または低所得）集団といっても、最高（または最低）所得集団といっても同じことである。「所得」――厳密には「生涯期待所得」――は、第二原理で問題となる社会的経済的基本善の量の代理変数であり、「基本善指数」（前述第2章26参照）を表している。

横軸と縦軸の尺度を同じにした上で、横軸に所得の多い人の所得量をとったので、あらゆるOP曲線は、平等分配を表す45度線の下にくることになる。「代表」ということの意味は、代表者の背後にそれとほぼ同じ所得を有する人々が隠れているということである。したがって、代表間の比較は集団間の比較を意味する。

ロールズによれば、曲線OPの背後には、生産と分業を組織化する協働のスキームがあるとされる。協働のスキームのなかには、職種と賃金を対応させた一覧表が含まれており、格差原理に従って各階層に分配される所得に注目する目下の分析にとっては、そうした一覧表のみが重要となる[8]。要するに、曲線OP上の各点に対応して、Xの職種とその賃金、そして、Yの職種とその賃金があらかじめ定まっている、ということである。

曲線OPは、直接には、職種と賃金を定めるルールに対応するものであり、事実としての生産量とその分配を表すものではない。だが、所与の条件のもとで所得分配と総生産量の関係があらかじめある程度わかっていないと、そのような所得分配ルールを作ることはできない。注意するべきこと

それについては、本書の上記の箇所を参照願いたい。
8　ロールズは明確にのべてくれていないが、協働のスキームには、課税後賃金ルール（前掲第2章注48参照）のほかに、商業や産業を振興するための仕組み、財産私有型民主主義（前述第3章60参照）のもとで市場経済を規制したり、財産権を制限したりするルール等も含まれているはずである。ロールズはあまり関心をもっていないが、生産効率の違いにも関係するOP曲線の複数性（前述第2章32参照）も、このこととと関連している。

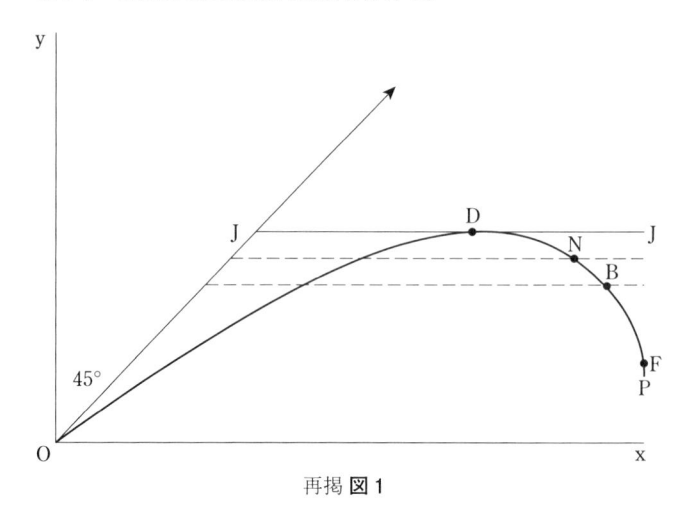

126　第 4 章　格差原理は互恵性の観念を含むのか

再掲 図 1

　に、ロールズはなぜか決して強調しないが、OP 曲線の背後では、稼ぐ能力に恵まれた人々が賃金の上昇につられて、総生産の増大に、より貢献するような仕事に就くようになる、そしてその結果、増大した総生産から彼らの取り分をとった残りが前よりも多い所得として、低所得者に分配されるというインセンティブ・メカニズムが働いている（前述第 2 章30および38参照）。

　したがって、OP 曲線のようなものを実際に描くためには、当該社会の所与の条件のもとで、所得の分配率——協働による生産物からの分け前が高所得者と低所得者にどのように分配されるか、その比率——のみをルールによって変動させると、総生産量がどう変化するかということが経験的ないし理論的にある程度わかっていなければならない。ロールズによる説明には、所得分配率または X への分配分と総生産量の相関を表す曲線——図13参照。社会が X、Y の二人のみからなっているとして描いた。したがって、接線の傾きがマイナス 1 であるベンサム点 B [9] に対応する点で総生産量が最大となる。——が欠けているので、OP 曲線の意味が、科学的な発想の心得が多少なりともある人には少々わかりにくくなっている。

　9　その意味については、前掲第 2 章注76および注99参照。

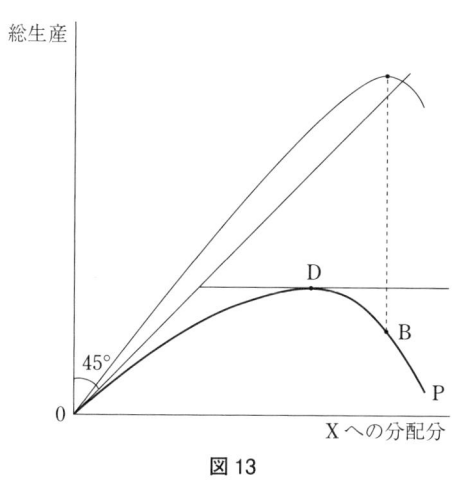

第1節　分配基準としての格差原理の多義性　127

総生産

45°

D
B
P

0
Xへの分配分

図13

　この点は周知としてOP曲線をみると、それは原点Oから出発して、職種に応じて次第に賃金格差をつけていくと、点Dまでは、両者の所得がともに増加し、点Dより右では、高所得集団の代表Xの所得は増加するが、低所得集団の代表Yの所得は減少する。よって、点Dにおいて、低所得集団の所得は最大となる。「最も恵まれない人々」すなわち最低所得集団の所得を最大化するという格差原理Iからすれば、点Dの分配が最も正義にかなっているということになる。点Dは、「最低所得最大点」とよんでよかろう（前述第2章31参照）。

64. OP曲線による格差原理IIの説明

　ロールズは、最低所得最大点を特定するのに、不必要にも[10]、彼が「等正義線」と名づけるものを導入する（前述第2章31参照）。この直線は図1において、45度線上の各点から横軸に平行に引かれうる無数の直線（JJおよびそれと平行な破線がそれの例）であり、各直線は、最低所得者の所得の一定を表す。たとえば、再掲図7における点Aと点Bは同一の等正義線上にあるか

10　これは、ロールズが、OP曲線の点Dより左側部分の説明と右側部分の説明をごっちゃにしているためである。詳しくは、前述第2章33および後述第6章105参照。

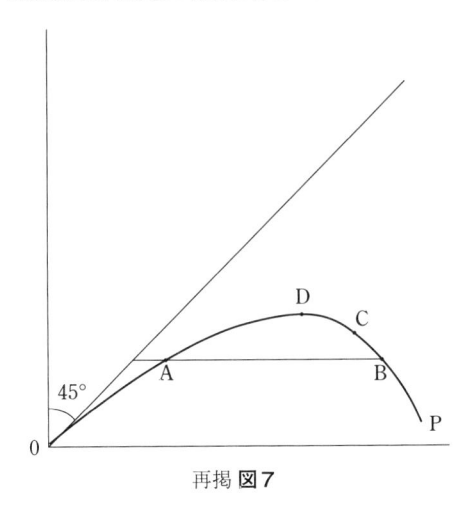

第 4 章 格差原理は互恵性の観念を含むのか

再掲 図7

ら、格差原理Ⅰの観点からみた正義の値は等しい。また当然、高いところにある等正義線ほど、最低所得者の所得が高いから正義値は高い。こうして、点 D は、OP 曲線と、最も高いところで等正義線とが接する点として特定される。

等正義線との関係では点 A と点 B は、正義値は等しい。しかし、ロールズは、点 A は正義にかなっているが、点 B は正義に反するという（前述第 2 章34参照）。なぜだろうか。それは、格差原理Ⅱによって説明される。実は、格差原理の第二の意味も、OP 曲線による前述の説明（前項63の最終段落参照）においてすでに登場している。

曲線 OP 上の OD 間の点においては、高所得者の所得が増加するとき低所得者の所得もつねに増加している。ロールズは、そのような点、つまり、その点における接線の傾きが右上がりであるような点を、（格差原理Ⅱとの関係で）「変化を通じ正義にかなっている」（just throughout）[11] と定義する。点 D は、傾きがゼロであるが、この点も正義にかなっているとされ、とくに「完全に正義にかなっている」（perfectly just）とよばれる。いずれにせよ、曲線

---

11 この言葉の訳し方については、前掲第 2 章注95参照。

OP 上の OD 間にある点は D も含め、正義にかなっていることになる。しかし、点 D が、格差原理からみて最も正義にかなっているのは、その第二の意味によるのではなく、むしろ、第一の意味による、と考えるべきであろう。

だが、これについては別の解釈も可能であるかもしれない。つまり、点 D を最低所得最大点とみるのではなく、接線の傾きがゼロの点と定義するのである。しかし、この定義では、曲線 OP が図 1 のような形状をとる場合は、たまたま、傾きゼロの点と最低所得最大点は一致するが、一致しない形状はいくらでも考えられるので（一例として、図14参照）、点 D の特定にとっては、格差原理の第一の意味がやはり決定的と考えるべきであろう[12]。

他方、格差原理 II によれば、曲線 OP 上の O から D までの点が正義にかなうとされるのに対して、曲線 OP 上の D から右下に向う点（D を除く）は、「正義に反する」（unjust）とされる。その部分では、各点における接線の傾きが右下がり、したがって、高所得者の所得の増加に伴って、低所得者の所得が低下するからである。それゆえ、格差原理 II によれば、たとえば図 7 における点 A は正義にかなう点だが、点 B は、格差原理 I によれば正義値は点 A と同じであるにもかかわらず、正義に反する点だということにな

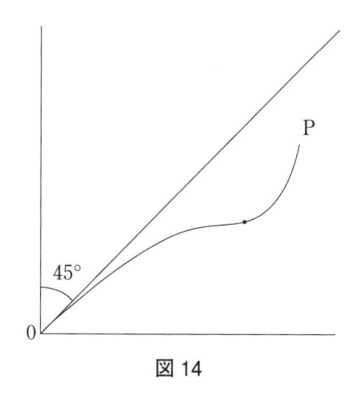

図 14

---

12 点 D が、格差原理 I だけでは、なお特定されないことについては、前述第 2 章**45**および同注137参照。

る。

　このようにみてくると、格差原理による「正義」の定義には、必ずしも両立しないものではないが、場合によっては対立する二種類のものが含まれ、混乱を誘うように思われる。これにどう対処すればよいのか。少なくとも三つの対応策が考えられる。次節では、この問題を考察しよう。

第2節　格差原理の両義性への対応

65．格差原理ⅠとⅡの齟齬の放置

　第一の対応として、格差原理はいずれにせよ、点Dを最善とするのであるから、格差原理ⅠとⅡの意味の齟齬はたいして問題ではない、という見方も可能であろう。あるいはまた、格差原理Ⅱは、曲線OP上のOからDまでの点はともかくも正義にかなっていることを認め、Dより右下の曲線上の点は、正義に反するがゆえに認めないのであり、格差原理ⅠとⅡの齟齬の問題はそもそも考慮する必要はない、と考えられるかもしれない。

　しかし、そのような解釈は、ロールズの意図に明らかに反する。もし、現在の社会の所得分配が図7における点Bにあるとしたら、それを曲線OPにそって、Bより左上の方向の点、できれば点Dまでもって行くような移動は、格差原理Ⅱ——これは、一方の所得が増加するときには他方の所得も増加することを求める——には反するとしても、格差原理Ⅰが当然に許容し、あるいはむしろ要求するものである（前述第2章**34**参照）。曲線OPにそって、Dより左側の点までもって行くことを格差原理が許容するかどうかということは、目下のところ明らかではないが、第2章（**37**および**40**参照）の考察によれば、両人が望むかぎり、そのような移動もよしとされた。第一原理に含まれる職業選択の自由が格差原理に優先するからである。

　それはともかく、本章におけるこれまでの考察だけからでも、点Bから、曲線OP上の点Aより高いところにある、同曲線上の点への移動については、たとえば図7におけるC——格差原理Ⅱによれば不正義とされる可能性がある——のような点への移動であっても、格差原理によって許容される

ように思われる。というのは、格差原理Ⅰは、正義値のより低い点からより高い点への移動を当然に認めるように思われるからである。いずれにせよ、ここでのべた齟齬の放置という対応は、格差原理を正しく解釈するものではないように思われる。

66. 格差原理Ⅰの優先

第一の対応への異議においては、格差原理Ⅰがもっぱら根拠となった。そこで第二の対応として、格差原理Ⅱを捨て、Ⅰのみで格差原理を理解するという方法が考えられる。これによって格差原理は、そのⅡによって場合によっては可能となる、正義と不正義の領域区分という含意を失うことにはなるが（図14参照）、その一方で、適用ははるかに容易になる。

格差原理Ⅱを適用して、なおかつ格差原理の定式化に含まれる要求（＝格差原理Ⅰ）を満足させるには、点Dを発見しなければならない。具体的には、所得分配上の任意の点をとり、それとその近傍（neighborhood）[13]にあると思われる点とを比較して傾きがどうなっているかをいちいち調べ、傾きが右上がりのときはよしとして、同様の作業を続け、傾きゼロと推測される点を何とかして発見し、それより右へ行くと傾きが右下がりになることを確認し、最終的にそれらの点を職種・賃金一覧としてルール化してはじめて（ここでは単純化のため、ルール化したこと自体が総生産量に影響を及ぼすことはないと仮定する）、正義と不正義の境界が定まることになる。

これに比べれば、最低所得最大点を発見し、ルール化する作業ははるかに容易であろう。その場合は、ロールズの説明に反し、そもそもOP曲線など描く必要はなく、最低所得者の所得という一点にのみ注目して、それが高い点を、45度線の下にある空間から探し出せばそれでよいことになる。ただし、この方法では、たとえば図7における点Aと点Bを正義の観点からは区別できないから、点Bがたまたま選ばれた場合、点Aよりも、所得格差が大きいということになる。

---

[13] *R,* 70,『再説』121頁。

67. 格差縮小要求としての格差原理III

　格差原理は、格差縮小の要求を含んでいるのだろうか。格差原理の定式化を素直に読むかぎり、格差原理は、格差縮小を直接にめざすものではなく、最低所得者の所得が高くなるかぎりで、格差の拡大を許容するものである。実際、図1を見ると、OP曲線において点Oから点Dへ至る間、格差は拡大し続けている。

　しかし、前述第2章の考察の結果、たとえば、図7における点Aと点Bを比べた場合、格差のより小さい点Aをよしとするというのも、格差原理の意味するところであることが明らかになった。これは、格差原理IIから出てくるもののように誤解される向きもあるかもしれないが、そうではない。というのは、格差が小さいということと、点の傾きがどうであるかということは別の事柄だからである。正確にいうと、格差原理は、「同一の等正義線上にある点については、格差の小さいほうの点を選ぶ」ということである（前述第2章**46**参照）。

　この意味での格差原理を「格差原理III」とよぶことにしよう（前掲表2参照）。もっとも、ロールズ自身が『再説』において、格差原理IIIを明示的に使用するのは、最低所得最大点における最低所得者の所得が同じである二つのOP曲線を比べて、格差原理からみてどちらの曲線のほうがよりよいかを判定するときだけである（前述第2章**32**および図6参照）。さらに、格差原理IIIが、IまたはIIだけで、いずれがより正義にかなっているか判定できない場合にのみ使用されるという点にも注意する必要がある。容易にわかることだが、格差縮小要求を優先させると、IまたはIIが働く場面はなくなってしまう。そもそも第二原理は、不平等＝格差が許容または要求される場合の定めであることを想起されたい。

　格差原理IIIが使用されるのは、きわめて例外的である。また、格差縮小は、ロールズが格差原理とそれとの違いを強調した（不平等のできるだけ完全な）「是正の原理」（principle of redress）がむしろ奉じるものである[14]。これらの理由から、以下では、とくに断らないかぎり、格差原理IIIは考慮の外におくことにする。

68. 格差原理IIの優先

　格差原理に二つの意味、すなわち、最低所得最大化とOP曲線の傾き右上がりが含まれることに伴う混乱に対する、第三の対応を考えよう。第二の対応は、第一の意味だけで行こうとするものだったが、その反対として、第二の意味のみで行くという手も考えられる。あらかじめのべれば、この解釈が、ロールズの提示するOP曲線およびそれに対して彼が与えている説明および意図と最もよく適合するように思われる。

　くり返しになるが（前述63参照）、OP曲線上の各点には、それぞれの所得者が協働生産において占める職種、——正確には、客観的に判定可能なその質と量（労働時間）——および賃金（社会的総生産からの分配分）が対応している。OP曲線に対応する協働のスキームに含まれるルールは、各人が定められた職の質と量を果たしたとき、それに応じた賃金を支払うことを定めている。単純化するために、各職の質と量を総合した適当な指標を作り、その指数が上がる——普通の言い方をすれば、「仕事が大変になる」——に従って（メカニズムは不明だがともかく）社会的総生産も増加し、それに応じて——比例的関係とはかぎらない——賃金も増加するよう定められているとしよう（上の指数を以下、ロールズの「基本善指数」に倣って、「大変指数」とよぶことにする）。

　また、OP曲線上の点の定義からすると、高所得集団の代表の職と低所得集団の代表の職はペアになっており、X、Yのいずれか一方が、その職に求められる労働の質と量を果たさなければ、社会的総生産は予定どおり行かず、したがって、ルールに規定された所得を支払うことができなくなるかもしれない（前述第2章39参照）。協働のルールは、そのような場合に備えて何らかの減額規定をおいているだろう。しかし、ここでは分析の焦点を絞るため、あえて理想化して、全員がルールに定められた職務を忠実に果たすと仮定することにしよう。

　しかし、その場合でも、選択可能な職種リストから、どの職業を選ぶか

14　*TJ*, 101/86-87rev.,『正義論』135-137頁。

は、すでに触れたように（前述65参照）、各人の自由なのである（前述第2章
37[15]および47参照）。一般的には、各人が協力しつつ、「大変指数」のより高
い仕事をすればするほど社会的総生産は上昇し、結果的により高所得の分配
が可能になることが予想されるが、どこまで大変な仕事を各人がするかは、
各人の自由に任されている。このことは、格差原理に優先する第一原理（お
よび公正な機会均等原理）[16]によって保障されている。ロールズがくり返し強
調するように（前述第2章20参照）、格差原理は、先行するこれら二原理がす
でに充足されているところではじめて適用される。

　自由の優先ということを真剣に捉えた場合、各人は、OP曲線上の点Dに
おけるのと比べて、最低所得者の所得がより低い職業を選択することも当然
許されるはずである（図15のD′参照）。大変な仕事をして給料をたくさんも
らうより、楽な仕事、その技能を取得するのに苦労しないですむ仕事、ある
いは労働時間の短い仕事をして、精力を他のことに注ぎたいと考える人がい
たとしても不思議ではない。

　もちろん、低所得者と高所得者それぞれの職（およびその遂行）がペアに
なってはじめて所期の生産量とその分配が達成されるのであるから、各人の
自由を相互に調和させるのはなかなかむずかしいかもしれない。しかし、職
種と賃金を多様化していけば、それでもなお残る失業――各職の需要と供給
が一致しないため、あるいは、求められる職と自分の志望や能力がマッチし
ないために起こる――という問題を度外視すれば、この難点は事実上かなり
解消されよう。いずれにせよ、ここでは、できるだけロールズに有利な状況
を想定し、むずかしい問題は無視することにしよう。

69．格差原理IIを優先させた場合の問題点

　さて、格差原理の両義性に対するこの第三の対応、すなわち格差原理IIの

15　とくに、同章注116およびそれに対応する本文。
16　括弧内に公正な機会均等原理を付加したのは、職業選択の自由は、その形式的な機
　　会の平等だけでなく、実質的な機会の平等まで考えた場合、公正な機会均等原理の射
　　程に入ると、（ロールズは明示的にのべていないにもかかわらず）私は解釈している
　　からである。この点については、前掲第2章注45も参照。

第 2 節　格差原理の両義性への対応　135

優先をとった場合、どのような問題が生じるか。最大の問題は、格差原理の I を捨て、II（傾きが右上がり）をとるということに必然的に伴うものだが、「最低所得最大点」（前掲図 1 または図 2 等における OP 曲線上の点 D）または「完全な正義」という観念の占める場所がなくなる、ということである。

しかし、先行する原理（第一原理および公正な機会均等原理）が充足されているという制約のもとで格差原理 II に従って選ばれる点は、各人の自由と両立するかぎりでの最低所得最大点（図15の D′ とする）であるから、D′ も D も、最低所得者の所得が最大になるパレート最適点という点では同じである。

実際、別の文脈においてではあるが、ロールズ自身、点 D を特定するのに、OP 曲線と最高の等正義線との接点という既述の定義と並べて、平等分配に最も近いパレート最適点——そこでは OP 曲線上の点 D から右下に向う部分（点 D も含む）がパレート最適点の集合とみなされている——という理解も示している（前述第 2 章**33**参照）。平等分配に近いという基準からすれば、D よりも D′ のほうがいっそうよい、ということになろう。しかし、正確にいえば、平等ではなく、選択の自由ということを考慮に入れると、D ではなく D′ こそが、真の格差最小のパレート最適点ということである。

もちろん、最低所得の最大化ということと、格差縮小ということとは OP

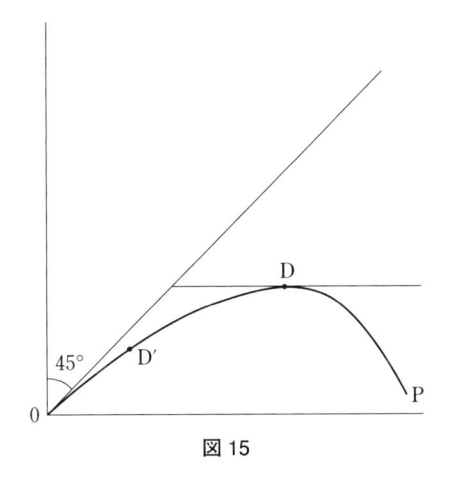

図 15

曲線上の OD 間では背反するから、格差原理 I の意味において、点 D は OP 曲線の最高点として定義されるべきものであり、平等分配に近いということは混乱を招く説明である。にもかかわらず、偶然かもしれないが、ロールズによるその説明は、今のべたように、第三の対応によく適合するのである。これは、第三の対応が、格差原理に関するロールズの説明と最もよく適合するのではないか、という前述68の最初にのべた私の見立ての正しさの傍証となりうる。

だが、格差原理 II を優先する第三の対応が、格差原理に関するロールズの説明と最もよく適合するという暫定的私見の最大の根拠は、ロールズが格差原理に帰した互恵性という要素が、格差原理 I によっては十分に説明できず、II によってはじめて十全に説明されうる、と少なくともロールズは考えている、ということにある。次節では、この点をさらに追究しよう。

第3節　格差原理と互恵性　再論

70. 互恵性と貢献

すでに第2章第4節でも、互恵性の観念についてはかなり立ち入って検討

表3　互恵性の観念の種別

弱い互恵性	単なる相互利益。OP 曲線が右上がりという所得変化の表面的関係。
強い互恵性	相互利益（ただし、お互いの状態が同じように悪くなることは認める）＋相互貢献（OP 曲線の背後にある）。ロールズの場合、恵まれた人々から恵まれない人々への貢献に偏っている。
深い互恵性	生まれつきの才能分配の道徳的恣意性、および、共有資産としての才能分布という考え方に基づく、恵まれた人々から恵まれない人々への貢献。

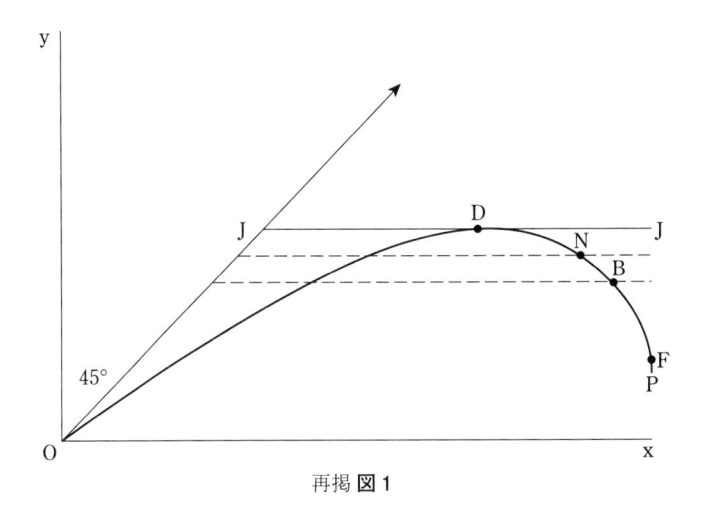

第 3 節　格差原理と互恵性　再論　137

再掲 図 1

した。その要点を表 3 にまとめておいたので、ご参照いただきたい。

　前章まででにすでみたように、ロールズは、格差原理と互恵性の結びつきを、図 1 の OP 曲線を使いながら説明している[17]（前述第 2 章 **35〜37** および第 3 章 **55** 参照）。ロールズの意図にそいつつも、多少の補充も加えて再度説明すれば、その要点は次のようなものである。

　曲線 OP の傾きが右上がりの部分では、低所得者の所得の増加は高所得者の所得の増加に相伴っている。これは、高所得者の所得の増加が、低所得者の所得の増加に貢献（contribute, benefit）しているということを意味する[18]。これは、相手が利益を得る場合は自分も利益を得るべきである、あるいは、自分が利益を得る場合は相手にも利益を与えるべきである、という互恵性の観念[19]を表している。たしかに、低所得者は、高所得者に比べて所得が低い

17　*R*, 123-124,『再説』217-218 頁。
18　*R*, 64,『再説』110 頁。
19　*R*, 196,『再説』344 頁に、「道理に適った道徳心理学」（a reasonable moral psychology）を説明する文脈において、「お互いに同じもので応答する性向〔disposition to answer in *kind*〕としても、互恵性の観念が登場する……」（圏点および斜体は亀本による）とある。また、引き続き原文同頁（『再説』345 頁）に、「他人が明白な意図をもって、正義に適ったもしくは公正な諸制度において自分の分を尽くすとき

ことに不満であるかもしれないが、点Dは、所与のOP曲線のもとで低所得者が得ることのできる最大所得に対応する点であり、低所得者の所得をそれ以上上げようと試みると、かえって所得低下が生じる点なのである[20]。さらに、格差原理は、高所得者の所得増加が低所得者の所得の増加に貢献しないことを許さない[21]。したがって、OP曲線上のDより右下方向の部分は、低所得者の利益を犠牲にして[22]、高所得者がより高い所得を得ている部分であり、正義に反し、認められない。

ここで、前述第2章（66頁）ですでに引用した文章に含まれる、やや解釈に苦しむが注目に値する部分[23]を再び引用しておこう。

〔do their part〕、市民たちは他人に対する信用と信頼を発達させる傾向がある。この同じもので応答する傾向〔tendency to answer in kind〕、他人が自分に公正であることに対して自分も他人に公正であることをもって応える傾向、及び類似の傾向は、道理に適ったものの心理学の基本要素である。『正義論』における（そこでこう呼んだのだが）原理の道徳の発達の三段階についての説明〔*TJ*, §§ 70-72 and 75-76参照〕では、各段階の心理法則は、性向としてのこうした互恵性を表している。」とある。*TJ*, 494/433rev.,『正義論』648頁にも、「互恵性、同じもので応答する傾向」という上記と同じ表現がある。

　道理に適った心理的性向としての互恵性についてのロールズの説明を受け容れるとしても、即物的な観点からすれば、恵まれた人と恵まれない人とは、必ずしも同じ「大変度」の仕事をしているわけではない、という点に注意されたい。そのような点にこだわる私のような人は、「道理にかなっていない」のであろうか。

20　*R*, 70,『再説』121頁で、ロールズは次のようにのべている。「（3）〔インド人の基本善指数115、イギリス人の基本善指数140の分配点。なお、前述第2章**28**ですでに説明したように、格差原理は、固有名で定義される集団ではなく、所得その他の一般的属性によって定義される集団に適用されるので、「インド人」を「恵まれない人々」または「低所得集団」、「イギリス人」を「恵まれた人々」または「高所得集団」に読み換えられたい。〕を擁護するためには、インド人に向かって……われわれはむしろ、（3）の近傍には、イギリス人の暮らし向きを改悪することによってインド人の暮らし向きを改善する代替的体制は存在しない、と言うのである。（3）にみられる格差が正当化されるのは、（3）の近傍において、イギリス人への利益がインド人の利益に現に寄与するものだからである。インド人の暮らし向きが（（3）の近傍におけるそれと）同じであるための条件は、イギリス人の暮らし向きのほうがよいということなのである。」と。

21　*R*, 64,『再説』110頁。この箇所は、前述第2章**37**で『再説』から引用した文章（本書65頁）に含まれている。

22　*R*, 125,『再説』220頁；cf. *TJ*, 104/89rev.,『正義論』141頁。前掲第2章注117で挙げた箇所と同じ。同注118も合わせて参照されたい。

格差原理の要求とは、……現存の〔たとえば「所得」の〕不平等が、自分だけでなく他の人々にも利益を与える〔benefit others〕という条件を充たすべきである、ということである。この条件から、格差原理が、最も恵まれない人々の期待の最大化という観念を使用するにもかかわらず、本質的に互恵性の原理であることが明らかになる。

格差原理と互恵性の結びつきに関するロールズによるこうした説明は正しいのだろうか。互恵性という観念の本質は、「単なる相互利益をこえて、お互いに貢献しあう」（私のいう「強い互恵性」）、ということではなかろうか。当面、そう考えておくことにしよう。

しかし、OP曲線から「貢献」を読み取ることには無理がある。OP曲線は、高所得者の所得変化と低所得者の所得変化の関係（私のいう「弱い互恵性」）を表しているだけであり、「貢献」とは何の関係もないからである。たまたま、高所得者の所得増加と低所得者の所得増加が同時に起こったからといって、それを高所得者が低所得者に貢献した結果だとみなす者はほとんどいないだろう。「貢献」という観念は、所得増加と独立に定義されるべきものである。

71. 貢献の方向と大変指数の関係

分析の便宜のため、社会的協働生産において、前述（68参照）の「大変指数」が高い仕事をした者ほど、社会に対する貢献度が高い、という定義を採用することにしよう。そうすると、図1のOP曲線のOD間は、大変指数が高い労働をする者ほど、高い所得を得、大変指数が低い労働をする者ほど、低い所得を得るという関係を含意するものと解釈することができるかもしれない（このような解釈が成立するためには、厳密にいうと、協働生産に参加するだれかが前よりも大変指数の高い仕事をすると、他の事情が不変なら、社会的総生産が上昇する、そのような生産メカニズムが働いているという条件も必要であろう）[24]。この場合、「貢献」という言葉を使うのなら、高所得者も低所得者

---

23 *R*, 64,『再説』110頁。邦訳を若干修正した。
24 「大変指数」と経済学でいう「限界生産力」（他の生産要素の投入量を固定した場

も社会的生産に「貢献」しているが、貢献度のより高い者に、より高い所得が行くことになる、という説明をするべきではなかろうか。

しかし、ロールズは、そのような説明は採用しない。彼は、曲線 OP 上の OD 間では高所得者が低所得者にほとんど一方的に「貢献」しているかのような言い方をすることが多い[25]（前述第 2 章39も参照）。この言い方が最もよく当てはまるのは、低所得者の大変指数が一定（不変）で、高所得者のみが大変指数を上昇させて、結果的に、両者の所得が高まるような分配がなされるときである。しかし、これは、高所得者に一方的な利他主義を要求するものであり、ロールズが「利他的な公平性と相互利益との間に位置する」（前述第 2 章36、本書63頁参照）とする「互恵性」の観念に明らかに反する。

図１についての先の説明でそうしたように、高所得集団の代表を X、低所得集団の代表を Y とすれば、前の状態と比べて社会的総生産が上昇し、結果的に、各人の分配分も上昇する可能性がある場合は、大変指数との関係では、表４に示したように五つである。

①および④は、Y が X に利他的に貢献する場合、②（既述）および⑤は、X が Y に利他的に貢献する場合、そして③のみが、X と Y が「互恵的」に貢献しあう場合である。注意するべきことに、①ないし⑤は、適当な生産メカニズムを想定すれば、どれも OP 曲線の傾き右上がりの部分と両立するの

合、問題となっている生産要素（目下の場合、各種の労働）を１単位追加的に投入した結果増加する生産物の量の価値）とは、関連しているが、同じものではない。たとえば、同じ人が同じ仕事を同じような仕方でする場合でも、労働時間が長くなれば、大変指数は上昇する。その労働によって生産される財の需要と「貢献度」との関係が当然問題になるが、ここでは不問にしたい。需要と供給によって価格が決まるとする経済学のなかには、「貢献度」といった観念が入る余地はないので、「大変指数」という奇妙な概念を使わざるをえなかった。しかし、それはロールズの発想に近いと思われる。いずれにせよ、大変指数は、生産物の価値と独立に（したがって所得の増加とも独立に）、客観的な仕事の質と量によって定義される点に注意されたい。

25　たとえば、*R*, 64,『再説』110頁（前述第 2 章37における『再説』からの引用文章第 2 段落、本書65頁）参照。また、*TJ*, 81/70rev.,『正義論』110頁には、「最も恵まれた集団の他の集団への貢献を示す曲線」（もちろん OP 曲線のこと）という表現がある。「憲法上の自由と正義の概念」（1963年）では、格差原理が「共通の利益に貢献するサーヴィスに対する報酬」にかかわるとされていた（前述第 2 章16および同注 9 参照）ことと比較されたい。

表4　両方の分配分がともに上昇する可能性がある場合

	Xの大変指数	Yの大変指数	貢献の方向
①	一定	上昇	X ← Y
②	上昇	一定	X → Y
③	上昇	上昇	X ⇄ Y
④	下降	上昇	X ← Y
⑤	上昇	下降	X → Y

である。OP曲線によって、どちらがどちらに貢献しているかを判断することはできない。したがって、互恵的貢献についても判断できない。

　例証のため、④の場合を想像されたい。これは、わかりやすくいえば、高所得者Xは前よりも仕事が楽になったのに、低所得者Yが前よりもきつい仕事をしてくれたために、高所得者も低所得者と同様、所得が増大する場合である。くり返すが、そのような場合が、図1のOP曲線のOD間の点（または左下の点から右上の点への移動）で表される場合は十分ありうる。その場合、高所得者が低所得者に「貢献した」と言う人はいないであろう。

　もっと奇妙な事例も想像することができる。今まで、「貢献」と所得変化の間に必然的な関係がないことを例証する際、貢献度を表す「大変指数」と総生産の間に正の相関関係があることを仮定してきた。その際、大変指数は、客観的に観察可能な仕事の質と量によって定義された。しかし、「大変指数」における「大変」は、日常的な意味で「仕事が大変」と言うときの「大変」とは必ずしも一致しない。同じ大変指数の仕事でも、もともとの能力が低い人ほど、その本人からすれば（日常的な意味で）「大変」であり、もともとの能力が高い人ほど「楽」であろう。このような（各人の能力に相対的な）「大変」概念を採用すると、④だけでなく、XがYに一方的に「貢献」しているかに見える②や⑤の場合でさえ、実は「大変」なのは、Yのほうである――能力の高いXからみれば楽な（客観的な意味で質が低い）仕事を、Yが乏しい能力を振り絞ってやっているといった事態を想像された

い――ということも十分ありうる。人は、それを「搾取」と言うかもしれない。

これとは逆の事例も想像することができる。②や⑤の場合、実はYがXを「搾取」しているのかもしれない（後述第5章85も参照）。ロールズは、XがYよりも高い所得を与えられるべき根拠として、次のようなものを挙げている[26]。第一に、高い所得が与えられるような職は一般に、それを行うために高い能力・技能とそれを身につけるために教育・訓練が必要であるから、そのための費用をまかなうため。第二に、そのような高い能力・技能をもった人材を社会的総生産増大のために必要な部署に引きつけるため。第三に、労働のインセンティブを与えるためである。

他方で、OP曲線の背後にある協働のルールによって分配される所得は、費用を控除した厳密な意味での所得ではなく、費用を無視した所得である。このことは、今触れた高所得付与の第一の根拠から明らかである。そうすると、教育訓練費用が非常に高い場合、名目上高い所得を受け取っても、費用を控除した厳密な所得でみると、名目上の高所得者が実質上の低所得者で、名目上の低所得者が実質上の高所得者である、ということも十分ありうる。

72. ロールズによる「貢献」の扱い

実際、ロールズはそのような事態を正当化するようなこともものべている。第2章ですでに紹介したように（36の『再説』からの引用文章〔本書62-63頁〕ならびに39の『正義論』改訂版からの引用文章中最後の二文〔本書71頁〕およびその後に続く本文の叙述参照）、ロールズによれば、高所得者が高所得を得ることができるのは、訓練すれば高所得の職につけるような潜在能力を生まれつきもっているからこそであり、それをみずから訓練・教育して実現するチャンスが与えられているということだけでも、そのような潜在能力がないがゆえに低所得に甘んじざるをえない者に比べれば、すでに十分利益を得ている（これは、この利益 advantage ――人生における選択肢の幅がより広いという

---

[26] R, 63 and 77, 『再説』108頁、135頁。前者は、前述第2章30における『再説』からの引用文章第1段落、本書49頁に含まれている。

こと——を所得に加算せよ、というロールズの要求と解釈することもできる）。そ
れゆえ、その能力を発揮して、社会に、とくに最低所得者層の利益のために
貢・献・することは、むしろやってしかるべきことだとされる[27]。

　しかし、これに対して、高所得者のなかには、「たしかに自分は他の人に
はない潜在能力を幸運にも授かったため、高度の技能を身につけ、今の高収
入を得ることができたのかもしれない。だが、そのために私は、ほかの人々
が遊んでいる時間も寸暇を惜しんで勉強と努力に勤しんだのだ」（努力や機
会費用も勘案してくれという要求）と反発する人もいるかもしれない。そのよ
うな人には、前述の高所得分配の第二、第三の根拠も、苦労して高い能力を
身につけた名目上の高所得者をだまして、できるだけ働かせるための方策に
しか見えないであろう。

　このように、「貢献」ということを言い出すと、きりがないのである。だ
れがだれにどれだけ「貢献」したのかということは、客観的な計測および比
較が可能で適用しやすい「貢献」概念——たとえば労働時間——を便・宜・的・に・
採用しないかぎり、実際には、ほとんど判定不可能である。

　実際、ロールズも、そのことはよくわかっているようである。すでに前述
第２章44で『再説』から引用した文章[28]（本書81頁）にあるように、ロール
ズは、現実の（名目上の）所得分配を客観的に計測することは容易である
が、それが本当に（格差原理に由来するところの）「正義」にかなっているか
どうかの判定がむずかしいことを認めた上で、現実の分配率が、格差原理
（およびそれに先行する二つの正義原理）にのっとってあらかじめ定められた
ルールに各市民が依拠して協働した結果、つまり、この意味で「純粋な背景
的手続的正義[29]」に従う結果であるかぎり、格差原理は原則として——実際
の分配率が、当該社会の構成員が熟考の上正義に反すると判断するようなも

27　*R*, 76 and 124,『再説』133頁、218-219頁。前者は、前述第２章**36**における『再説』
　　からの引用文、本書62-63頁に含まれている。
28　*R*, 68,『再説』117-118頁。
29　*R*, 50, 51 n. 16, 54 and 68,『再説』87頁、88頁、367頁注16（「背景的」という言葉
　　が『正義論』では使われていなかったという注釈）、93頁、117頁。前述第２章**42**およ
　　び同注130も参照されたい。

のである場合は別だが——それをそのまま承認する、としている。なぜなら、格差原理にとって重要なのは、人々への現実の「分配率だけではなく、分け前を受け取る人々が、生まれつきの才能を訓練し教育し、また、それを公正な社会的協働システムの内部で働かせることを通じて、他の人々の善に適切な貢献をしたかどうか[30]」だからである、とされる。

しかし、これはほとんど説明になっていない。格差原理にとって本質的なものは「他の人々の善〔＝「所得」〕へ貢献したかどうか」であるとしつつ、貢献度を実際に判定することがほとんど不可能であるというのであれば、結局、格差原理の内容を反映するようなOP曲線を描くことができない、したがって、格差原理にかなう協働のルールも作成することはできない、と言っていることになる。そうだとすれば、OP曲線を使用したロールズの説明は何だったのか。

73. 伝統的な「功績」概念との関係

ロールズは、伝統的な倫理学上の「功績」(desert)概念[31]と、政治的な構想としての「公正としての正義」における「功績」概念との異同を論じる文脈[32]で、後者の功績概念が、包括的道徳に依拠する前者の功績概念と異なることを強調している。そこで、直接に問題にされているのは「功績」であるが、今問題にしている「貢献」は、それと同一のカテゴリーに属するものとみてよい。

ロールズによれば、倫理学者がいう「功績」が何を意味するかは、包括的教説によってさまざまであるから、政治的な正義構想の一部としての格差原理は、その種の「功績」概念を採用することはできない。たしかに、格差原理についても、所得は「功績」に応じて分配されるべきであると言うことができるが、その場合の「功績に応じて」は、何らかの包括的道徳的教説に依拠する「功績に応じて」ではなく、単に、格差原理に従う協働のルールによ

30　R, 68,『再説』117頁。
31　さしあたり、亀本『法哲学』（前掲第1章注48）497-512頁、518-522頁参照。
32　R, §20. 亀本『法哲学』（前掲注31）487-488頁も参照されたい。

って定められた仕事を規定どおりに行った者には規定どおりの賃金が支払われるべきである、ということしか意味しない。

しかし、格差原理の適用の結果成立するルールによって定義される「功績」ないし「貢献」と、互恵性すなわち相互貢献を本質的要素とする格差原理の内容そのものに含まれる「貢献」とはレベルが異なるものである。後者の「貢献」概念を何らかの仕方で——しかも包括的教説に依存せずに——定義しないかぎり、格差原理と互恵性を結びつけることはできない。ロールズは次のように述べている[33]。

> ……協働のスキームを定める公知の諸ルールを離れて、正統な期待もしくは権原の基準は存在しない。正統な期待と権原は、（公正としての正義においては）つねにそれらのルールに基づいているのである。ここではもちろん、それらのルールが正義の二原理に従うものであることを仮定している。

この記述は、貢献の二つのレベルの区別に対応しており、誤りではない。しかし、私が問うているのは、「仮定」されている格差原理の充足において問題になる「貢献」および互恵性の中身なのである。これに回答できないかぎりは、格差原理はルール作成の指針となりえない。だが、ロールズは、恵まれた人（またはその所得の増大）が恵まれない人（またはその所得の増大）へ貢献することを求めているにもかかわらず、結局、それに対する回答を与えていないように思われる。

第4節　格差原理と互恵性の結びつけ方

74. 原点と比べた相互利益

OP曲線によって、「貢献」ということを説明できず、したがって、互恵性も説明できないという嫌疑の立証は、これで十分だろう。結局、ロールズの考えにかかわらず、格差原理Ⅱ（OP曲線の傾き右上がり）によって互恵性を説明することはできない。そうだとすると、ロールズに残された選択肢

---

[33] R, 72, 『再説』125頁。訳文は若干変更した。圏点は亀本による。

は、格差原理と互恵性の結びつきを否定するか、OP 曲線による格差原理の説明を放棄し、その説明とは独立に何らかの仕方で互恵性観念を格差原理に組み込むか、そのいずれかであろう。後述する理由から、ロールズはみずからの正義構想を維持しようとするかぎり、格差原理と互恵性の結びつきを否定することができない。したがってまず、後者の選択肢を検討しよう。

　OP 曲線の傾き右上がりという説明を放棄してなお、互恵性を格差原理に組み込む一つのやり方は、OP 曲線上の点相互の限界的比較[34]、つまり各点の傾きの比較を断念し、比較を、原点 O と任意の協働点（分配点でもある）とのそれに限るという方法である。原点と比べれば、45度線と横軸に挟まれた空間上の任意の点（ただし横軸上の点は除く）は、相互利益にかなった点である。そうすると、互恵性は相互利益と同一視され、原点 O と比べればどの点も、お互いに利益となっている、そして、そのかぎりで互恵的であることになる[35]。これは、いわば格差原理 II の「堕落形態」である。これに、最低所得者層の所得を最大にするように分配するべしという要求（格差原理 I）が加わることにより、格差原理は一応、完結する。

　だが、この考え方には欠陥がある。第一に、前節で説明したところからもわかるように、相互利益は相互貢献と同じではないということである。「貢献」は、「何かをした」ことについて語るべき言葉であるが、「利益」という場合、それは天から降ってきたものでもよいのである。したがって、相互利益と相互貢献とは厳に区別しなければならない。しかし、ロールズにおいては、この区別が曖昧であり、ほとんど同じ意味であるかのような使い方をすること[36]のほうが圧倒的に多い（その一つの原因については後述**79**参照）。すで

34　*TJ*, 104/89rev.,『正義論』141頁に、「恵まれた人々から恵まれない人々の福利への限界貢献（marginal contributions）がマイナスの領域を社会は避けるよう努めるべきである」とある。もちろん、この文は、OP 曲線上の点 D より右の領域（＝傾き右下がりの区間）に入るな、ということである（前述第 2 章**35**参照）。

35　これは、原点を基準点とした場合の相互利益であり、同じく相互利益であっても、各点の傾きを問題にする、前掲表 3 の「弱い互恵性」とは微妙に異なることに注意されたい。

36　たとえば、*TJ*, 102/88rev.,『正義論』138頁。前掲第 2 章注104で挙げた箇所に対応する本文（61頁）中の引用文章第二文である。

に何度も参照した次の文[37] では、明確に区別しているにもかかわらず。

> 互恵性は、公平性——これは利他的である——と、相互利益との間に位置する道徳的観念である。

第二の、より重大な欠陥は、『再説』で強調される互恵性があくまで（本来の）格差原理Ⅱ（OP 曲線の傾き右上がり——これは点相互の限界的比較に基づく）に含まれるものであるということとの関係で生じる。したがって、互恵性を、〈原点と比較した相互利益プラス格差原理Ⅰ〉と結びつける見解は、ロールズの意図にそうものではないように思われる。

75. ロールズによる互恵性の説明の難点

これまでは、格差原理がそのⅠとⅡという二つの意味を含み、ロールズはⅡの意味から互恵性を説明しようとしている、という比較的わかりやすい解釈にもとづいて考察を展開してきた。だが、ロールズのテキストの論述は、実はもっとわかりにくい。「互恵性」に注目しつつ、ここで改めて、それを取り上げておこう。ロールズは、OP 曲線の参照を促しつつ、次のようにのべている[38]。

> ……平等分配を原点〔benchmark〕として、より多く獲得する〔gain〕人々がそれを獲得してよいのは、より少なく獲得する人々、とりわけ最も少なく獲得する人々にとって受け容れることができる条件[39] がみたされているときである。……われわれは、平等分配を出発点として、これに互恵性の観念を結びつけることによって格差原理を手にする。この原理は、……OP 曲線上の最高点を選ぶ。

この文章は、なかなかに解釈がむずかしい。「より多く（少なく）獲得する」とは、何のことを言っているのだろうか。OP 曲線上の点の傾きを問題

37　*R*, 77, 『再説』133頁。前述第 2 章**36**の引用文章の最後の下線部（本書63頁）。
38　*R*, 123, 『再説』216頁。訳文は若干変更した。
39　前述第 2 章**35**で取り上げた互恵性条件のことである。とくに、同注103も参照されたい。

にする格差原理Ⅱの考え方からすれば、各点での変化率（＝限界的分配比）のことをさすように思われるが、前掲図14（129頁）のような曲線（傾きが45度より大きい点が含まれ、そのような点で「より多く獲得する」のはXではなくYである）も格差原理Ⅱ（点における傾きが正であることを要求する）には反しないから、「より多く獲得する者」がつねにXをさすという素直な解釈に立てば、そのような理解は間違いであろう。したがって、「より多く（少なく）獲得する」とは、最低所得最大点もしくは各点において、原点から測って、という意味であろう。この解釈はまた、「平等分配を原点として」という表現を素直に受け取ることからも出てこよう。

　そうだとすると、XとYの所得の増加（または減少）が相伴うという格差原理Ⅱの意味は、ロールズはそのような言い方をしばしばするにもかかわらず、どうでもよい、ということになりそうである。そうだとすると、各点での傾きを問題にしてきた私の格差原理Ⅱという解釈は実は誤りで、原点と各点を結ぶ直線の傾きが右上がりであればそれでよい、ということになりそうである。これは結局、前項74でのべた「原点と比べた相互利益」と同じ考え方である。そのいくつかの欠陥についてはすでに触れたが、正義の領域と不正義の領域を区別できない（前述第2章34および41、本章69参照）という弱点もある。

　それどころか、上の引用文章では、互恵性の実体的内容については何ら説明されていない。その代わり、「最も少なく獲得する人々が受け容れることができるかどうか」という別の基準が外から導入されている。それは、原初状態という思考実験において自由で平等な市民としての「われわれ」を代表する当事者がそのような基準を採用するだろうということであって、「われわれの熟慮した確信[40]」から独立に基準を導入しているわけではない、とロールズは弁明するかもしれない。

　しかし、少なくともそれは、「原初状態の当事者は、相互の利益に無関心に、自己の利益の増大のみをめざす[41]」という原初状態の規定に反するよう

---

[40]　*R*, 18, 『再説』30頁、*TJ*, 19/17rev., 『正義論』28頁。前掲第3章注15も参照。

第4節　格差原理と互恵性の結びつけ方　149

に思われる。格差原理Ⅰならば、この規定と明らかに両立する。しかし、互恵性は、自分の貢献に比べて相手が自分にどれだけ貢献してくれたかがまったくわからずに、つまり、相手との比較なしに――比較の基準やその厳密さについてはここでは問う必要はない――当事者によって感知されることはできない。だがこれは、原初状態の規定を修正すれば切り抜けられる――もっとも、妬みの感情を排除しつつ[42]、相手の貢献量は気にする、というのはかなり不自然な仮定ではあるが――かもしれないから、ここでは問わないことにしよう。

　いずれにせよ、「最も少なく獲得する者が受け容れることができる」という基準によって、互恵性の・内・容・を説明することはできない。その者は、相手が・一・方・的・に――つまり・互・恵・的でなく――貢献してくれた結果、あるいは、そのようなことは気にせず、ともかく自分の取り分が増えさえすれば、それを受け容れることも大いにあるであろう。

76. 立場の互換性

　以上のような私のロールズ解釈が正しいとすれば、「互恵性」は、どのように理解すればよいのだろうか。まず、第一の方策として、それを「立場の互換可能性」の一種として理解するというものが考えられる。ロールズははっきりとはのべていないが、おそらく、互恵性を感得できる人々は、次のような考え方をすると思っているのであろう。すなわち、現在の社会では、自分はたまたま最貧困層に属しているが、〈原点と比べた相互利益（格差原理Ⅱの堕落形態）プラス格差原理Ⅰ〉によって可能なかぎり高い所得を保障されており、それはより所得の高い人々の協力なしには不可能なものである。そ・の・お・返・し・として[43]、自分も協働に参与するし、また、自分の所得がもし高

41　R, 87,『再説』155-156頁、および TJ, 144/125rev.,『正義論』195頁　から要約した。
42　R, 87,『再説』155-156頁、TJ, 143-144/124rev.,『正義論』193-194頁。
43　前掲注19で触れた「同じもので応答する」心理的傾向をさすものである。だが、ロールズは、互恵性と報恩とを区別しているので、このような解釈でよいか自信がない。

かったとしたら（あるいは、これからそうなったとしたら）同様に協力するであろう、と。

本章第3節でのべたところからわかるように、ここにも、・実・体・的・な・貢・献・概・念は含まれていない。漠然たる相互貢献の思いがあるだけである。何らかの実体的な貢献の認識と無関係に、浅はかさやお人よしといった性格のために、そのような感情が生じることも大いにありそうである。「漠然たる相互貢献」の思いが生じるのに最大限可能な条件は、最低所得の最大化ということであるが、それで十分だろうか。たとえば、額に汗して働いている低所得者は、それが現下の条件下で最高の所得だと言われたとしても、マネーゲームに耽っている高所得者をみて、互恵性を感じるであろうか。

もちろん、ロールズは、そのような事態は格差原理に先行する他の二原理が充足されているかぎり実際には生じない、と反論するだろう（前述第2章44参照）。しかし、そうだとしても、格差原理Ⅱが厳密な意味での互恵性（＝「お互いに貢献する」）の観念を含まず、せいぜい格差原理Ⅰに依拠して、互恵性を立場の互換可能性あるいは「漠然たる相互貢献」としてしか把握できないとすれば、格差原理は、ロールズがそれが生じるのを避けたいと思っているところの虚偽意識[44]を生み出さないと言えるのであろうか。

77．利他主義的互恵性

互恵性の観念を生かすにはどうすればよいのだろうか。互恵性を格差原理に含ませるもう一つの方法は、主観的な貢献判断でもよいから、ともかく社会的協働生産に貢献せよという利他主義の道徳を格差原理に忍び込ませる・か、あるいは、そのような内容になるように定式化の明示的な変更を行うかであろう。その場合、互恵性は一方的な利他性を要求するものではないというロールズの主張と整合させるために、その利他性は相手も同様に利他的であるという条件で発揮されるべきものである、という注釈も付加する必要があろう（相手にも利他主義を要求することが「利他主義」の概念と矛盾しないの

---

[44] R, 121,『再説』213頁。

かという疑問はあるが、その点は不問にし[45]、このような互恵性の捉え方を「利他主義的互恵性」とよぶことにする)。いずれにせよ、OP 曲線および格差原理Ⅱは捨てねばならない。

ところで、ロールズはなぜ OP 曲線による互恵性の説明に執着しているのであろうか。次に、その原因の一つを探ってみたい。

78. OP 曲線の解釈の変更と最低労働技能者

ロールズは、『正義論』においても[46]、図1と同様なグラフを用いて格差原理の説明を行っている。しかし、注意するべきことに、第2章**41**および**42**ですでに触れたように、そこでは、『再説』におけるのと OP 曲線の意味が異なっていたのである（この問題は後述第6章で改めて取り上げる）。ロールズ自身は、そのことをおそらく知っているのだが、読者には注意を喚起していない。

最も重大な違いは、『正義論』において貢献曲線（＝OP 曲線）上の点は、Xの職とYの職のペアに対応しているのではなく、協働のスキームに対応していたということにある。したがって、貢献曲線の「貢献」とは、協働のスキームまたはそれが定める所得の不平等が低所得者の所得増加に「貢献する」という意味である。その曲線については、いろいろな解釈が可能であろうが、最も単純な解釈は次のようなものであろう。すなわち、その曲線は、全員の職業一定——正確には大変指数一定——として、協働の組織化の仕方その他の改善による生産効率の上昇に応じた総生産の増加とその分配を表す、という解釈である。

これに対して、『再説』では、異なる協働スキームは、異なる分配曲線によって表され、格差原理は最低所得最大点が最も高い OP 曲線上の最低所得最大点を選ぶものとされている（前述第2章**32**参照）。第2章**42**ですでにのべ

---

[45] たとえば、ここで「利他主義的」とよぶのは、相手方の利他性の欠如の感得がある閾値をこえるまでは自分の利他主義は放棄しないが、閾値をこえれば利他主義を放棄する立場、とでも理解すればよい。

[46] *TJ*, 76-80/65-70rev., 『正義論』102-110頁。

たように、そこでは、OP曲線は職業選択の自由と両立する。

これに対して、『正義論』の曲線では、最低所得者に職業選択の自由はない。正確にいえば、職業を選択するという事態は考慮されていない。『再説』の曲線理解のほうが一見すぐれているようにも見えるが、『正義論』の曲線理解も、これはこれで筋の通った考え方である。というのは、最低所得者、正確には「最も恵まれない人」とはどのような人か、ということがより明確になるからである。ロールズははっきりとは説明してくれていないが、それは、最低の労働技能しかない人、換言すれば、他の人々が余分にもっているような生産技能を何一つもっていない人、と定義するのが最もわかりやすい。そもそも、『再説』におけるロールズのように、恵まれるか恵まれないかを「生涯期待所得」によって定義しつつ、期待を抱くことのできる本当の根拠を明示しないのは混乱を招く説明である。最低の期待しか抱くことができないのは、今定義した意味での「最低労働技能者」である[47]。

『正義論』におけるOP曲線は、協働の生産効率の変化に応じて、各人の大変指数と独立に変化するのであるから、最低労働技能者の所得が最も高い協働スキームが、格差原理からみて最善とされるのは当然である。そこには、本章で追求してきたような意味での互恵性の観念の入る余地はない。点Dは、各人の大変指数と独立に、したがって貢献と独立に、もっぱら格差原理Iによって特定されるのであるから。

79. パレート効率概念からの悪影響

これに対して『再説』では、点Dは、「〔パレート〕効率性の要求と平等の要求の間の自然な焦点」、あるいは「平等を表す……45度線に最も近いパレート効率点」[48]と位置づけられる（前述第2章33参照）。だが、ロールズ自身よくわかっているように、生産効率にいう「効率」は、能率と言い換えてもよいもの──ロールズは、これを表すのに（Pareto）efficientと区別してeffectiveという場合もあるが、パレート改善をeffectiveで表しているよう

47　Parijs, "Difference Principles"（前掲第2章注34）p. 215参照。
48　*R*, 123,『再説』217頁。訳文は、ごくわずか変更した。

第4節　格差原理と互恵性の結びつけ方　153

に見える場合もある[49]——であり、パレート効率とは意味が異なる。点Dについて、平等との関係に言及する説明が誤解を招きやすく、不適切であることについてはくり返さない。

　『正義論』における曲線についても、OD間の右上向きの移動がパレート改善であり、Dから右下の点の集合がすべてパレート最適点である点では、『再説』のOP曲線と同じである。しかし、いずれにせよ、パレート効率の概念を引きずったままである[50]という点が最大の問題なのである。

　ロールズは、『正義論』において、社会的厚生の最大化を追究する厚生経済学を応用して、基本善指数が最低の者の指数が最大になるとき社会的厚生ならぬ、いわば「社会的正義」が最大になる関数、すなわち等正義線群を発明し、これによって格差原理の説明を試みた。だが、そうしたアナロジーでは、互恵性が説明しにくいことに気づき、『再説』では、OP曲線の背後に生産があることを強調するとともに曲線自体の解釈も変更した。生産があれば、その背後には、協働的労働があり、当然、相互貢献もあるはずだから、互恵性も説明できると考えた。ロールズは、このような思考過程を（少なくとも無意識的に）たどったのではあるまいか。

　しかし、パレート改善は、利益の変化によって定義されるもので、貢献によって定義されるものではない。さらに、利益（または所得）の変化率——OP曲線上の点の傾きに対応する——と、トータルの利益（または所得）——原点から測った各人の利益・所得——とを峻別しないロールズの思考法が、混乱に拍車をかけている。そして、最も重大な難点は、格差原理Ⅱにおいては、前述**71**で細かく検討したように、貢献と所得の相関が不分明であるから、互恵性の概念も不分明のままであるということにある。

49　*R*, 123 and 125,『再説』216頁、220頁。あまりはっきりしない。前掲第2章注102も参照されたい。
50　ロールズにおいて、全員——正確には全階層——の改善を要求する「弱い互恵性」と、改悪される人がいなければ、少なくとも一人が改善されればよい「パレート改善」との区別がしばしば不明確であること（前述第2章**33**参照）も、その一帰結であると思われる。

80. 立法指針としての格差原理の可能性

これまでの考察からすると、互恵性の観念を格差原理に含ませるためには、「利他主義的互恵性」（前述77）とでもいうべき互恵性観念を、OP曲線による格差原理IIの説明とは無関係に外から挿入するしかなさそうである。

ところで、「公正としての正義」において、互恵性は、格差原理のみにかかわるものではなく、むしろその正義の構想全体にかかわるものと言ってよい。ロールズがいう「秩序だった社会」（前述第3章52参照）、したがって、正義原理に自分も他人も従うだろうということが相互に認識されている社会では、正義感覚の能力をもつ各市民が互恵性の観念を奉じるであろうことはかなり確実であり、これは、正義原理として格差原理は採用されていないが、平等な自由原理と公正な機会均等原理は働いている社会においてもある程度可能であろう。

しかし、残念ながら、ロールズは、格差原理と互恵性の不可分の結びつきを放棄することができない（前述第3章61参照）。というのも、前章で説明したように、ロールズは、ミニマム保障付き平均効用原理に格差原理が勝利する最大の原因を、後者が互恵性の観念を含むということに求めているからである。

前章で紹介した『再説』におけるその議論を、その要点だけくり返しておこう[51]。平等な自由、公正な機会均等、ミニマム保障という制約があるとはいえ、平均効用原理では、それらさえみたされれば、あとは強者が弱者を犠牲にして社会的経済的利益をほしいままにすることが許される。それでは弱者は、正義原理に従う気がしなくなるであろうし、社会から平等な人格として扱われていないと感じ、社会から撤退し、自己の内または自己のコミットする共同体に引き込もろうとする態度に出るであろう。これこそ、リベラルな政治社会が最も避けねばならない帰結である。これに対して、互恵性の観念を含む格差原理に従う社会は、先行する二原理と格差原理が連携して、（たまたま）弱者である者も平等に尊重しているという態度を表明し、かつ

51　*R*, §§ 34-40.

第4節　格差原理と互恵性の結びつけ方　155

実行しているので、そのような事態に陥ることはない。

しかし、何度もくり返すが、格差原理と互恵性の不可分の結びつきは、少なくともロールズのやり方では示すことができない。ロールズがやっているのは、格差原理が私のいう「利他主義的互恵性」を含意することを十分な論証なしに自明視した上で、それが社会の構成員に知られることを通じて、格差原理を含む正義の二原理は、それ自身への支持を生み出すであろう、そして、この安定性という点で、格差原理に代えてミニマム保障付き平均効用原理をおく正義原理よりはるかにすぐれている、ということにすぎないのではないか。そのイデオロギー性を不問に付すとしても、ロールズみずからが格差原理に与えたもう一つの役割、立法の指針としての役割を真剣に取り上げていないように思われる。

格差原理を立法指針として使用するためには、格差原理 II との関連づけを断念するかどうかは別にして、とにかく、協働ルールによって定められた仕事を果たすという意味での貢献と区別される、協働ルールを作るための貢献ないし互恵性の観念を何らかの仕方で定義しなければならない。しかも、その互恵性観念は、「政治的リベラリズム」のもとでは、包括的な道徳によってではなく、「政治的な」観点から正当化されなければならない。

『再説』においては、『正義論』においてかつてロールズがやったような、基本構造だけでなく行為の正をも原初状態モデルによって正当化するという方法[52]は放棄されたようにも見える[53]。互恵性を、基本構造の問題として、しかもロールズがやった以外の何らかの仕方で格差原理に関連づけて正当化するにはどうすればよいのか。ここでは、これらのむずかしい課題の指摘にとどめ、その検討は別の機会に譲りたい。

81．需要のない仕事がしたい人はどうなるのか

最後に、公正な機会均等原理と格差原理の関係にまつわる一つの疑問を提示して本章を終えたい。

52　*TJ*, 17/15rev. and 333/293rev.,『正義論』24頁、441頁。
53　*R*, xvii,『再説』xi-xii 頁。

公正な機会均等原理の要求が完全に実現されたとしたら、そしてそれに加え、各人がその機会を社会的協働生産において完全に利用したとしたら、なお残る期待所得の格差は、生まれつきの能力の格差に圧倒的に依存するように思われる。運・不運の影響は、社会階層単位で考える場合、その平均所得に注目すればよいから捨象して考えてよかろう[54]。

　公正な機会均等が完全に保障されるなどということは現実には考えられないが、もしそのようなことが起これば、多くの不満は取り除かれ、格差原理を俟たなくても、正義原理への支持は十分獲得できそうである。しかし、公正な機会均等がたとえ完全に保障されたとしても、しかも、各人の生得能力が同一であったとしても、なお現実の所得格差は残るのである。能力は、他人に買ってもらわなくては、金にはならない。この問題を、別種の能力や運、または両者の混合物に還元するのは、扱い方が粗雑にすぎる。

　各人の善の構想は人それぞれであり、それが他の人々の善の構想と衝突しないかぎり最大限尊重するというのが、すべてのリベラリズムに共通する大前提である。ともかく怠けてすごしたいという人は度外視するとして、他人からみれば十分な労働能力をもっているのに、一銭にもならないとしてもオペラ[55]を、しかも他人からすれば雑音に近い声で一生歌ってすごしたいという人もいるだろう。そのような人に、格差原理は何を約束してくれるのだろうか。

54　Parijs（前掲注47），p. 216参照。
55　ロールズは、収入の多さが結託の証拠にならないことを例証する文脈で次のようにのべている。「オペラ歌手の所得は〔高額だが〕、自由な需給関係によって大幅に決定されているように思われる。……彼らは、一生懸命仕事をしており、われわれに喜びを与えてくれる。これに対して、医者は大きな集団であり、万一、公正な機会を保障する競争的な背景諸制度が医者や類似の職業について適切に働かないようなことがあれば、われわれは、競争の諸制度の失敗の原因を突き止め、先行する原理と整合する範囲で、それを作り直さなければならないだろう。……」（R, 67 n. 35,『再説』370頁）。これを偏見と思うのは私だけだろうか。

第5章　立法指針としての格差原理

　先に第2章22でのべたように、格差原理をめぐる問題の第四に、「格差原理はどのような手段で社会的経済的基本善の分配を行うのか」という問題がある。その具体策を考える前に、そもそも、格差原理はその要求の実現をめざす法律の立法指針としてどのように働くのか、これを考えておく必要があるように思われる。

　ロールズ自身、格差原理を基本的正義に関する法律の立法指針として位置づけている（前述第2章20参照）。にもかかわらず、前章80で示唆したように、ロールズは、格差原理の立法指針としての役割について真剣に考えているとは思われない。第一原理に含まれる各種の自由権についてならば、政府が侵害してはならない、あるいは保護するべき若干の「自由」を憲法の人権規定のなかに掲げておくだけでも、立法や行政の指針として相当程度働くであろう。しかし、社会経済政策にかかわる複雑きわまる問題について、「最も恵まれない人々に最も有利に」というスローガンを掲げておくだけで、それが立法指針として十分に働くとは思えない。

　ロールズは、平均効用最大化原理に比べて格差原理がいかにすぐれているかという問いに対しては、各所で自分の主張にとって都合のよい事実諸条件を仮定した上で、執拗なまでの正当化を展開しているが、それと対照的に、社会の基本構造における分配スキームとしてどのようなルールを制定すればよいかという問題については、格差原理に立法指針という役割を与えているにもかかわらず、詳しくは語っていない。あたかも、上のレベルでの正当化が十分果たされたなら、その使用方法はおのずから明らかになると考えているかのようである。しかし、そのレベルでの格差原理の正当化と、立法レベルでの使用方法とは、独立の問題である。

　また、格差原理がどのような立法・政策として実現される可能性があるの

158　第5章　立法指針としての格差原理

かということを度外視する正当化は、空虚であるように思われる。完璧に理想的な原初状態のもとで、道徳的に完全な人の反省的均衡において到達された正義原理は、それが現実に使えることを意味しない。もちろん、立法指針として、平均効用最大化原理にまさっていることも意味しない。（念のため断わっておくが、政治哲学はそこまで考える必要はないという見方も十分成立するから、私は、政治哲学者としてのロールズを非難するつもりは全然ない。格差原理のこのような取り上げ方は、法哲学者としての私の興味の一つにすぎない。）

　本章では、前章までの検討成果を適宜援用しつつ、格差原理にかなった分配ルールを作成するにはどうすればよいか、という問題に焦点を絞って、立法指針としての格差原理の使用可能性について考察してみたい。

第1節　恵まれた人からの搾取

82. OP曲線と格差原理

　図13には二つの曲線が描かれている。まずは、曲線OPのほうに注目していただきたい。それについては、すでに何度も説明したが、必要最小限くり返しておこう（より詳しくは、前述第2章第3節、第3章**55**および第4章**63**参照）。

　ロールズは、格差原理の要点をできるだけ単純に説明するため、それによる分配の規制対象である社会的経済的基本善の代理変数として「所得」（生涯期待所得）をとり、その上で、社会階層を「所得」で二分して考えている。座標の横軸には、より恵まれた（＝所得が多い）集団の代表Xの所得が、縦軸には、より恵まれない（＝所得が少ない）集団の代表Yの所得がとられている。OP曲線は、一つの社会的協働のスキームに対応しており、このスキームには、どの仕事をすればどれだけの所得[1]がもらえるかをあらかじめ定める一覧表が含まれている。OP曲線上の各点は、直接には、Xの所得とYの所得のペアを表すが、それぞれの所得はそれぞれの仕事に応じて

---

[1] ただし、それを得るための費用は勘案されていない。前述第4章**71**最終段落参照。

第1節　恵まれた人からの搾取　159

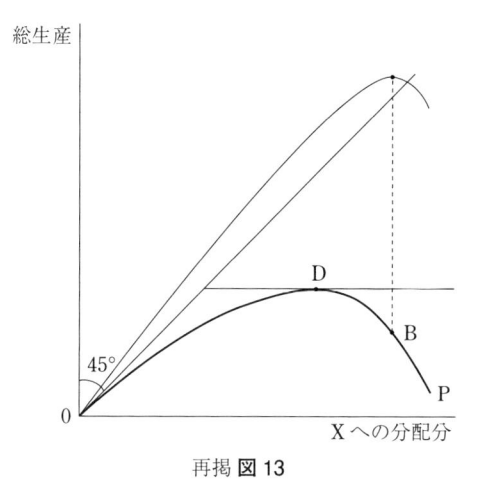

再掲 図 13

支払われるから、それは正確には、Xの仕事および所得と、Yの仕事および所得のペアに対応するものと考えたほうがよい。

　格差原理は、最も恵まれない人々、この場合はYの所得ができるだけ大きくなるような仕事の分担および所得の分配をよしとする。OP曲線上の点Dがその要求を最もよくみたす点である。格差原理にかなった分配ルールを作るには、ともかくも、OP曲線のようなものを描くことができなければならない。

83. 生産曲線としての OP 曲線

　ルールとしてのOP曲線が成立するためには、それに見合う生産が実際に行われていなければならない。前章までの論述においてすでに何度か指摘したように（第2章30および38ならびに第4章63参照）、OP曲線の背後では、稼ぐ能力に恵まれた人々が所得の上昇につられて、総生産の増大に、より貢献するような仕事に就くようになる、そしてその結果、増大した総生産から彼らの取り分をとった残りが前よりも多い所得として、低所得者に分配されるというインセンティブ・メカニズムが働いているのである。このインセンティブ関数を表すのが、図13のもう一つの曲線である。この生産（可能性）曲

線が原因となって、事実としてのOP曲線が成立するのである。そのかぎりで、OP曲線は、生産曲線を間接的に表すものとみなすことができる。

今、単純化のため、社会的協働生産がXとYの二人だけによってなされると仮定すると、総生産自体は、点Dより右下の、接線の傾きが右斜め下方向に45度（傾きマイナス1）の曲線上の点B（ロールズのいう「ベンサム点」）で最大となる。ロールズが格差原理の対抗馬とみなす平均効用最大化原理は、まさにその点を最善とするものである。これに対して、格差原理は、点Bでは、Yの所得が点Dにおけるより低いので、それを許容しない。

84. 総生産の増大がもっぱら恵まれた人の労働に起因するとした場合のOP曲線の解釈

ロールズは、総生産の増大が、高い労働技能をもった人、つまり恵まれた人Xにほとんどもっぱら依存しており、Xがより高い賃金に見合った労働を行うことにより、Yの所得の増大も可能になると考えているかのようである（前述第2章39および第4章71参照）。その根拠となりうる文章を二つほど引用しておこう[2]。

　　したがって、格差原理は、恵まれた人と恵まれない人がともに受け容れうるものであるべきである。相互利益 (mutual benefit) の原理は、恵まれた個人の利得の増分の各々 (each increment of gain) に対して適用される。その個人の状態を改善するいわば1単位の増加は、それが最も恵まれない人の期待に貢献するかぎりで許される〔OP曲線でいえば、その曲線上の点の傾きが右上がりということ〕。互恵性の原理は、このプロセスのすべての段階で適用される[3]。

---

[2] *R*, 64, 70 and 125,『再説』110頁、121頁、220頁も参照。前掲第4章注25も参照。

[3] 　目下の関心の焦点ではないが、この文章は、相互利益の原理がトータルの利益についても、限界的利益についても適用可能であり、互恵性の原理（OP曲線上の点の傾き右上がり）が、相互利益の原理の一つの応用であることを言っている、と解釈することができる。前章で展開した互恵性についての私の解釈（とくに格差原理IIと、原点と比べた相互利益あるいは「格差原理IIの堕落形態」）が、ロールズの意図からしても、それほど間違っていないことを示す証拠の一例である。

恵まれた人の利得の増加は、相互利益が止むまで〔同じく点Dまで〕続く。[4]
(「分配的正義 補遺」1968年)

　……社会は、恵まれた人々の恵まれない人々の福利への限界的貢献がマイナス〔OP曲線上の点の傾き右下がり〕である区間を避けるよう努めるべきである。社会は、貢献曲線が右上がりの部分（もちろん最高点も含む）に留まるべきである。曲線のその部分では、相互利益の基準がつねにみたされている。[5]
(『正義論』初版、1971年)

両文章でロールズがのべているのは、要するに、恵まれた人が自分の状況を改善する、つまり限界的な利得を得ることを許されるのは、それが恵まれない人の状況の改善に貢献するかぎりであるということである。この文の主語は「恵まれた人」であり、あたかも、総生産の限界的増加は、恵まれた人の「貢献」によるのだが、恵まれた人は、それを独り占めしてはならず、その幾分かを恵まれない人に分け与えなければならない、と言っているかのようである。

ロールズの真意はともかく、たしかに、この線でOP曲線を解釈することができる[6]。その場合、恵まれない人すなわち最低労働技能者[7] Yの職種および労働時間は一定不変で、能力のある恵まれた人Xのみが、協働スキームによって提示された賃金の上昇に引かれて、次第に高度の能力を要する「大変な[8]」仕事につく（そしてその結果、総生産が増大する）と仮定してよいことになる。

そして、Xは、自分の働きによって増大した総生産の限界的な増加から少なくとも半分以上を取り、残余をYに分け与えることになる（もちろん、ルールに従えばそうなる、ということであって、Xがそのような分配を自分で行うという意味ではない）。「少なくとも半分以上を」といったのは、OP曲線の

---

[4] *CP*, 170,『公正としての正義』186頁。訳文は変更した。
[5] *TJ*, 104/89rev.,『正義論』141頁。
[6] この解釈に問題がある点については、後掲第6章注42参照。
[7] 前述第4章**78**参照。
[8] その意味については、前述第4章**68**および**71**参照。

OD 間の点では、接線の傾きが45度未満だからである（単純化のため、依然、XとYの二人のみからなる社会を想定している）。接線の傾きは、Y対Xの限界的分配比を表している。

　OP曲線を観察すると、傾きは原点Oから点Dにかけて逓減しており、点Dでは生産の限界的増分の全部がXのものになり、点Dより右下の曲線上の点では、Xは、生産の限界的増分の全部に加えて、Yから幾ばくかさらに取り上げ[9]ないと、自分の仕事の「大変さ」に引き合わないと考えていることになる。ロールズは、そのようなことは、恵まれない人の利益を犠牲にして、恵まれた人がより高い所得を得ているから、正義に反し、許されないと言う[10]。

85．恵まれた人からの搾取

　しかし、総生産の増加がもっぱらXの貢献によるものだとしたら、Yを犠牲にするとか、しないとか、そもそも言えるのであろうか。もちろん、協働しているにもかかわらず、生産増加がもっぱら恵まれた能力ある者に依存するという事態は、かなり特殊な状況であろう。にもかかわらず、格差原理は、この状況でも（というよりむしろ、ロールズ自身の叙述から示唆されるところでは、この状況にこそ）妥当するべきものである。その場合、格差原理は、能力ある者をできるだけ働かせて、能力がない者ができるだけ高所得を得られる点を追求するものであるように思われる。日常的な言い回しを使えば、「金持ちからの搾取を奨励する原理」といってよいかもしれない[11]（前述第4章71参照）。

　だからこそ、ロールズは当初から、格差原理の最大の問題は、恵まれた

---

[9] 左上の点から右下の点への移行を考えた場合、「取り上げている」ように見えるが、各点での分配を考えた場合、実際に「取り上げている」わけではない。Yへの分配分が、前の分配点と比べて、より少なくなっているというだけである。

[10] *TJ*, 104/89rev.,『正義論』141頁, *R*, 125,『再説』220頁。前掲第2章注117および118、ならびにそれらに対応する本文も参照されたい。

[11] 井上達夫『共生の作法』（前掲第1章注7）153頁参照。また、同書135頁も合わせて参照されたい。

第1節　恵まれた人からの搾取　163

人々に受け容れられるかどうかということにあると考え[12]、彼らを納得させる根拠として、彼らが生まれつき能力に恵まれているという幸運なポジションにあることと、（それでなくても恵まれているのに）実際に概して高所得であることを挙げている[13]のだろう。

　もちろん、公正であることを誇るロールズの論述の表面には「金持ちからの搾取」などという表現は現れない。むしろ、恵まれた人々と恵まれない人々の間の相互利益とか互恵性[14]という説明がもっぱらである。

　ロールズの著作から、上にのべたのと近い意味で「搾取」（exploit）という用語が使われている例をあえて探せば、格差原理は生まれながらの才能の分配を社会の共有資産とみなすということを説明する文脈で、「諸制度は、諸々の能力の全範囲から搾取することを許される。ただし、結果として生じる不平等が、恵まれない人々の、そうした不平等に見合った利益を生み出すのに必要な程度をこえない限りにおいて。[15]」とのべた箇所くらいである。

　しかし、ロールズは、「搾取」という言葉を逆の文脈で用いるのが普通である。たとえば、「正義の諸原理〔ロールズの正義の二原理、とくに格差原理をさす〕は、世界の偶然事を自分の利益のために搾取するのではなく、生まれながらの才能と社会的チャンスとの偶然的分配を全員の相互利益になる仕方で規制するべきだという、道徳的人格たちの間での了解とみることができる[16]」というふうに。

　ところで、マルクスのいう意味で「搾取」という用語を使用することができるのは、各労働者に「本来帰属するべき報酬」といったものがあると考えられる場合のみである。実際の賃金が、その報酬を上回れば搾取しているこ

12　たとえば、前述第2章**36**（本書61頁）で引用した『正義論』初版の文章中最後の文参照。

13　*CP*, 230；*R*, 76（前述第2章**36**、本書62-63頁で引用した文章の一部), 124,『再説』133頁、218-219頁。

14　たとえば、*CP*, 169-172,『公正としての正義』183-189頁、*TJ*, 102/88rev.,『正義論』138頁、*R*, 124,『再説』218頁。

15　*CP*, 231.

16　*CP*, 175,『公正としての正義』192-193頁。訳文は変更した。

とになり、下回れば搾取されていることになる。

ところが、格差原理には、「本来帰属するべき報酬」という観念が含まれていないのである。それゆえ、前述の「金持ちからの搾取」という理解は、実は誤りである。そこでは、恵まれた人がもっぱら生産増大に貢献したのだから、増加分を全部、本来受け取ってしかるべきであると暗黙裡に仮定されていたからこそ、「搾取」という表現が不適切に思われなかっただけである。

86.「功績」概念と格差原理、功利主義

伝統的な道徳のなかで最もポピュラーな分配原理は、「功績(desert)に応じた分配」という原理である[17]。能力も、実際の功績と強い相関があるから、功績の一種と考えてよい。しかし、いずれにせよ、ロールズは、包括的諸道徳が採用する「功績」概念を拒絶する。というのは、人は、生まれながらの才能にも、たまたま生まれ落ちた社会階層にも「値する」(deserve) とはいえない、と彼は考えるからである[18]（前述第2章21、36および39ならびに第3章55参照）。

ロールズが認める功績概念は、格差原理に従う公共的・公知的ルールによって定められた賃金の仕事をした者は、定められた賃金に対して正統な期待をもつという意味で、その賃金に「値する」という概念だけである[19]。したがって、そうした賃金ルールを作成する際に功績概念を使用することはできない（前述第4章73参照）。

ちなみに、功績概念を使用しないで分配原理を求めるという特徴の点では、格差原理は、ロールズが敵手とみなす功利主義と同様である。功利主義も、社会的厚生の最大化のみを目標とし、各人が生産にどれだけ貢献したかを基礎的な分配基準にはしない。

正義の二原理と功利主義原理との違いは、功績原理とならぶ伝統的な分配

17　亀本『法哲学』（前掲第1章注48）490-522頁参照。
18　*CP*, 165,『公正としての正義』177頁, *CP*, 230 and 246；*TJ*, 102/87rev.,『正義論』137頁、*R*, 74-75,『再説』129頁。
19　*TJ*, 84/74rev. and 88/76rev.,『正義論』116頁、120頁、*R*, 72,『再説』125頁。

原理の一つである「必要に応じた分配」の原理をロールズが基本善というかたちで取り込んでいるのに対して、功利主義は必要原理を直接的には含んでいないという点にある。

必要原理は通常、ミニマムな一定水準を定めるものだが、ロールズのその特定の仕方は少し手が込んでいて、彼は、功利主義に含まれる最大化という発想を最も恵まれない集団の基本善指数に応用して、その最大化を求め、最も恵まれない階層の基本善指数が最大化される点が、ほかならぬ社会的ミニマムとして特定されることになる（前述第3章**59**参照）。

第2節　格差原理にかなったルールを作成するための情報

87．格差原理にかなったルールを作成するために必要な情報

ここで前述**84**の最後に戻って、本章の最初にのべた本章の課題に応じる結論をまとめておこう。格差原理にかなったルールを作成するには、代表的な恵まれた人が、その仕事の大変さの増加による生産の増分のうち半分以上は受け取るが全部を受け取らなくてもその仕事をする用意があると考えるのはいかなる賃金のときか——これはOP曲線の傾きが右上がりの部分を意味する——を探求する必要がある。

単純化のため、平等分配から出発する生産の増大が恵まれた人の働きのみに依存すると仮定すると、その人が生産の限界的増分全部を受け取らないとその仕事はやる気がしないと判断する点が、恵まれない人の所得が最大化される点である。本章では、最も単純なケースとして、所得階層が二分される場合を扱ったが、多数の所得階層間の所得分配に格差原理を応用する場合にも基本的な考え方は変わらない。

88．能力への課税

ロールズは、能力に応じて人頭税をかけることは、高い能力に応じて、それに見合う職業に就くことを事実上強制するから、格差原理に優先する第一原理によって保障されるべき基本的自由を侵害するがゆえに、認められない

と主張している[20]。

　だが、ここで私が示した格差原理の解釈は、・実・質・的・にに能力に人頭税をかけることに等しいと思われる。課税されるのは期待所得ではなく、実際の所得ではあるが、格差原理にかなったルールの・設・計は、能力に応じた期待所得の予想に基づいて行われざるをえないから、その限りでは能力に応じた課税という基本思想を含むものである。

　もちろん、能力のある者が、その人頭税は高すぎると判断すれば、高所得・高課税で生産性の高い職業を回避し、その結果、最低所得者の所得が最大化される点D――正確にいえば、当事者がその選択をするという意味ではD′（前述第4章**69**および図15参照）。以下、Dで代表させることにする。――は、左下方向に移動するであろう。

89．格差原理にかなったルールを作成するために必要な二種類の情報

　結局のところ、点Dの位置は、第一に、恵まれた人が行う仕事の・大・変・さと賃金の相関をその人自身がどう評価するかということ、第二に、その人が社会全体に、とくに恵まれない人々にどれだけ貢献する用意があるかということに依存するように思われる。第一の要素と第二の要素を区別したのは、恵まれた人のなかには、仕事の内容に比べて賃金が安すぎると思っていても、それが恵まれない人のためになるなら仕方がないと考える人もいるかもしれないからである。だが、実際には、恵まれた人の行動――その人がどのような（所得を伴う）職業を選ぶかということ――の観察のみに基づいて、両者を分離することはむずかしいと思われる。

　いずれにせよ、これらふたつの要素が合体して前述（**83**参照）の「インセンティブ関数」を形成するのである。それに関する情報がないと、生産曲線

20　"Some Reasons for the Maximin Criterion"（1974）in *CP*, 231；*R*, 157-158,『再説』276-278頁。*R*, 158,『再説』278頁でロールズは、「生まれつきの才能は自分のものであって社会のものではない」と明言している。また，*R*, 64,『再説』110頁では、「自由の優先は、物質的財の点できわめて生産的な労働に従事することを強制することはできない、ということを意味する。」（前述第2章**37**，本書65-66頁で引用した文章に含まれている）とのべている。

としての OP 曲線を描くことはできない。したがって、ルールとしての OP 曲線も描くことができない。しかし、ロールズ自身は、インセンティブの問題は認識していても、事実としてのインセンティブ関数の探求にはほとんど関心がない。それがわからないと、格差原理は立法指針としては使えないはずであるのに。

90. 格差原理は制度の原理ではない

　ロールズは、結局のところ、恵まれた人々に対して、恵まれない人々に貢献すること——具体的には、所得税が少々高くても、高額所得を稼ぐことをやめないこと——を求めているのである。だが、それをどこまで要求するのか。ロールズは、この点についても語っていないが、格差原理にかなったルールを作成するためには、その種の規範的情報も必要なのである。しかし、要求度が強すぎると、恵まれた人々の一部は、恵まれない集団に入ったほうが得だと考え、高い労働技能を身につける努力を放棄したり、そのような技能を要する大変な仕事につくことをやめたりするであろう。

　しかし、ともかく、恵まれた人の賃金を上下させる経験的な試行錯誤によって、点 D に接近することは可能だと思われる。しかし、それでは、単なる事実問題になってしまい、ロールズが格差原理を立法指針として位置づけているにもかかわらず、規範的指針としての格差原理は、まったく働いていないということになってしまう。

　格差原理に従ってルールを作成することはできない、と結論づけたくなる。格差原理に関するロールズの執拗な説明は、恵まれた人々を説得するためだけのものと言うほかないのだろうか。

　ある意味でそのとおりであろう。だがむしろ、ロールズは、インセンティブ関数の基礎にある第二の要素、すなわち、恵まれた人々が恵まれない人々へ貢献する用意の度合いを、「公正としての正義」を説くことによって上昇させようと、あるいは少なくとも、下降させまいとしているのだと解釈するほうがよいように思われる。この解釈に立てば、ロールズは、OP 曲線に規範的要素を含めている、ということになる。いずれにせよ、それは、立法指

針としての格差原理とは別の事柄である。

　格差原理は、それがロールズの主張どおり互恵性と密接不可分のものであるかぎり、立法指針としては使えない、と結論づけてよいように思われる。格差原理という項目でロールズが主張したさまざまな道徳的内容については、正当化も、その批判も可能である。だが、格差原理は、各人の行動指針とはなりえても、立法指針とはなりえないのであるから、格差原理は、ロールズの説明に反し、制度としての社会の基本構造を規定するものではない。（いうまでもなく、格差原理をロールズの意図を離れて自由に解釈して、立法指針として使うことは可能かつ自由である。）

91．集団と貢献、互恵性

　これまで、『再説』におけるロールズの意図に忠実に、格差原理Ⅱ（OP曲線上の点の傾き右上がり）に含まれる互恵性の意義を重視してきたが、格差原理を前項90で説明したようなロールズの意図を離れ、ともかくも実際の政策指針として使おうとする場合、同項で触れた格差原理Ⅰ（最低所得の最大化）に従った試行錯誤によるルール作成しかないのではないか（もちろん、試行錯誤にあたって経済学者の提唱する何らかの「理論」を用いてもよい）、と私は考える。単なる技術的・実際的な考慮から、そう考えられるだけではない。実は、ロールズの理論自体のなかにも、それを支持する要素があるのである。

　既述のように（第2章28参照）、ロールズは、「代表」の概念を導入して、集団単位で分配問題を考えている。それゆえ、各所得階層に属する個々人に注目した場合、所得分配が集団単位では格差原理Ⅱにかなっているにもかかわらず、ある人の所得増加と別の人の所得低下が相伴うという事態は十分起こりうる。

　たしかに、格差原理にかなったルールによって分配される権利・義務の主体は個人であって、集団ではない。しかし、そうした権利・義務の内容は、その個人がどの社会階層に帰属するかに依存するのである。これは、正義の二原理に属する他の諸原理との大きな違いである。

　ともかく、集団単位で分配問題を考える場合、何らかの道徳によって定義

される功績であれ、格差原理に従うルールによって定義される功績であれ、そもそも「功績」ということを問題にすること自体が不適切になる。

　集団のなかには一生懸命努力する者もいれば、怠け者もいる。労働を重視する人もいれば、趣味の生活を大事にする人もいる。代表が「平均人」を意味するとすれば、集団を構成する実際の個々のメンバーが、どのような生き方をするか、自分の貢献と賃金の関係をどう評価するか、社会にどれだけ貢献したいと思うか、といったことも平均化されざるをえない。その場合、個人の功績や貢献、それにまつわる個人的評価などを論じること自体が場違いなものになってしまう。互恵性についても、それが普通の意味での「貢献」にかかわるとすれば、同様である。

　したがって、ロールズが所得分配にあたって「desert」を問題にしないとしたのは、ロールズ自身が与えている説明（前述86参照）とは違う根拠——集団単位で考えているから、「貢献」という概念はそもそも使えない——から、正しいといえる。しかし、にもかかわらず所得分配のあり方を互恵性という道徳的観念によって正当化しようとした点には大変な無理があった。

第6章　OP曲線の意味

　これまで私は、ロールズがOP曲線と名づける、いささか奇妙な曲線に注目して格差原理の問題を検討してきた。しかし、格差原理を検討するにあたり、私ほどOP曲線に注目する研究はみたことがない[1]。

　私がOP曲線に注目した第一の理由は、ロールズ自身が、彼の正義論の総決算というべき生前最後の著書『公正としての正義 再説』において、『正義論』における格差原理の説明および正当化のあり方と比較して異様なほど、OP曲線にこだわって格差原理の内容を説明し、説得しようとしていたことにある。そのこだわりは、『再説』に至って、「公正としての正義」の中核的要素としてロールズがとくに強調するようになった「互恵性」(reciprocity)の観念を、OP曲線を使って説明しようとする際に著しい。

　『正義論』においてもすでに、OP曲線による格差原理の説明は登場しており、その内容も、『再説』におけるのと基本的な点では変更がないように見える。しかし、『正義論』と『再説』では、意識的にか無意識的にかわからないが、ともかく、OP曲線上の点の意味が変更されているようにも思われる。

　以下、本章では、そのような点にもこだわりつつ、『正義論』のテキストに立ち返って、OP曲線の意味について検討してみたい。

1　比較的早期にOP曲線に注目してロールズ正義論の不整合を批判するものとして、Benjamin Barber, "Justifying Justice: Problems of Psychology, Politics and Measurement in Rawls", Norman Daniels (ed.), *Reading Rawls*, Oxford: Basil Blackwell, 1975, pp. 292-318, esp. pp. 303-308がある。バーバーは、OP曲線に込めたロールズの真意を誤解していると思われるが、その責任の一端はロールズにもある。

第1節　『再説』におけるOP曲線の意味

92. 所得・仕事のペアとしてのOP曲線上の点

　第2章から前章までの考察において私は、『再説』におけるOP曲線上の各点を、X、Yの各人が選択しうる仕事と一体になった所得のペアと解釈した。私がその根拠とした文章を、前述第2章30（49-50頁）でも引用したが、確認のため、再度引用しておこう。

> 　　ある一つのOP曲線は、特定の協働スキームと対になっている。その曲線は、賃金・俸給のみが変化するとした場合、二つの集団への報酬がどう変わるかを示したものである。……
> 　　……一般に、協働スキームが異なるのに応じてそれぞれ異なったOP曲線が存在する。[2]

やや紛らわしい文章として、次のようなものがあった。

> 　　所得ないし富の不平等が、最も不利な状況にある人々の最大の利益になるように編成されるべきであるということは、さまざまな協働スキームを、各スキームのもとで最も不利な状況にある人々の暮らし向きがどの程度かということに着目して比較した上で、最も不利な状況にある人々の暮らし向きが、他のいかなるスキームにも勝ってよいスキームを選ぶということを意味する。[3]

　だが、この文は主として、前述第2章32で説明したOP曲線間の優劣（再掲図3、図4および図5参照）についてのべているのだと読むのが一番素直な読み方であるように思われる。その場合、一つのOP曲線上の一つの点は、スキームをさすのではなく、一つの所得・仕事のペアをさすことになる。

---

[2]　R, 63, 『再説』108頁。邦訳にある「協働（の）枠組」を「協働スキーム」に変更した。以下で登場する訳文においても同様とする。

[3]　R, 59-60, 『再説』102頁。邦訳にある「枠組」を「スキーム」に変更した。

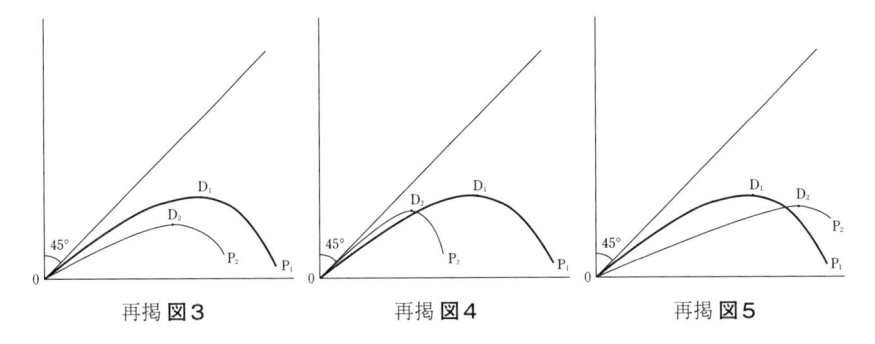

第 1 節 『再説』における OP 曲線の意味　173

再掲 図 3　　　　再掲 図 4　　　　再掲 図 5

93. スキームとしての OP 曲線上の点

だが、『再説』においてさえ、OP 曲線上の点が協働のスキームをさしていると思われる叙述がいくつかある。その例を引用しておこう。

> 格差原理は、実行可能な諸々の基本構造が大体において連続的な帯をなすことを前提している……[4]。

> この返答は、格差原理自体についても同じことが言えるのだが、さまざまな基本構造が大体において連続的な帯のなかに位置づけられるということに依存している。つまり、基本構造は、入手可能な諸々の社会的協働システムのどれを選ぶかに応じて変化するが、そのような変化を規定する諸要因に注目した場合、各基本構造が、他の幾つかの基本構造と（実際的に言って）きわめて接近しているということである（互いに接近している二つの基本構造は、同一の近傍内にあるということができる）。[5]

この二つの文章においては、「連続的な帯をな〔している〕」のは協働のスキームまたはそれに対応する基本構造である、とみるのが素直な読み方である。そのように読む場合、OP 曲線上の各点は、各スキームに対応する。それは、『正義論』における OP 曲線上の点の意味と同じであるように思われ

---

[4] R, 71,『再説』124 頁。
[5] R, 70,『再説』121 頁。この叙述は、ロールズが OP 曲線を使って、経済学でいう静学的な限界分析を行っていることを意味する。したがって、点 D からあまりに離れた点を取り上げることは誤解のもととなる。

る。

　一体、OP 曲線の意味は、『正義論』と『再説』で変わったのか、変わっていないのか。次節以下では、この問いに答えるために、『正義論』のテキストを細かく読み解いて行くことにしよう。

第 2 節　無差別曲線と社会的厚生関数

94．無差別曲線

『正義論』の関連する部分を全文（原文に対応させて[6]、各文に番号を振った）、順次訳出しながら注釈して行こう。

　　　（1）以下では、（諸）無差別曲線は、等しく正義にかなったものと判断される諸分配を表すものと仮定しよう[7]。

　この文にある「無差別曲線」は、経済学の入門者が消費者理論の最初のほうで習うものである。ほとんどすべての経済学教科書に解説してあるが、ロールズの叙述を理解するために必要なかぎりで、最小限説明しておこう。

　消費者が財（いわゆるサービスも含めて考える）を購入して満足を得るとき、その満足を「効用」という。経済学ではまず、財の購入量と効用の大きさとの関係を問題にする。購入したい財が一つしかないときは、問題は簡単である。つまり、一般に、購入量が増えれば増えるほど効用は増大する。しかし、財が二つ以上になると話は簡単ではない。

　一番単純な二財の場合を考えよう。ある人について、キャラメルの購入量（単位は個）を x_1、飴の購入量（単位は個）を x_2 とすると、効用の大きさ U は、x_1 と x_2 の組合せの関数となる。それを効用関数といい、$U(x_1, x_2)$ と表記する。一方の財の購入量を固定して、他方の財の購入量を増やせば効用が増大することは疑いない。

---

[6]　したがって、原文が一文であるのを、二つの文として翻訳した場合、後者の文には番号を振っていない。

[7]　*TJ*, 76/65rev.,『正義論』103頁。

第 2 節　無差別曲線と社会的厚生関数　175

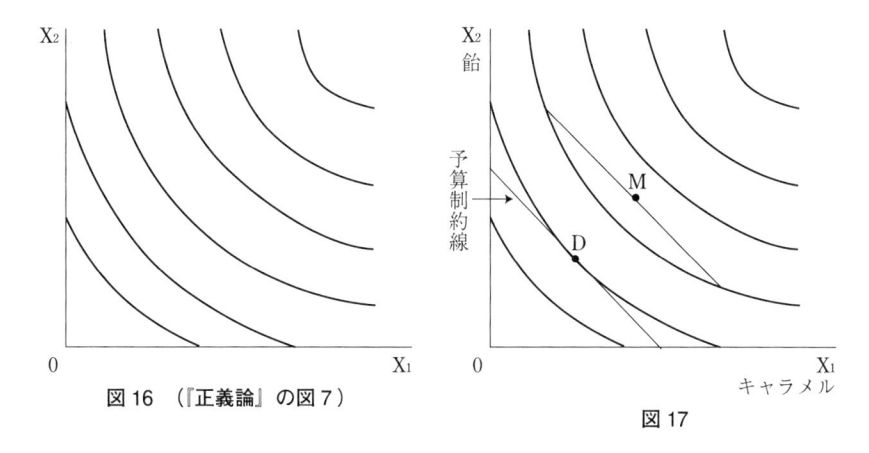

図16　(『正義論』の図 7)

図17

　ところで、一方の財の購入量をある程度増やし、他方の財の購入量をある程度減らした場合、効用はどう変化するのだろうか。もちろん、それぞれの財の購入量の増減の程度に応じて、効用は増えたり減ったりするであろう。だが、ある点 A (x_1, x_2) から出発して、キャラメルの購入個数を増やし、飴の購入個数を減らしても、効用すなわち満足の大きさが同じ別の点がいくつも存在するように思われる。それらの点を結べば、一つの曲線が描けるであろう。それは普通、図16(『正義論』の図 7 [8] と同じ)に描かれた曲線と同様の形状をとるとされる。
　それは、効用の値が同じ点を結んだ曲線であるから「等効用曲線」とよぶことができる。だが、二財購入量の二つのペアのうち、どちらを選ぶかという問いに対して当該購入者が「どちらでもよい」(＝indifferent 無差別)と答える諸点を結んだ曲線という意味では、「無差別曲線」とよばれる[9]。

---

[8]　*TJ*, 77/67rev.,『正義論』104頁。
[9]　ちなみに、等効用曲線におけるように、効用の大きさに数値を付与できる効用を「基数効用」といい、無差別曲線におけるように、どちらを選好するかということだけを問題にする効用を「序数効用」という。このような定義は、厳密には誤りであるが、ロールズの知識水準にあえて合わせた。正確な定義については、次に挙げる秀逸の解説参照。三谷武司「〈効用〉の論理——ハーサニ型効用総和主義の失敗」土場学・盛山和夫編著『正義の論理——公共的価値の規範的社会理論——』(勁草書房、

効用の大きさに対応して、図16に描かれたような無差別曲線は無数に描ける（図では、その一部が明示されているだけ）。北東方向にある曲線ほど効用が高い。任意の点について、その北東方向にある点は両方——真北または真東にある点については、少なくとも片方——の財の量が増加した点であるから、このことは容易に理解できるであろう。

先の効用曲線の特徴としては、第一に、右下がりということがある。これは、一方の財の購入量を増やしたときは、効用を一定に保つため、他方の財の購入量を減らさなければならないということにすぎないから、容易に理解できよう。

第二の特徴として、原点に対して凸（原点の方向に出っ張っている）という性質がある。これは、同一の無差別曲線上の任意の二点を結びその中点M（つまりその二点を平均化した点）をとると、中点のほうがいずれの点よりも効用が高い（＝より北東にある無差別曲線上にある）ということを意味する（図17参照）。

また、無差別曲線の傾き（本当はマイナスだが、ここでは絶対値で考える）をみると、それは、左上方の点から真ん中あたりを経て右下方の点に向かうにつれて、次第に低下している。これは、キャラメルの購入量が増えれば増えるほど、飴との比較で、1個あたりの価値（いわば効用への貢献度）が低下するということを意味する。逆からみれば、飴の購入量が増えれば増えるほど、キャラメルとの比較で、1個あたりの価値が低下するということである（後述98における文（18）参照）。これらは結局、予算が一定であれば、平均的に、あるいはバランスよく両者を購入したほうが効用が高いということを意味し、結局、原点に対して凸という性質と同じである。

ある予算のもとでの二つの財の「最適な」（＝効用が最大となる）購入量は、予算を全額使い切って買えるキャラメルの購入量と飴の購入量の組合せの点の集合を示す直線（予算制約線とよばれる）と、先の無差別曲線とが接する点D（demandの頭文字。OP曲線上の格差最適点を意味するDとは異な

2006年）第2章59-78頁。

る。）である（図17参照）。その点は、予算の制約内で効用が最も高くなる点であるからである。

95. 社会的厚生関数を表す無差別曲線群

　無差別曲線は、特定個人の効用の大きさ（または順位）を表すためだけでなく、社会全体にとっての「効用みたいなもの[10]」——「社会的厚生」とよばれる——を比較するためにも用いられる。前述の文（１）でロールズが言及している「無差別曲線」とは、そのような場面で使われるものである。

　ロールズが前掲の図16（『正義論』の図７）に描いた無差別曲線は、前項で取り上げた二財購入量最適化問題に登場する無差別曲線と形状は同じであるが、その意味は異なる。x_1とx_2が表しているのは、財１および財２の量ではなく、人X_1および人X_2の効用であるからである。それは、二人の効用の組合せについて社会的に無差別な点を結んだ曲線ということである。（なお、ロールズは、x_1、x_2で、人とその効用の両者を表しているが、ここでは、人は大文字、効用は小文字で表して区別した。）

　『正義論』の図７（本書の図16）の無差別曲線は、一方の人の効用が高くなればなるほど、その人の効用一単位（限界効用）の「社会的厚生」にとっての価値（あるいは貢献度）が低くなることを意味している。人X_1と人X_2の効用のバランスがよいほど社会的厚生が高い、といっても同じことである。そのかぎりで、多少なりとも平等主義的な曲線ではある。

　しかし、一方の人の効用の社会にとっての価値を他方の人のそれよりも圧倒的に高く評価する場合、その平等主義は、ほとんど意味がなくなるであろ

---

[10] 「みたいなもの」と言ったのは、「効用」を感じる個人は存在するとしても、「厚生」を感じる「社会」という人が存在するわけではないからである。そのかぎりで、「社会的厚生」とは、実在に対応しない理論上の空虚な概念である。いうまでもなく、「効用」も、当該個人がどのような選択行動をとるかを反映するにすぎない経済理論上の概念であるかぎりで、空虚な概念——あるいは、せいぜい媒介的概念——であることに変わりはない。要するに、「効用」も「厚生」も、理論の記述上あったほうがおそらく便利だが、なしですますことができるということである。もちろん、使いたければ使ってもよいが、理論の射程をよく考えて、ということである。

図18 (『正義論』の図5)

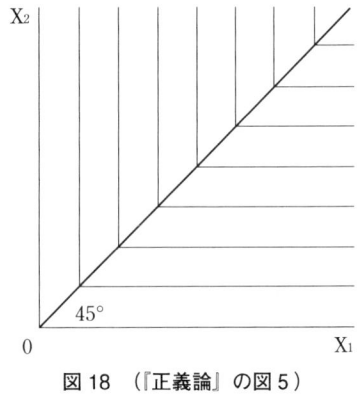

う。飴一個とキャラメル千個を比べて、飴一個を選ぶ消費者がいても問題はないが、一人の人の効用が他の千人の効用を全部合わせたものと比べてもなお価値が高いとされるような社会は問題であろう。

　それと関連して注意するべきことに、二人の人の効用と社会的厚生の関係を示す図16の曲線が意味をもつためには、ロールズも認めているように（後述96における文（4）の括弧内参照）、異なる人の効用を比較することができるということを前提しなければならない。

　消費における二財に関する無差別曲線では、効用の判断は当該消費者個人が主観的に行ってよい、あるいは、行うしかないので何の問題も生じないが[11]、社会という判断主体が実在するわけではないので、効用の個人間比較を前提する無差別曲線を描くということは、その作成者が、各個人の効用の社会にとっての価値に関して、個人的な価値判断を行うということを伴う。したがって、さまざまな社会的厚生関数（およびそれを表す無差別曲線群）が提案されうるのである。

96. 格差原理を表す無差別曲線――等正義線

　ロールズの格差原理も、ロールズ自身は基本善の分配を考えているが、そ

---

[11] もちろん、他人に対して、キャラメルよりも飴を食べるべきだと言う人がいれば、問題となりうるが、ここではそのような問題は無視する。

図 19 (『正義論』の図 6)

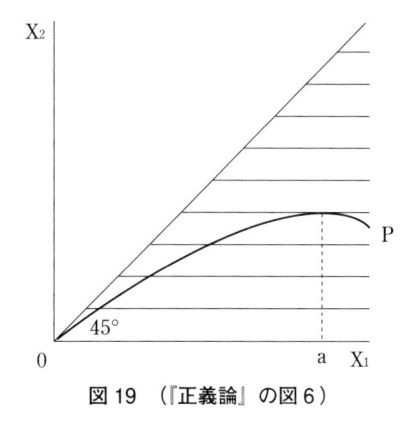

れを「最も恵まれない人々に最も有利に」効用を分配する原理だと解釈した場合、社会的厚生関数の一種とみることができる。つまり、「効用」が最も低い人(社会が X_1 と X_2 の二人のみからなり、X_2 のほうが「恵まれていない」場合、X_2)の効用のみに注目して、その人の効用がより高い場合、社会的厚生もより高いとする関数である。

その無差別曲線の形状は、ロールズ自身が『正義論』の図 5 [12](本書の図 18)に描いているものである。それは、後述 96 における文(4)にあるとおり、「45度線で直角に交わる垂直および水平な直線からなる」(直線も曲線の一種と考えられたい)。それは、図16の無差別曲線に比べるとやや特殊ではあるが、基本的に似た形状[13]であることは直観的に理解できるであろう。

図19(『正義論』の図 6 [14])では、45度線から垂直にのびる直線が省略されているが、それは、X_2 のほうが X_1 より、つねに効用が低いと定義されているからである。その場合、横軸に平行な直線の高さ、つまり X_2 の効用の大きさのみに注目すればよいことになる。ロールズは、その直線を『再説』において「等正義線」(equal-justice line)[15]と名づけたのである(前述第 2 章

---

[12] *TJ*, 76/66rev., 『正義論』102頁。

[13] バーグソン社会的厚生関数とよばれる。後述(98および図20参照)のベンサム的社会的厚生関数もそれに属する。詳しくは、常木淳『費用便益分析の基礎』(東京大学出版会、2000年)3-8頁参照。

[14] *TJ*, 76/66rev., 『正義論』103頁。

31、第3章55および第4章64参照)。上方(=真北)にある等正義線ほど社会的厚生すなわち、ロールズ流にいうと「正義値」が高い、ということになる。

ここで、前述の文(1)に続く『正義論』の叙述にもどろう(便宜上(1)も再び引用した。注目するべき箇所に下線を引いた)。

> (1)以下では、(諸)無差別曲線は、等しく正義にかなった[16]ものと判断される諸分配を表すものと仮定しよう。(2)その場合、格差原理は、両方の人(単純化のため、二人の人のケースに話を限定する)を改善する分配が存在しないかぎり、平等な分配をよしとするという意味で、<u>強く平等主義的な</u>考え方である。(3)ここで取り上げる無差別曲線は、図5〔=本書の前掲図18〕に描かれた形状をとる。(4)それらの曲線は実際には、45度線で直角に交わる垂直および水平な直線からなる(ここでも、両座標軸について個人間比較を認める基数的解釈を採用することにする)。(5)一方の人の状況がいかに改善されようと、他方の人もまた改善されないかぎり、格差原理の観点からは、優位とはみなされない。[17]

文(2)にある「強く平等主義的な」は、後述98で取り上げる無差別曲線(とくに前掲図16に描かれたそれ)もそれなりに平等主義的なのだが、「それに比べても」という意味である。

なお、文(4)の括弧内に「両座標軸について、個人間比較を認める基数的解釈を採用することにする」とあるのは、横軸における線分の幅と縦軸における線分の幅をまったく同じ尺度で比較することができる、ということを意味する。したがって、原点Oから等距離にある各軸上の点は、効用の大きさが互いに等しい。そのような点のペアからなる点を結んだ直線が45度線であり、効用の平等分配を表している。

文(1)から(4)までは等正義線の話であるが、(5)は主として、OP

---

15 *R*, 62,『再説』107頁。
16 「等しく正義にかなった」と訳した部分の原語は、equally just である。後に登場する「平等」とまぎらわしいが、同一の無差別曲線上の点にある分配はどれも同程度に正義にかなっている、という意味である。平等主義にいう平等とは関係がない。indifferently just と書いたほうが誤解されにくかったと思われる。
17 *TJ*, 76/65-66rev.,『正義論』103頁。

曲線の右下がりの区間（が格差原理の観点からは許されないこと）に言及するものであることに注意されたい。

注目するべきことに、ロールズの混乱を誘う叙述にもかかわらず、格差原理に二つの意味、すなわち、できるだけ高いところにある等正義線という意味と、傾き右上がり（またはゼロ）という意味とが含まれることが、『正義論』から引用した上の引用文章にすでに明言されている。これらを私は前述第4章において、それぞれ格差原理Ⅰ、格差原理Ⅱとよんだのである。

97. 『正義論』における OP 曲線と等正義線の関係

テキストは、以下のように続く。文（6）から（10）までは、OP 曲線の話、文（11）から（13）までは、それと無差別曲線の関係の話、そして、文（14）から（17）まででは、再び OP 曲線の話に戻っていることに注意されたい。

（6）x_1は、基本構造における最も恵まれた人々を代表する者としよう。（7）彼の期待が増加するにつれて、x_2、すなわち最も恵まれない人々の代表者の期待も増加する。（8）図6〔＝本書の前掲図19〕に描いた曲線 OP は、x_1の期待の増加がx_2の期待にいかなる貢献をするかを表すものである。（9）原点たる点 O は、すべての社会的基本善が平等に分配されている仮説的状態を表している。（10）ところで、OP 曲線は、45度線のつねに下にある。x_1のほうがつねに状態がよいからである。（11）したがって、無差別曲線群のうち関連する部分は、45度線より下の部分だけである。それゆえ、図6〔本書の図19〕の左上部分は空白になっている。（12）明らかなことだが、格差原理が完全にみたされるのは、OP 曲線が最も高いところで無差別曲線と接する点においてである。（13）図6〔＝本書の図19〕では、それは点 a に対応する点である。

（14）貢献曲線すなわち曲線 OP は〔Oa に対応する区間では〕、基本構造によって定められた社会的協働が相互に利益となる、ということを想定しているという点に注意されたい。（この文は、改訂版では以下のように修正されている。「貢献曲線すなわち曲線 OP は、基本構造によって定められた社会的協働が相互に利益となると仮定されているがゆえに、右上がり[18]であるという点に注意されたい。」

と）(15) そこでは、諸財の固定されたストックを再分配するということは、もはや問題になってはいない。(16) また、便益の正確な個人間比較が不可能であるとしても、問題はない[19]。(17) 最も恵まれない人が特定でき、かつ、彼の合理的選好が規定できれば十分である。[20]

文（8）にある「x_1の期待の増加がx_2の期待にいかなる貢献をするか」に対応して、文（14）では、格差原理がOP曲線の傾きが右上がりであることを要求することが明言されている。前項**96**で触れたように、これと同じことは、前述の文（5）ですでに、逆からのべられていた。

文（15）にある「諸財の固定されたストックを再分配する……」については、後述**99**で取り上げる。

98. 等正義線以外の無差別曲線の例

引用を続けよう。

(18) 格差原理ほど平等主義的ではない見方、そして多分、一見したところもっともらしい見方では、正義にかなった分配を表す（または万事を考慮した上での）無差別曲線は、図7〔＝本書の図16〕のような、原点に対して凸のなめらかな曲線である。(19) 社会的厚生関数を表す無差別曲線群はしばしば、そのように描かれている。(20) その曲線の形状は、一方の人が他方の人と比べてより多く利得した場合、前者のさらなる利得は社会的観点からみてより価値が低くなるということを表している。[21]

この曲線については、前述**95**ですでに説明した。文（20）は、「その無差別曲線は、一方の人の効用が高くなればなるほど、その人の効用一単位（限界効用）の社会的厚生にとっての価値が低くなることを意味している。」と言うのと同じことである。そのかぎりで、それも、ある程度平等主義的であ

18　私のいう「弱い互恵性」または格差原理Ⅱをさす。さしあたり、前述第4章**64**および**70**参照。
19　前述第2章**43**最終段落および同注131参照。
20　*TJ*, 76-77/65-66rev.,『正義論』103-104頁。
21　*TJ*, 77/66-67rev.,『正義論』104-105頁。

第 2 節　無差別曲線と社会的厚生関数　183

再掲 図 16　（『正義論』の図 7）

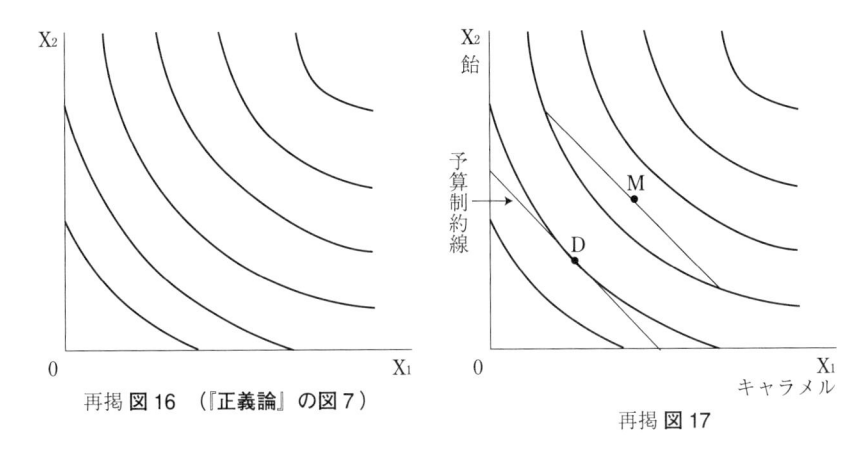

再掲 図 17

ることについては、すでに説明した。

　(21) 他方で、古典的功利主義者は、一定な便益の合計がいかに分配されるべきかについては無差別である。(22) 彼が平等に訴えるのは、便益の合計が同じ場合のみである。(23) 二人の人しかいないとし、両座標軸について個人間比較を認める基数の解釈をとるとすれば、分配に対するその功利主義者の無差別曲線は、45度線に対して直角な直線である。(24) だが、x_1 および x_2 は代表であるので、彼らが得る利得は、おのおのが代表する集団の人数に応じてウェイトがかけられねばならない。(25) 多分 x_2 は x_1 より多くの人を代表しているであろうから、先の無差別直線は、図 8 [22]〔＝本書の後掲図21〕にみられるように、より水平になるであろう。(26) 恵まれた人々の人口と恵まれない人々の人口の比率がその直線の傾きを規定する。(27) 前と同じ貢献曲線 OP を描き加えてみると、功利主義的観点からみた最善の分配は、OP 曲線が最高点に達する点 b の右にある点〔＝『正義論』の図 8 の a〕で達成されることがわかる。(28) 格差原理は点 b を選び、また、b は a よりつねに左にあるから、功利主義は、他の事情が等しければ、より大きな不平等を許容するものである。

　(29) 格差原理の例証のため、社会階層間への所得の分配を考えよう。[23]……

22　*TJ*, 77/67rev., 『正義論』105頁。
23　*TJ*, 77-78/67rev., 『正義論』105-106頁。

184　第6章　OP曲線の意味

図20

図21　（『正義論』の図8）

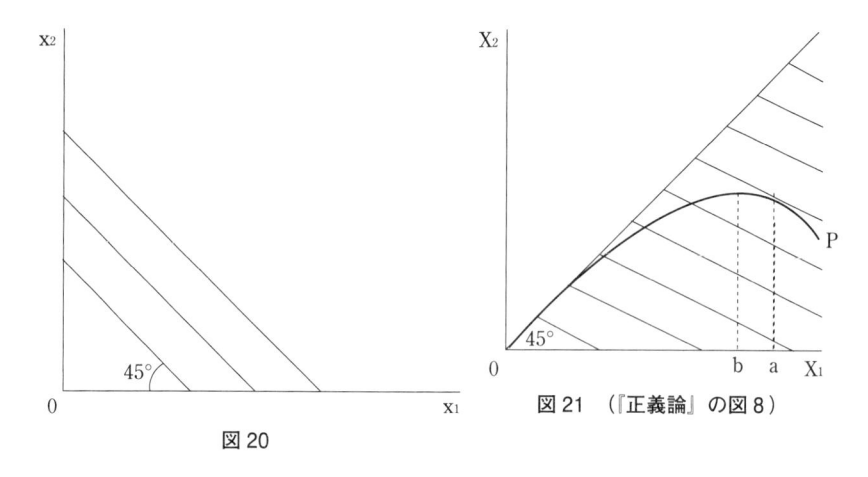

　文（23）で言及されている無差別曲線は、図20に描かれているものである。それは、x_1とx_2の合計が一定の直線であり、ベンサム的社会的厚生関数を表す無差別曲線（実際は直線）とよんでよい。当然ながら、北東方向にある直線ほど社会的厚生が大きい。

　文（22）は、ベンサム的社会的厚生関数が例外的に平等主義的であることを意味するが、今のところ意味不明である[24]。ベンサム的社会的厚生関数においては、効用の合計が同じであれば、効用分配のあり方が平等であろうと不平等であろうと関係ないからである。

　文（24）から（26）について解説すると、図21（＝『正義論』の図8）において、図20に描かれた無差別直線ではなく、より水平に近い直線が描かれているのは、X_1とX_2はそれぞれ、社会のなかで効用が高い集団と効用が低い集団の代表であるから、それぞれの集団の人口が異なる場合——普通は後者の集団のほうが人口が多い——、人口比を加味して、ベンサム的無差別直線を描く必要があるからである。たとえば、効用が高い集団と低い集団の人

24　文（22）の原文は、次のとおり。He appeals to equality only to break ties. その直前の文（21）の原文は、次のとおり。A classical utilitarian…is indifferent as to how a constant sum of benefits is distributed. ロールズは、benefitを効用ではなく、財と解釈しているように思われる。後述**99**および後掲注31参照。

口比が1対3で、各代表の効用値が各集団の平均値を表すとすれば、ベンサム的無差別直線と横軸がなす角度は15度（傾き－1/3）になる（人口比が1対1であれば45度、傾き－1）。

第3節　パレート効率と格差原理

99.「全員の利益になる」の効率性原理としての解釈

ロールズが社会的厚生関数を表すいくつかの無差別曲線群を取り上げているのは、効用分配に関して、無数にあるパレート効率点のうちから社会としてどれを選ぶべきか、という問いに答えるためである。

だが、その問題に入る前に、先に全文引用したテキストは、そもそもどのような文脈で登場しているのか、ということを説明しておく必要がある。実はそれは、正義の二原理の定式化に含まれるある文言——正確には「概念」と言ったほうがよい——の解釈として格差原理を提示するという試みの一環として書かれているのである。

そこで問題とされたのは、次に掲げる「正義の二原理」の定式化のうち、第二原理（a）の部分である[25]。

正義の二原理の第一定式
第一原理　　各人は、他の人々に対する同様な自由と両立する最も広範な基本的自由への平等な権利をもつべきである。
第二原理　　社会的および経済的不平等は、それが（a）全員の利益になることが合理的に（reasonably）期待され、かつ、（b）全員に開かれた地位および職務に付随する、ように制度化されるべきである。

ロールズは、（a）にある「全員の利益になる」ということについて、二つの解釈が可能だとし、その一つが効率性原理としての解釈であり、もう一

---

[25] *TJ*, 60/53rev., 『正義論』84頁。第一原理の文言は、改訂版では若干修正されているが、ここでは問題にならないので、初版に従って訳出した。

第 6 章　OP 曲線の意味

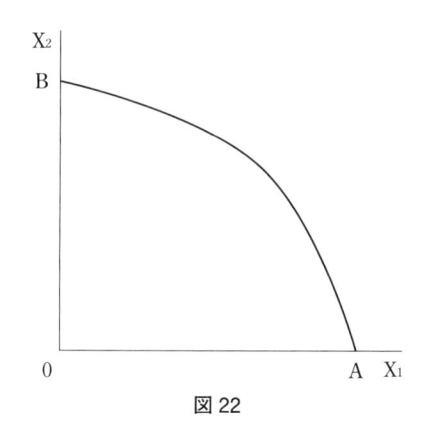

図 22

　つが彼の支持する格差原理としての解釈である。まず、効率性原理から取り上げよう。

　前述第 2 章**33**ですでに説明したように、「パレート効率的」――「パレート最適」ともよばれる――な点とは、問題となっている社会において、だれか一人の効用を改善しようとすると必ず他のだれか一人以上の効用が低下してしまうような、社会的選択肢しか残っていないような社会状態をいう。そこでは、点から点への移動が問題になっているということに留意されたい。

　ロールズは、パレート効率の概念を、二人からなる社会において、X_1とX_2の間に諸財のストック――各財の総量は固定されており、ストックの中身が変化することはない――を分配するという最も単純な例について、図22（『正義論』の図 3 [26]）を使って説明している。横軸は X_1 の効用の大きさ、縦軸は X_2 の効用の大きさを表す。また、そこでは、各個人の効用は、諸財の保有量の関数とされている。各人の効用の背後に、諸財の保有量があることに注意されたい。

　曲線 AB [27] 上の任意の点は、パレート最適な点、その意味で効率的な点

26　*TJ*, 68/59rev.,『正義論』93頁。説明上不要な部分は捨象した。
27　「効用可能性フロンティア」とよばれるものだが、諸財のストックの再分配によって形成される効用可能性フロンティアがどうして『正義論』の図 3 （本書の図22）の

である。なぜなら、そこでは、「いずれか一人の効用を改善し、かつ、もう一人の効用を低下させないような諸財の再分配の仕方がもはや残っていない[28]」からである。

両座標軸と曲線ABで囲まれた（その曲線も含む）空間——「効用可能性集合」とよばれる——内の任意の点から北東方向（真北および真東方向を含む）の点への移動においては、少なくとも一人の人の効用が増加しており、そのかぎりで、社会全体としても、ある意味で「改善」されたと言えるかもしれない。それを「パレート改善」という。

しかし、そのような改善をくり返して曲線AB上の点にいたると、北東方向への選択肢はもはや残っていないのでパレート最適となるのである。曲線AB上以外の先の空間内の任意の点は、パレート改善の余地があるから、パレート最適な点ではない。他方、曲線AB上の任意の二点は、互いに北西・南東に位置しており、南西・北東関係にないから、パレート基準によって、その優劣を比較することはできない。なお、ロールズは、「パレート最適」だけでなく、「パレート改善」の考え方も「効率性の原理」に含めて考えているようである[29]。

ような形状をとるのか、についてのロールズの理解は怪しい。ロールズは、R, 61 n. 31,『再説』369頁注31において、「*Theory*〔＝ *TJ* rev.〕, §12: 59f. の一連の図〔本書の図22も含む〕では、二人の人 X_1 と X_2 の間で分かちもたれるべき諸財の束が予め与えられていると仮定されている。このことは、効率性〔効用可能性〕フロンティアが左上から右下に走っていることに示されている。その際、これら二人がそれらの財を生産するための協働に参与しているという言及は一切ない。」とのべている。

生産活動はないと仮定しているようであるが、天から降ってきた諸財の分配を考えているのか、それぞれの財を各自が自己のものとして一定量保有している初期状態を前提しているのかがはっきりしない。ロールズ自身、おそらくそのような問題点に気づいたため、そのような疑問を招きかねない *TJ* の初版 p. 69 から p. 70 にかけての一段落（純粋交換経済下での再分配について論じている）を改訂版では削除している。しかし、その結果、皮肉なことに、天から降ってきた財を分配するという問題、つまり、論じることに経済学的にも正義論的にもあまり意味がない問題を想定しているという嫌疑がかえって強くなってしまった。いずれにせよ、パレート効率の概念を説明するという目的だけのためであれば、諸財の固定量の再分配という問題設定を採用する必要はなかった。

28　*TJ*, 67-68/59rev.,『正義論』94頁。
29　*TJ*, 79/69rev.,『正義論』108頁。

パレート効率的な点は、ある意味で、どれも「全員の利益になる」点だと言えるかもしれない。そのかぎりで、どれも等しく正義にかなった点だという考え方さえ成立しうる[30]。そのような考え方を、ロールズは、「全員の利益になる」の効率性原理としての解釈としているのである。

ロールズがそのような解釈に反対する理由は、たとえば、奴隷制を廃止すると奴隷たちの境遇は（したがって効用も）改善されるが、それと同時に、少なくとも一人の土地所有者の効用が低下してしまうような場合、奴隷制はパレート最適であり、したがって正義にかなう、ということになってしまうからである。ロールズは、パレート効率の考え方に全面的に反対しているのではなく、それが明らかに不正義な状態をも正義とみなす点に反対しているのである。ロールズはむしろ、正義原理の役割は、無数にあるパレート効率点から一つの点を選ぶことにあると考えている。

100.「全員の利益になる」の格差原理としての解釈

ロールズが提案するのは、第二原理（a）の格差原理としての解釈である。それは、前述96ですでに説明したように、社会のなかで効用——本当は基本善だが、目下の文脈では効用で代替してもかまわない——の最も小さい人々の効用に注目し、その集団（の代表）の効用が最も高くなる分配をよしとするものである。

ロールズ自身は明示的には行っていないが[31]、たとえば図22の曲線ABに

30　*TJ*, 71/61rev., 『正義論』96頁。
31　ただし、*TJ*, 69/60rev., 『正義論』95頁に、「45度線を平等分配の軌跡を表すものとし……、かつ、これを決定の〔効率性に〕付加されるべき基礎とするなら、」45度線と曲線ABの交点が、正義の観点からみて最適ということを示唆する段落がある。しかし、その最後で、「図4〔後掲の図23と基本的に同じ〕は、きわめて単純な状況を描いているだけであり、基本構造には適用できない。」と明言されているので、何が言いたいのかわかりにくい。

　そのことは別にしても、「平等分配を付加する」という趣旨の叙述は、私が「意味不明」と決めつけた前述の文（22）（**98**参照）と（ロールズの頭のなかで）関係している可能性もある。しかし、曲線ABは、効用可能性フロンティアであって、ベンサム的無差別曲線ではないということからして、依然として意味不明である。

　もちろん、天から降ってきた一定量の一財を、それまで何ももっていなかった二人

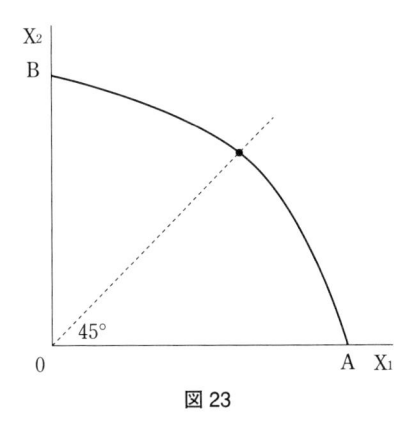

第3節　パレート効率と格差原理　189

```
     X₂
   B
    ＼
     ＼
      ＼・
       ＼
        ＼
    45°    A   X₁
   0
```
図23

　格差原理（格差原理Ｉあるいは最高の等正義線）を適用した場合（しかも、二人の効用の大きさが比較可能で、両座標の尺度も同じとすれば）、曲線 AB と45度線の交点が格差原理にかなったパレート最適点[32]となる（図23[33] 参照）。

　というのは、曲線 AB が右下がりである（＝一方の効用が増えれば、他方の効用が減る）以上、効用が小さいほうの人の効用が最大となるのは、両者の効用の大きさが等しい点であるからである。それは、前掲図18（本書178頁）に描かれたロールズ的無差別曲線と曲線 AB の接点と言っても同じことであるが、かえってわかりにくいであろう。

　　（以上でもよいが）の人間の間で分割する場合、その二人の財に対する効用関数がまったく同じで、しかも、両者の限界効用が逓減するとすれば（限界効用が一定ならばどう分けても同じである）、財の平等分配が、効用の平等分配を意味すると同時に、ベンサム的社会的厚生関数に拠っても、ロールズ的社会的厚生関数に拠っても社会的厚生は最大となる。ロールズは、文（22）でこのことが言いたかったのかもしれないが、財の分配のケースと効用の分配のケースを明確に区別していないなど、何か混乱があったとしか思えない。いずれにせよ、初歩的なミスと思われるから、あまりこだわらないほうがよい。

[32]　パレート基準は個人を基礎として適用されるので、ロールズのように代表の概念を用いてパレート基準を集団に適用することは、厳密にいえば不適切であるが、その点はここでは不問にする。前掲第2章注88も参照。

[33]　*TJ*, 69/60rev., 『正義論』95頁の図4から説明上不要な記号および図形を削除して作成した。

曲線ABと前掲図16(『正義論』の図7)に描かれたような「普通の」無差別曲線との接点は、必ずしも平等分配点ではない[34]から、そのかぎりで、格差原理が「普通の」社会的厚生関数(も、前述のようにある意味で平等主義的だが)と比べて、より平等主義的だと言ってよい。もちろん、まったく平等主義的でないベンサム的社会的厚生関数と比べても、より平等主義的である。だが、ロールズは言及していないが、曲線ABが前掲図22または図23に描かれたような形状をとるときには、ベンサム的無差別曲線と曲線ABの接点が、最も不平等な点である、点Aと点Bの間にある点であるかぎりで、ベンサム的社会的厚生関数も、多少なりとも平等主義的な結果を生むものではある[35]。

ところで、格差原理は、効用が最も低い人々の効用ができるだけ高い分配を選ぶべきだという原理にすぎないのに、それはなぜ、「最も恵まれない人々の」ではなく、「全員の」利益になると言えるのであろうか。その際、ロールズは、実は、図22の曲線ABのような右下がりの曲線ではなく、図19(『正義論』の図6)の曲線OPの上昇部分のような右上がりの曲線を想定しているのである。右上がりの曲線は、恵まれた人々の代表の効用x_1が増大すれば、恵まれない人々の代表の効用x_2も必ず増大することを意味する。そのかぎりで、OP曲線上で左下の点から右上の点への移動——これは恵まれない人々の状態が改善される移動でもある——は、全員の利益になる[36](前述**97**の文(14)参照)。

社会が三つ以上の階層に分けられる場合も、その最下層の集団の(代表の)効用が増加するときはつねに他の階層の(代表の)効用も増加するという条件[37]がみたされるとすれば、最下層階級の改善をめざす格差原理に従う

---

34 前掲注31の最終段落でのべたような特殊なケースでは、平等分配点となる。
35 前述の文(22)(**98**参照)が、このことを意味しているとすれば、意味不明ではなくなるが、それは考えにくい。
36 *TJ*, 80/69rev.,『正義論』108-109頁参照。
37 ロールズは、この条件をchain-connection(最低所得階層の所得が増大するときにはつねに他のすべての階層の所得も増大すること)とclose-knitness(OP曲線に平坦部分が含まれないこと)という独自の概念を用いて説明している。*TJ*, 80-83/69

前掲 図19 (『正義論』の図6)

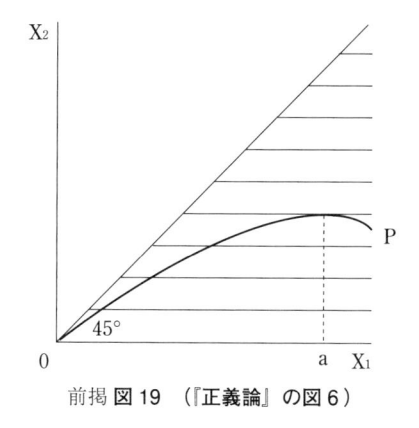

ことは、「全員の利益になる」と言ってよいであろう。その条件は、パレート改善（他の人がだれも改悪されることなく、少なくとも一人の人が改善されればよい）よりも強い条件であるという点に注意されたい[38]。

第4節　OP曲線はなぜ理解しにくいか

101. OP曲線の背後にある原因

ここまでくると、格差原理は、ロールズ的無差別曲線のみによって説明することができず、OP曲線に対するそれ以外の条件も導入しなくてはならない、ということも判明した。以下、OP曲線についてさらに検討しよう。

前掲図19（『正義論』の図6）または図21（『正義論』の図8）に描かれたOP曲線のグラフをみると、多くの人には、x_2がx_1の関数、つまり、（曲線の右上がりの区間では）x_1の増加が「原因となって」、x_2の増加が生じているように見えるかもしれない。

実際、ロールズは前述97の文（8）において、「曲線OPは、x_1の期待の増加がx_2の期待にいかなる貢献をするかを表すものである。」とのべている。効用ないし期待の増加ではわかりにくいので、以下、前述**98**の文（29）

-73rev., 『正義論』109-113頁参照。前掲第2章注68および注137も参照。
38　前述第2章**33**参照。

にあるように、それを「所得」と読み換えることにしよう[39]。なぜ、高所得者の所得の増加が低所得者の所得の増加に「貢献する」かは、容易にはわからないであろう。

格差原理は、社会的協働から生じる利益の分割を問題にするものである。ロールズは、社会で市場経済が行われていること[40]を前提しているが、格差原理の本質を最も単純に説明するため、ここではあえて、全員が協力して米の共同生産をするような場面を想定しよう。その際、仕事は、実際に耕作・収穫等に携わる肉体労働と、作業計画などを行う経営的な労働の二種類しかなく、後者の労働のほうがむずかしい上に生産性も高く、その仕事をする人のほうに、より高い給料（たとえば時給）が現物（つまり生産された米[41]）で支払われるものとしよう。こうして社会は、X_1に代表される集団と、X_2に代表される集団とに分かれることになる。もっと単純化するため、社会にはその二人しかいないと仮定しよう。以下、このモデルでOP曲線を解釈することにしよう。

OP曲線の出発点というべき、図19の原点Oは、45度線上にあるから、X_1とX_2に同額の所得が支払われる点である。だが、それは、生産のために高い能力をもっているX_1は、給料があまり高くないので、その能力をあまり発揮せず、結果的に米の生産量が最も低くなる点である。なお、図19の原点の値は、両軸ともゼロであるが、両座標は、原点における各人の所得からの増加分を表すものと解釈されたい。

原点からOP曲線上を右上に向かって行くと、X_1、X_2ともに所得が増加しているが、その原因は、X_1に生産能力を十全に発揮すればするほど高い給料を支払うと約束し、実際にX_1がその申し出どおりに生産能力を発揮した結果、米の生産量が増大したことにある。その場合、X_1が手にする所得

---

39 「期待」の正確な意味については、前述第2章**27**参照。
40 正確には、経済力の過度の集中は認めないが、財産の私的所有は基本的に認める市場経済体制であり、ロールズは「財産私有型民主主義」とよぶ。さしあたり、前述第3章**60**参照。
41 加えて、やや無理があるが、米の限界効用もほとんど低下しない、つまり、各人は、米をいくらでもほしいと思っていると仮定したほうがよいだろう。

だけでなく、増大した生産量から X_1 の所得を引いたものである X_2 の所得も増大する。単純化のため、X_2 に関しては、所得を変化させても生産性は変化しないという、きわめて不自然な仮定——だが実際、ロールズはだいたいにおいて、暗黙裡にそのような仮定を採用しているように思われる[42]——を採用しておこう。

要するに、能力のある X_1 は、高い給料につられて、次第に一生懸命働くようになり、その結果、X_2 に分配するための原資も増加するということである。つまり、OP 曲線の背後には、X_1 の所得（または X_1 への総生産量からの分配率）を定義域とし、総生産量を値域とする関数——「インセンティブ関数」——がある[43]。

OP 曲線上の各点の傾きは、その点における x_2 対 x_1 の限界的分配比を表している。それらの点の傾きは、右に行くほど次第に小さくなり、格差原理が完全にみたされる点 a（前述 **97** の文（12）および（13）参照）に対応する OP 曲線上の点ではゼロになり、その右ではマイナスになっている。このことは、所得の 1 単位の増加が X_1 に与える生産量増大効果が次第に低くなっていることを意味している。

102. OP 曲線による互恵性の説明——『正義論』と『再説』の視点の違い

格差原理が適用されるのは、前掲の原理の定式化（**99**参照）から明らかなように、社会的経済的不平等を定める制度に対してである。目下のモデルでは、職業階層に応じて不平等な所得を定めるルールである。ロールズが、「x_1 の期待の増加が x_2 の期待に……貢献をする」（前述 **97** の文（8））という際の「期待」（所得）とは、あらかじめルールに定められた所得を意味する。そのかぎりで、OP 曲線上の各点は、そのような所得分配ルールを表すもの

---

[42] ただし、前掲図21の OP 曲線において、点 a に対応する点（生産量が最大になる点）をこえてなお描かれている部分、つまり、ベンサム的無差別曲線との接点より右の区間は、生産量の低下が X_2 があまりの所得の低さにやる気をなくしたことに起因すると解釈することもできるから、本文中でのべた仮定に問題がないわけではない。

[43] 前述第 2 章**30**の最終段落、同章**38**の第 2 段落、第 4 章**63**および図13、ならびに第 5 章**83**参照。

と解釈するべきものである。

しかし、「x_1の期待の増加がx_2の期待に……貢献をする」ということが意味をなすためには、すでに説明したようなインセンティブ関数の存在を前提しなければならない。しかも、その「貢献をする」は、「原因となる」とほぼ同じ意味である。「貢献」という訳語は、不適切にみえる。

ところが、そうでもない。ロールズは『再説』において、次のようにのべている[44]。

> ここで決定的に重要なのは、格差原理が互恵性の観念を含むという点である。才能に恵まれている人々（生まれつきの才能の分配に関し、道徳的にはそれに値するとは言えないにもかかわらず、より幸運な地位にある人々）は、なお一層の利益——なぜなら、彼らは才能分配上の幸運な地位にあるということからだけでもすでに恩恵を受けているから——を獲得することを奨励されるが、それは、彼らが生まれつきの才能を訓練し、またそれを、才能に恵まれない人々（生まれつきの才能の分配に関し、前と同様、道徳的にはそれに値するとは言えないにもかかわらず、より不運な地位にある人々）の善〔ここでは「所得」と読み換えてよい〕に貢献する仕方で使用するという条件がみたされている限りでのことである。互恵性は、公平性——これは利他的である——と、相互利益との間に位置する道徳的観念である。

これは、OP曲線の右上がりの部分（最高点を含む）への参照を促しつつ語られている文章である。注意するべきことに、そこでは、X_1の所得の増加が原因になって、X_2の所得の増加が生じるという事実が説明されているだけではなく、X_1自体がX_2の所得の増加に貢献するべきだという当為も同時に説かれている。ここでは、「貢献」は、因果関係の意味ではなく、本来の意味で使用されている。互恵性が、利他的な公平性と相互利益の間に位置するとされているのは、利他的な公平性であれば、自分の所得の増加分が相手の所得の増加分より少なくても、才能に恵まれたX_1は、才能に恵まれないX_2のために頑張るということがありうるが、互恵性はそこまで要求しな

---

44 R, 76-77, 『再説』133頁。前述第2章**36**（本書62-63頁）ですでに引用した。R, §36.4にも同旨の叙述がある。

いからである。

　これに対して、『正義論』におけるOP曲線の右上がりの部分における左の点から右の点への移動は、その区間では両方の所得がともに上昇しているという意味では相互利益にかなった移動ではあるが、それは、X_1がそのようになるよう意識的に努力したからそうなったわけではない。そこでは、X_1は、いわば動物扱いされており、所得の増大というニンジンに誘われて生産性を上昇させてしまう、というだけである。問題は、格差原理にかなった制度の・設・計・者・の・視・点[45]から捉えられているのである。それゆえ、そこでは相互利益と区別される意味での互恵性は問題にしようがなく、もっぱら、相互利益ということだけが強調されたのである（前述**97**の文（14）参照）。

　これに対して、『再説』でロールズが採用しているのは、X_1すなわち恵まれた人の、いわば・自・己・反・省・の視点である。同じことだが、別の言い方をすれば、そこでは、ロールズはOP曲線を使って、・現・実・の・高所得者——ロールズの読者のほとんどもそうであろう——に向けて、「たしかに社会の総生産の増加へのあなたたちの寄与は低所得者に比べてはるかに大きいかもしれないけれど、それでなくても恵まれているのだから、多少の高額課税には甘んじて、低所得者の所得の増大にも貢献したらどうですか」といった説得を試みようとしているのである。しかし、それを、OP曲線を使ってやろうとすることには大変な無理があった。OP曲線の形状を基本的に規定するのは、前述のインセンティブ関数であるからである[46]。

103. 視点の転換の帰結としてのOP曲線上の点の意味の転換

　ロールズ自身は気づいていないようだが、『再説』における視点の転換の結果、OP曲線上の点の意味も変更された。『再説』では、OP曲線上の各点は、仕事と課税後所得のペアに対応する分配点であり、どの分配点をとるかを主としてX_1が選択する、そして、ロールズは、X_1によって代表される・現

45　ロールズが学んだところの厚生経済学者も一般に、そのような視点をとる。
46　ロールズ自身、終始一貫して、そのことを（興味がないと言いつつ）事実上認めている。*TJ*, 78/68rev.,『正義論』106頁, *R*, 63 and 77,『再説』108頁, 135頁等参照。

実の恵まれた人々に、図19における点aを選ぶよう説得する、というふうにその意味が変わってしまったのである[47]。

これに対して、『正義論』では、制度設計者が図19における点aの分配を選ぶと、X_1は、それに対応する仕事を自動的に行ってくれる——つまりインセンティブ関数は所与——という設定だったのである。私がこれまで、「『正義論』におけるOP曲線上の点は協働のスキームに対応する」とのべてきた[48]のは、それと同じことの別の表現だったのである。先に本章93で『再説』から引用した二つの文章は、そのような『正義論』当時の考え方の残滓であると思われる。

『再説』においてロールズは、格差原理はインセンティブ関数を所与として最も恵まれない人々の所得または基本善指数を上昇させるスキームを社会的に選択するための単なる調整原理にすぎないのではないかという批判[49]を受けて、自分は、インセンティブ関数を所与としているのではなく、恵まれた人々に社会的生産への貢献——結果的に恵まれない人々の基本善指数の上昇につながる——を説くことによって、インセンティブ関数のいわば性能を上げさせることめざしているのだということを明確にする必要に迫られたのだと思う。

104. 説得論としての正義の理論

しかし、ロールズが、その手段として、互恵性という曖昧な観念に過度に依存するOP曲線による格差原理の説明という方法を、『正義論』(正確には『正義の理論』)以来のOP曲線の基本構造を引きずったまま用いたため、少

---

47 『再説』では、制度設計者には、複数のOP曲線のうちから最善のもの(最低所得階層の所得が最大になるようなもの)を選ぶという役割が与えられている。R, § 18.2および前述第2章**32**参照。これは、『正義論』以来の厚生経済学者的発想(前掲注45参照)を引きずっているためと思われるが、私には混乱としか思えない。前述第4章**78**および**79**も参照。

48 前述第2章**41**および**42**、ならびに第4章**78**参照。

49 G. A. コーエン(渡辺雅男・佐山圭司訳)『あなたが平等主義者なら、どうしてそんなにお金持ちなのですか』(こぶし書房、2006年)序文、第8講および第9講参照。

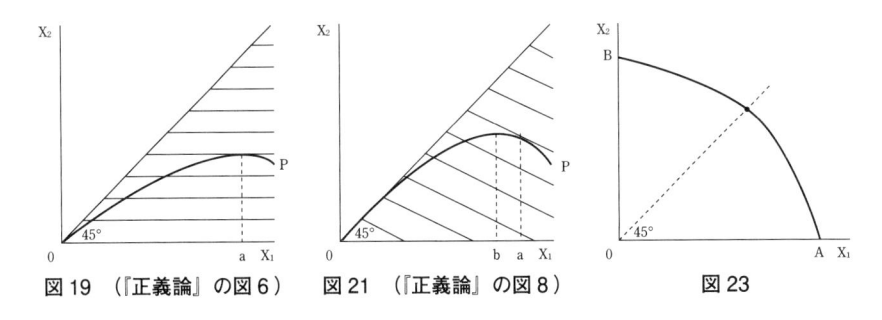

第4節　OP曲線はなぜ理解しにくいか　197

図19（『正義論』の図6）　　**図21**（『正義論』の図8）　　**図23**

なくとも私には、読めば読むほど、ロールズの思いはそれなりに伝わるが、理論的にはますます理解しがたいものになった。その結果、私は第4章**76**および**77**において、ロールズの思いを「漠然たる相互貢献の思い」とか「利他主義的互恵性」といった曖昧な言葉で表現せざるをえなかった。

　いずれにせよ、格差原理が制度構築の指針としては使えないという第5章でのべた私の結論は変わらない。気持や道徳で世の中がうまく行くなら、制度の「理論」の出る幕はない。ロールズの格差原理は、アリストテレス以来の伝統的な道徳論と同じく、説得のためのものなのである。原初状態で考えるというレトリックに惑わされてはならない。あなたや私を説得しようとしているだけである。いささか脱線した気味があるが、本線にもどろう。

105．格差原理と平等

　ロールズの正義の見方は、直截にいえば、社会の基本構造に関する事項については、人々の間の平等が原則であるが、最も恵まれない人々の状態が改善されるかぎりで不平等も許される（あるいは求められる）というものである（たとえば前述第2章**16**参照）。

　この考え方からすれば、OP曲線の右上がりの区間（最高点も含む）において、より左の点からより右の点への移動は、すべて正義にかなっていることになる。他方で、OP曲線の最高点から右下部分に向かう区間における左側の点から右側の点への移動はすべて、X_2の所得を低下させるから、正義に反することになる。図19の点 a に対応する点で X_2 の所得は最大になるか

ら、その点が最も正義にかなっている。このように考えれば、ロールズ的無差別曲線すなわち等正義線をわざわざ導入する必要はない。

　無差別曲線を適用することに意味があるのは、パレート効率点の集合とされる[50] OP曲線の右下がりの区間のみである（図21参照）。しかし、ロールズが、そのことを強調せずに、OP曲線の最高点よりも左側の区間も含む等正義線とOP曲線の接点を示すグラフ（図19または図1）を何度も用い、他方で、OP曲線の最高点より右側の区間と同じ形状をもつ図22（前述**99**参照）または図23（前述**100**参照）の曲線ABについて、その平等分配点に関する説明を行ったのは、経済学に無案内な読者を著しく混乱させるものであった。

　図16（前述**94**参照）や図21（前述**98**参照）に描かれた無差別曲線とOP曲線の接点は、最高点より右のどこかにくるから、そのかぎりで、最高点でOP曲線と接するロールズ的無差別曲線が、他のすべての無差別曲線と比べて、より平等志向であるというのはロールズの言うとおりである（前述**98**の文(18)参照）。

　しかし、私には、いくつかの無差別曲線群の導入によって格差原理の説明や説得力が向上したとは思えない。それは、厚生と正義の違いが曖昧になるという欠点を伴っただけでなく、後々まで経済学者から格差原理が誤解される大きな原因となった。

50　『再説』におけるOP曲線の意味の変化について前述したように（**103**参照）、X_1がOP曲線上の右上がりの区間にある点（最高点も含む）のどれかを、自動的にではなく、いわば主体的に選ぶという解釈をとった場合、その選ばれた点がパレート最適点かつ格差原理からみても最適点となると考えられる。前述第4章**69**および第5章**88**も参照。

ロールズ正義論についての覚書

　以下の叙述は、ロールズを中心に現代正義論をかつて研究していた際に、私が気になったことで、今なお記憶にあるものの一部を文字どおり私的メモの形で書きとめたものである。学術論文の体をなしていないが、読者の少なくとも一部には参考になるかと思い、あえて本書に収めた。

互恵性の種別

　本書ではこれまで、格差原理を主として OP 曲線との絡みで検討してきた。その際、ロールズの意図を理解するために決定的に重要な要素は、互恵性の観念であった。だが、互恵性は、格差原理の説明においてのみ登場するものではない。ここで、ロールズの正義論全体（「政治的リベラリズム」を含む）に登場する互恵性の種類を一覧表としてまとめておくことにしよう。

表4　互恵性一覧

弱い互恵性	単なる相互利益。OP 曲線が右上がりという所得変化の表面的関係。
強い互恵性	相互利益（ただし、お互いの状態が同じように悪くなることは認める）＋相互貢献（OP 曲線の背後にある）。ロールズの場合、恵まれた人々から恵まれない人々への貢献に偏っている。
深い互恵性	生まれつきの才能分配の道徳的恣意性、および、共有資産としての生まれつきの才能分布という考え方に基づく、恵まれた人々から恵まれない人々への貢献。（以上、第4章**70**の表3参照）
性向としての互恵性	同じもので応答する道理にかなった心理性向（第4章注19参照）。
公共的理性としての互恵性	異なる包括的教説を信じる人々が正義構想をめぐって討論する際の市民の心得（第2章注9、*CP*, 574-581、『万民の法』194-202頁参照）。

ハイエクとロールズ

1．ハイエクによるロールズの評価

　ハイエク[1]は当初、ロールズの正義論をきわめて好意的に理解していた[2]。その主要な理由は、以下の三つであると思われる。

　第一に、ロールズが正義の二原理において、平等な自由の原理を優先していること。

　第二に、ロールズが基本善の分配に関し、desertによる分配の正義を拒否し、手続的正義の考え方をとっていること。つまり、正義の二原理に従って社会の基本構造がルールによって規定され、運営されているかぎりで、ルールに従って各人の行為がなされた結果たまたま、自分の貢献に比べて、所得や社会的地位が低すぎるといった不平を、各市民に正義の主張としては認めないということ。

　第三に、格差原理に従う、最も恵まれない人々にとって最も有利な制度が自由市場経済であることは、ハイエクからみればほとんど自明だったこと。

　しかし、ハイエクは晩年、ロールズの正義論を酷評するようになった[3]。

---

[1] ハイエクの見解の一部についての私の見方については、亀本洋『法哲学』（前掲第1章注48）第9章および第10章の関連箇所参照。なお、本項の叙述は、同書第10章注71の叙述と大幅に重なっている。

[2] 嶋津格監訳『哲学論集』（ハイエク全集第II期第4巻、春秋社、2010年）288頁注34（ロールズの純粋な手続的正義の見方を高く評価している）、矢島鈞次・水吉俊彦訳『法と立法と自由〔I〕ルールと秩序』（新版ハイエク全集第I期第8巻、春秋社、2007年）214頁注11、102頁注11の箇所（ルールがpracticeとされていること——これをハイエクはロールズが進化論的な立場を採用しているとおそらく誤解した——を高く評価している）、篠塚慎吾訳『法と立法と自由〔II〕社会正義の幻想』（新版ハイエク全集第I期第9巻、春秋社、2008年）5頁（「かれとの相違は、実質上のものというよりは言葉のうえのものであるように思える」とある）、同書138-139頁、226頁注19、238頁注3、242頁注16、248頁注44（いずれも手続的正義の考え方に対する高評価）参照。

　また、ハイエクとロールズの正義論の異同について緻密に検討するものとして、玉木秀敏「分配における正義（一）（二）・完」法学論叢119巻6号（1986年）28-56頁、同120巻1号（1986年）51-73頁とくに62-73頁参照。

その主要な原因としては、次の三つのものが考えられる。

　第一に、ロールズの正義論が、ハイエクの支持する進化論的合理主義ではなく、公正な未来を設計できると信じる設計主義的合理主義に立っていることを明確に認識したこと。

　第二に、これと密接に関連するが、ロールズ正義論の設計主義的で平等主義的な現代正義論全般への絶大な影響力を目にして、これは看過できないと考えるようになったこと。

　第三に、これも関連しているが、「財産私有型民主主義」を支持するロールズが、ハイエクの支持するセーフティネット型市場経済体制を「福祉国家的資本主義」として拒絶していることを知ったこと（上の二つの体制については、前述第3章60参照）。

2．善い社会についてのハイエクの見方

　ロールズは、正義の二原理に従って社会の基本構造が運営されている社会が正義にかなっているだけでなく、「善い社会」でもあることを『正義論』第3部と『再説』第5部において力説している。ロールズが『再説』で強調しているとおり、正義をめぐるあらゆる思考が原初状態の当事者の観点からなされるべきだとすれば、当事者はそのような意味で「善い」社会を選ぶのであろう。だが、さまざまな仕事に従事し、さまざまな属性と道徳観、人生観をもつ現実の『正義論』の読者に対して、原初状態の当事者の立場にたって考えよ、という指令にはいささか無理があるように思われる。

　これに対して、ハイエクは、現実の生身のわれわれが選択しやすい「善い社会」の選択基準を示してくれている。私には、ロールズの原初状態モデルよりも説得力があると思われるので、以下に、『法と立法と自由』第10章の「善い社会とは、無作為に抽出された人のチャンス〔「運」とも訳せる〕ができるだけ大きくなるような社会である」と題する節の文章[4]を引用しておこ

　3　渡辺幹雄訳『致命的な思いあがり』（ハイエク全集第II期第1巻、春秋社、2009年）109頁。
　4　F. A. Hayek, *Law, Legislation and Liberty*, Vol. 2, *The Mirage of Social Justice*,

……われわれが最も望ましい社会秩序とみなすべきものは、われわれが、その社会秩序のなかでの自分の最初のポジションが純粋に運〔＝chance チャンス〕によって決まるということ（たとえば、われわれが特定の家族に生まれ落ちるといったこと）を知っているとしたら、選ぶであろう社会秩序である。そのような運が特定の大人の個人に対してもつであろう魅力は、その人がすでに身につけた特定の技能、能力および嗜好にたぶん依存するであろうから、もっとよい言い方は、次のようなものであろう。すなわち、最善の社会とは、その社会のなかでの自分の子供のポジションがくじ引きによって決められるということをわれわれが知っているとしたら、われわれが自分の子供をそこに置きたいと思う社会である。この場合、厳密に平等主義的な秩序をよしとする人は、たぶんきわめて少ないであろう。だが、たとえば、過去に土地貴族制のもとで生活してきた人は、そのような種類の生活が最も魅力的な生活と考え、自分または自分の子供が土地貴族階級の成員であることが保証されているとしたら、そのような階級が存在する社会を選ぶであろうが、だれがその階級に属するかがくじ引きで決められ、その結果、自分が農業労働者になる確率のほうがはるかに高いということを知っているとしたら、それとは違う決定をたぶんするであろう。その場合、その人は、そのようなおいしい果実を少数者に提供するのではなく、大多数によりよい見通しを提供する産業社会のタイプをまずまちがいなく選択するであろう。

　現実の人々の選択はさまざまであろうが、自分の子供をどのような社会に住まわせたいと思うか、という問いかけは、ロールズの原初状態に比べれば、わかりやすくてなかなかよいと思う。ハイエクがどこまでロールズを意識しているのかは不明であるが。

3．chance の概念

　前項で紹介したように、ハイエクは、無作為に抽出された人のチャンスが

　London: Routledge & Kegan Paul, 1976, p. 132.『法と立法と自由〔II〕』（前掲注2）180-181頁。ただし、訳文は邦訳に準拠していない。以下についても同様。

できるだけ大きくなりそうな社会がよい、と言っている。ところで、ハイエクは、chance という言葉で何を意味しているのだろうか。上に引用した箇所の少し前にある文章[5]も引用しておこう。

> われわれがこの〔法の目的が全員のチャンスを平等に改善するところにあるべきであるということを論じる〕文脈で、確率ではなく、むしろチャンスという言葉を使うのは、確率という用語は、数値を示唆するが、その値は知られていないからである。法ができるのは、だれかはわからないがある人に起こるかもしれない好都合な可能的事態の数を増加させ、任意の人が好都合な機会〔＝opportunities〕に出会うであろう可能性を増大させることだけである。しかし、法の目的は全員の見通し〔＝prospect：ロールズのいう「期待」expectation とほぼ同じ〕を増加させることにあるべきであるが、特定の立法手段によってだれの見通しが改善されるか、どれほど改善されるかは、普通わからないであろう。
>
> チャンスという概念がここでは二つの仕方で登場しているという点に注意されたい。第一に、だれでもよいが、特定の人の相対的ポジションは、機会の幅としてのみ記述されうる。そうした機会の幅は、もしそれが正確に知られているとしたら〔実際は知られていないのだが〕、確率分布で表すことができよう。第二に、任意の社会成員が上のような仕方で記述された複数のポジションのうちどのポジションを占めるか、その確率の問題がある。この両者の結果として生じる、任意の社会成員がある機会幅をもつチャンスという概念は、複雑な概念であり、それに数学的な正確さを与えることは困難である。だが、そのような試みが有効なのは、数値が知られているときに限られるだろう。しかし、もちろん、実際にはわからないのである。

この文章を引用した理由は、不確実な状況下でマキシミン・ルールの使用が合理的か否かをめぐる例の有名な論争[6]に、それが示唆を与えるのではないか、と考えたためである。

さまざまなポジションを占める n 人からなる社会において、自分が〔ある

5　Ibid., p. 130,『法と立法と自由〔II〕』178-179頁。
6　盛山和夫『リベラリズムとは何か』（前掲第2章注72）103-109頁参照。

いは原初状態の当事者たる自分が）どのポジションを占めるかが不確実であるとき、その確率は、平均効用最大化主義者が主張するように1/nと考えるのが「合理的」かもしれないが、各ポジションは機会の幅によって表され、自分がどの機会を利用し、どの程度運よく成功するか失敗するかは、事前にはわからないのである。

　平均効用最大化主義者は「効用」という大雑把な観念を使うため、チャンスに含まれる第一の要素と第二の要素を明確に区別せず、しかも、第一の要素をほとんど無視しているように思われる。それは偶然ないし運に影響されるため、それに確率の値を事前に付与することはきわめてむずかしいのである。

　そうだとすれば、全体として機会の幅が良好である社会を選ぶという方針は「合理的」であろう。その「全体として……」を、最下位のポジションに照準を合わせて決めるロールズのやり方も、それなりに「合理的」であると思われる。ロールズにはまったく言及していないが、ハイエクは、ロールズを擁護しようとしていたのかもしれない。

ノージックとロールズ

1．合理的選択理論に向けての正義論の彫琢

ロバート・ノージックは、『アナーキー・国家・ユートピア』のなかで、「『正義論』は、力強く、深く、巧妙で、広範な、組織的作品であり、……そこでは、泉のごとくあふれる多彩な啓発的想念が美事なまとまりへと統一されている。今や政治哲学者達は、ロールズ理論の中で仕事をするか、それとも、なぜそうしないのかを説明するか、いずれかをせねばならない。[7]」とのべている。

ノージックのこの言葉に嘘はないと思う。実際彼は、ロールズをはるかにしのぐ経済学およびゲーム理論への造詣を応用して、正義論ないし国家論を「合理的選択理論」として演繹的に[8] 構築したのであった[9]。

ロールズはくやしかったと思う。ハート[10]やオーキン[11]からの（私からみれば）大して痛くない批判に対しては、高い評価をした上で、少なくともその一部を受け容れているのと対照的に、ノージックからの（私からみれば）はるかに鋭い批判に対してはほとんど応えず、リバタリアンは相手にしないという態度をとるロールズの対応を見るにつけ、私には、誇り高いロールズ

---

7 Robert Nozick, *Anarchy, State, and Utopia*, New York: Basic Books, 1974, p. 183. 嶋津格訳『アナーキー・国家・ユートピア』（木鐸社、上巻は1985年、下巻は1989年に出版され、その後合本されて一巻本となった。以下の引用は、とくに断らないかぎり、合本版第7版第一刷2004年に従う）306頁。

8 前掲第3章注36およびそれに対応する本文参照。

9 ノージックの最小国家論に関する私見については、亀本『法哲学』（前掲注1）第5章参照。

10 *R*. 112 and 112 n. 34,『再説』198頁、377頁注34、*PL*, 5 n. 3参照。H. L. A. Hart, "Rawls on Liberty and Its Priority" (1973) in his *Essays in Jurisprudence and Philosophy*, Oxford: Clarendon Press, 1983, pp. 223-247, H・L・A・ハート（小林公・森村進訳）『権利・功利・自由』（木鐸社、1987年）第7章「ロールズにおける自由とその優先性」参照。

11 *R*. §50. 6参照。Susan Moller Okin, *Justice, Gender, and the Family*, Basic Books, 1989参照。

が一番手強い敵とみていたのはノージックであったとしか思えない。

2．現実の恵まれた人々に向けた説得

以下では、ロールズに対するノージックによる鋭い批判の詳細については立ち入らず[12]、一点だけ指摘しておきたい。

私は、格差原理を正当化しようとするロールズの議論が、彼自身は原初状態モデルのなかで行われると力説しているにもかかわらず、自分が恵まれているか、恵まれていないかをすでに知っている現実の人々に向けられた説得として展開されている、としか理解のしようがないというノージックの見解に共鳴する。関連箇所[13]を引用しておこう。

> 私はロールズの議論をここではそれぞれ自分がどちらであるかを知っている才能に恵まれた者と恵まれない者に関する議論として扱っている。そうする代わりに、これらの［二つの］[14]考慮は原初状態にいる者によって比較考量されるのだと想定する人もいるかも知れない。……[15]しかしこの解釈はうまくゆかない。なぜロールズはわざわざこう言うのか。「格差原理は、……才能に恵まれた者や社会的境遇の点で運の良かった者が他の者達の自発的協働[16]を期待する条件についての公正な合意であるように思われる」(Theory of Justice, p. 15)。この期待は、誰が何時行うのか。これはどのようにして、［仮定的存在としての］原初状態にいる者が考えるべき仮定法［形式］へと翻訳しうるのか。同じ形の疑問がロールズの次の議論についても生じる。「難しいのは、Aに不満を言う根拠がないということを示すことである[17]。彼がこれ以上多く受けることはBに対する何らかの損失を与えることにつながるから、彼は［潜在的に］

---

12 ノージックのこの本を今読み返していて、私が本書のもとになった諸論文の執筆にあたって、多くの点で彼から大きな示唆を得ていたことに気づいたが、もはや、それを逐一注記することはできない。お許し願いたい。
13 Nozick, pp. 196-197, 邦訳327-328頁
14 邦訳にある〔　〕は、邦訳者による補いを示すものだが、私の補いであることを示す同じ形の括弧と区別するため、［　］に代えた。
15 ここは、亀本による省略を表す。特に指摘しないかぎり「……」は、原文のまま。
16 邦訳にある「共同」を「協働」に直した。以下についても同様とする。
17 前述第2章61頁の引用文章参照。

可能なだけよりも少なく受けるよう要請される、ということに多分なろう。その場合、恵まれた者に対して何を言うことができるだろうか。……それ故、格差原理は、才能に恵まれた者や社会的境遇の点で運の良かった者が……他の者たちの協力を期待する基礎として、公正な条件であるように思われる……」(*Theory of Justice*, p. 103 圏点[18]はノージック)。我々はこれを次のように理解すべきだろうか。原初状態にいる者が、その時点で自分が結果として才能に恵まれた者となるという可能性を考えて、自分に対して何を言うべきかとあれこれ考えるのだと。その時彼は、自分が才能に恵まれるという方の可能性を考えているという事実にもかかわらず、またたとえそうしている間でも、格差原理がその時点で協働のための公正な条件だと思われる、と言うのだろうか。それともその時彼は、自分が才能に恵まれていると知った場合、その後になっても、その後の時点で彼にとって格差原理が公正なものに見える、と言うのだろうか。また、彼が不満を言うのを想像するとして、それは何時でありうるのか。それは原初状態の時点ではありえない。なぜならその時点では彼は格差原理に同意しているのだから。原初状態での決断の過程で彼は、自分が後になって不満を言うだろうと心配しはしない。なぜなら、自分が原初状態の時点で合理的にどんな原理を選択しようと、その原理の効果に後になって不満を言う正当理由が自分に全くない、ということを彼は知っているのだから。……

　上の文章の最後のあたりは、ロールズが「コミットメントの緊張」（第3章**57**参照）ということを晩年強調し出したのと符合するように思われる。だが、ロールズの説明にかかわらず、ノージックに倣って、「才能に恵まれている者なり自分の読者なりの原初状態の外にいる者に向け、ロールズが原初状態から導き出してくる格差原理は公正なものだと彼らを説得しようとしている[19]」とみなしたほうがよいと思われる[20]。

18　邦訳の「傍点」を「圏点」に変更した。
19　Nozick, p. 197, 邦訳329頁。
20　前述第6章**104**も参照されたい。

人名索引

【ア行】

アリストテレス　v, 3, 97, 197
アロー（Kenneth Joseph Arrow）　iv
井上達夫　4, 22, 32, 162
井堀利宏　46
ウェーバー（Max Weber）　22, 110
宇沢弘文　iv
エストランド（David Estlund）　8
オーキン（Susan Moller Okin）　205
大河内一男　63
大塚久雄　110
岡田章　48
尾高邦雄　22

【カ行】

加藤新平　22
神島裕子　xvii
亀本洋　xvii, 20, 22, 24, 66, 97, 144, 164, 200, 205
川本隆史　xvii, 25
カント（Immanuel Kant）　ii, 6, 11, 18, 94, 98
菊池理夫　63
クカサス（Chandran Kukathas）　3, 8
久保田顕二　6, 94
ケイティブ（George Kateb）　18
ケリー（Erin Kelly）　xvii, 2
ケルゼン（Hans Kelsen）　iv, 22
コーエン（Gerald Aran Cohen）　196
コーエン（Joshua Cohen）　97
後藤玲子　34, 41
小林公　205

【サ行】

齋藤純一　4, 18
齋藤拓　34
坂部恵　6, 94
佐野陽子　116
サンデル（Michael J. Sandel）　63
篠塚慎吾　200
柴田恵子　25
嶋津格　3, 200, 205
下野正俊　6, 94

シュンペーター（Joseph Alois Shumpeter）　iv
スターリン（Josef Stalin）　109
スミス（Adam Smith）　iv, 63
盛山和夫　46, 100, 203
関嘉彦　18

【タ行】

田中耕太郎　22
田中成明　ii, xvii, 2
ダニエルズ（Norman Daniels）　32, 171
玉木秀敏　200
タリス（Robert B. Talisse）　26
常木淳　179
ドゥリーブン（Burton Dreben）　8

【ナ行】

永澤越郎　48
中山竜一　xvii, 24
ノージック（Robert Nozick）　205-207

【ハ行】

ハーサニ（John C. Harsanyi）　46
ハート（H. L. A. Hart）　205
バーバー（Benjamin Barber）　171
ハーマン（Barbara Harman）　6
ハーン（Frank Horace Hahn）　iv
ハイエク（F. A. Hayek）　200-204
服部高宏　22
パリース（Philipe van Parijs）　34, 37, 40-42, 83, 152, 156
ピアジェ（Jean Piaget）　3
ヒューム（David Hume）　3
平井亮輔　xvii
平野仁彦　22
福間聡　xvii, 95
藤原保信　xvii
フリーマン（Samuel Freeman）　xvii, 8-9
古市恵太郎　22
ブロムウィッチ（David Bromwich）　18
ヘーゲル（Georg Wilhelm Friedrich Hegel）　5
ベッカー（Gary S. Becker）　116

ペティット（Philip Pettit）　3
ベンサム（Jeremy Bentham）　58

【マ行】

マーシャル（Alfred Marshall）　48
マルクス（Karl Marx）　163
水吉俊彦　200
三谷武司　175
ミル（John Stuart Mill）　11, 18-21
村上泰亮　iv
森村進　205

【ヤ行】

矢島鈞次　xvii, 200

山田八千子　3
山根雄一郎　6, 94
山本桂一　31
ヤング（Shaun P. Young）　10

【ラ行】

ラートブルフ（Gustav Radbruch）　22
ラーモア（Charles E. Larmore）　20
ロック（John Locke）　3

【ワ行】

渡辺幹雄　1, 24, 201
ワルラス（Léon Walras）　iv

事項索引

【ア行】

安定性 stability
　正義原理（または正義構想）の——　9, 14-16, 96, 107-112, 155
一神教　22-24
一般的正義概念 general conception of justice　28, 32-33, 119
移動の自由　37, 38, 91
インセンティブ関数　159, 166-167, 193-196
インセンティブ曲線　→　「インセンティブ関数」も見よ　127
インセンティブ・メカニズム　49-51, 66-67, 126, 159, 192-193, 195
演繹的論証 deductive reasoning　96-97, 205
OP曲線　45（図1），49（図2），53（図3，図4，図5，図6），56（図7），59（図1），73（図8），75（図9），79（図10，図11），83（図12），105（図1），126（図1），127（図13），128（図7），135（図15），137（図1），159（図13），173（図3，図4，図5），179（図19），184（図21），191（図19），197（図19，図21）
　規範的な——　68, 125, 167
　経験的な——　68, 125, 159-160
　——上の点の意味　65, 68, 75-76, 151, 171-198
　生産曲線としての——　159-160, 166-167
　——と協働スキーム　→　「協働スキーム」を見よ
　——による格差原理の多義性の説明　→　「格差原理の多義性」を見よ
　——による強い互恵性の解釈　→　「(強い)互恵性」も見よ　64-68
　——は描けるか　67-68, 144
　複数の——　50, 52-53, 57, 125, 151, 172-173
　分配曲線としての——　44-53, 72-73, 151
穏当でない教説　23
穏当な多元性 resonable plurality　5, 9, 12

【カ行】

階層的なイスラム諸国 hierarchical Islamic countries　24
格差原理 difference principle　→　「正義の二原理」、「格差原理の多義性」も見よ
　——が基本的　4, 8-9, 33-34, 89, 119
　政治的リベラリズムと——　8-9, 17
　制度論としての——　→　「立法指針」も見よ　35, 82, 88, 111, 167-168
　——と格差縮小の関係　→　「格差原理III」も見よ　53, 56-58, 74, 81-82, 84-85, 87, 117, 132, 135-136
　——と互恵性　→　「互恵性」も見よ　4, 58-77, 106-107, 112, 119, 122, 136-155, 194-195
　——と純粋な手続的正義　→　「手続的正義」も見よ　76-77, 81
　——と先行する二原理の分析　119
　——とパレート効率　→　「パレート効率」も見よ　54-56, 60, 70-71, 106, 113, 185-191
　——と平等　53-58, 81-82, 197-198
　——にかなったルールを作成するために必要な情報　165-167
　——に先行する原理の充足　39, 59, 70, 75, 80-82, 88-89, 134-135, 150
　——による分配の仕方　44-58, 72-73
　——の管轄　37-39
　——の正当化　35, 89, 92-120
　——の多義性　123-136
　——の萌芽　25-28
　——の問題　34-36, 87
　——は異論の余地が大きい　88, 119
　——は最低所得最大化の要求を含まない　77-79
　——は相互信頼・協調的徳性を育成する　112
　——への異論　79-83
　——への思い　34, 89
　最も単純な形態の——　37, 39, 41
格差原理I　123-129, 131, 146-147, 149, 152, 168, 181, 189
格差原理II　123-124, 128-129, 131, 134-136, 147-148, 151, 153, 155, 168, 181-182
　——の堕落形態　146, 149
格差原理III　→　「格差原理と格差縮小の関係」

212　事項索引

も見よ　124, 132
格差最適点　→　「最低所得最大点」も見よ
　78, 82, 106, 176
革命の時代　21
確率　98, 101-103, 202-204
重なり合う合意 overlapping consensus
　10, 12-14, 17
課税と補助金　30, 32, 35, 39, 80
稼ぐ能力　42, 44, 67, 116, 126, 142-143, 156, 159
家族　40, 44, 89
価値相対主義　22
神々の闘争　22
寛容 torelance　10, 13, 18-21
危害原理 harm principle　20
機会の形式的な平等　8, 38, 116
期待効用 expected utility　100-101
基本財 primary goods　→　「基本善」を見よ
基本善 primary goods　33, 36-37, 91, 165
　　──指数 index of　40-41, 125, 165
　　　自然的──　36
　　　社会的──　36, 181
　　　社会的経済的──　→　「社会的経済的利益」
　　も見よ　39-41, 43, 82, 91, 113, 123, 125
基本的権利と自由　37, 85, 91, 103, 165
基本的正義 basic justice　31-32, 157
協働スキーム scheme of social cooperation
　29, 49-50, 69-71, 74-76, 123, 125, 145, 157, 172-173
　　──と OP 曲線　50, 52, 66, 68, 70-72, 133, 151-152, 158-159, 172-174
　　不平等な分配を定める──　29, 92, 123, 161, 193
共同体主義 communitarianism　63
共有資産としての生まれつきの才能の分配
　distribution of native endowments as common assets　62, 106, 112, 163
虚偽意識　150
偶然の影響の排除　34, 60-61, 89, 163
close-knittness　83, 190
計画経済　68
経済成長　65, 68
経済的自由権　31
契約モデル　92-93, 98, 109-111
ゲーム理論　2, 36, 48, 93, 99-101, 205
結果の平等　42
結社の自由 freedom of association　8, 30-31, 37, 91

限界生産力　139
原初状態 original position　92-95, 96-97, 99, 148-149, 155, 202
　　──からの正当化　15, 108, 110, 121, 206-207
　　──の当事者　2, 6, 15, 74, 93-95, 102-103, 108-114, 148-149, 201
憲法制定権力 constituent power　91
憲法の必須事項 constitutional essentials
　31-32, 38, 88
権力と特権 powers and prerogatives　37, 91, 113
公共的理性（理由）public reason　10, 12-14, 27
　　──の作法 duty of civility　12, 14, 17
貢献 contribution　4, 61-67, 69, 72, 76, 107, 136-145, 149, 151-153, 155, 159, 161-162, 169, 181-182, 191-196, 199-200
　　利他的──　140
　　一方的──　69, 140, 149
　　限界──　146, 161
　　互恵的──　→　「相互貢献」も見よ　140-141
　　相互──　→　「強い互恵性」も見よ　69, 107, 136, 139, 145-147, 150, 153, 197, 199
　　──は所得増加から独立　139
貢献曲線　→　「OP 曲線」も見よ　46, 151, 161, 181, 183
公私の区別　10-11, 16-17
公正　→　「フェアネス」を見よ
厚生 welfare　54
　　──と正義　198
厚生経済学　36, 51, 195, 196
公正原理 principle of fairness　69
公正としての正義　9, 26, 81, 87, 89, 96, 98-99, 109, 111, 118-119, 121, 145, 154, 167, 171
　　──の人間観と社会観　90-92
『公正としての正義 再説』　24, 26, 77, 151-153, 172-174, 195-196, 198, 201
　　──の意義　1-7, 25, 87-89, 118-122, 171
公正な機会均等 fair equality of opportunitiy
　→　「正義の二原理」も見よ　8, 37-40, 42, 88, 92, 116-117, 134, 155-156
公正な機会均等原理　→　「正義の二原理」、「公正な機会均等」を見よ
公正な平等 fair equality　→　「政治的自由」、「公正な機会均等」も見よ　31, 37, 91, 116
功績 desert　→　「貢献」も見よ　144-145,

事項索引　213

164, 169, 200
公知性 publicity　95, 104, 112, 118, 154-155, 164
公平性 impartiality　63, 140, 147, 194
効用 uyility　54, 58-59, 63, 78, 113, 174-180, 182, 184, 204
　　可能性集合　187
　　――可能性フロンティア　186-188
　　――関数　174
　　基数――　175, 180
　　限界――　v, 47, 177, 182, 189, 192
　　序数――　175
　　等――曲線　175
　　――の個人間比較　113, 178, 180, 182
　　平均――　→「平均効用原理」も見よ　58, 113
功利主義 utilitarianism　63-64, 78, 89, 164-165, 183
　　古典的―― classical　97, 114, 183
　　――者の無差別曲線　→「（ベンサム的）無差別曲線」も見よ　183
　　――的経済学　→「厚生経済学」も見よ　36
効率性　→「パレート効率」を見よ
合理的 rational　15, 37, 94, 99, 100, 110, 204
　　――選好　182
合理的選択理論 rational choice theory　→「ゲーム理論」も見よ　2, 98, 100, 103, 109, 205
合理的と理性的 rational and reasonable　94
国民国家 nation-state　29
互恵性 reciprocity　4-5, 58-66, 68-72, 104-107, 112, 118-156, 169, 193-195
　　公共的理性としての――　→「公共的理性」も見よ　27, 199
　　――条件　59-60, 64, 147
　　性向としての――　114, 137-138, 149, 199
　　強い――　61-66, 83, 107, 136, 139, 199
　　――と安定性　→「安定性」も見よ　108, 112, 115
　　――と公正　26-27
　　――としての正義　26-27, 117
　　――と社会的ミニマム　115
　　――と相互利益　→「相互利益」も見よ　26, 62-64, 70, 106, 112, 146-147, 160-161, 163
　　――と第二比較　→「第二比較」を見よ
　　――の偏り　68-72

――の種別　136, 199
――の説明におけるジレンマ　118-120, 154-155
深い――　60-63, 106-107, 112, 136, 199
弱い――　61-62, 83, 106-107, 124, 136, 139, 182, 199
利他主義的――　150-151, 154-155, 197
個人的な財産への権利　38
コミットメントの緊張 strains of commitment　108-111, 207

【サ行】

財 goods　36, 46
　　天から降ってきた―― manna　46, 187-188
財産私有型民主主義 property-owning democracy　115-117, 121, 125, 192, 201
『再説』　→『公正としての正義 再説』を見よ
最低所得最大点　51, 55, 57, 78, 82, 105-106, 127, 129, 131, 135, 151-153, 159, 166-167, 181, 197-198
最低労働技能者　152, 161
搾取　142, 162-164
参政権　30-31, 91
暫定協定 modus vivendi　20
　　――としてのリベラリズム　21, 24, 109
自己に対する責任 responsibility to self　111
自己反省の視点　195
市場経済　29, 47, 62, 68, 117, 125, 192, 200, 201
辞書的順序 lexical order　32
自然権　31
自然法　24
思想の自由　7, 29, 37, 91
自尊（心）self-respect　4, 38
　　――の社会的基盤　37-39, 116-117, 121
資本主義的福祉国家　→「福祉国家的資本主義」も見よ　115
市民 citizen　→「自由で平等な人格としての市民」も見よ　5
　　――としての平等な地位　38-39, 91, 117
　　――の根本的利益　93, 98, 103
市民的自由 civil liberties　7, 31, 91
社会階層間比較　42-44, 156, 168-169, 183
社会的協働 social cooperation　5-6, 29, 36, 65, 94, 181, 192
　　――に参与する最小限の労働能力 normal capacity for　6, 42, 91, 156

214　事項索引

　　——の公正なシステム fair sytem of　　5, 16, 87, 90, 144
　　——の公正な条項 fair terms of　　70-71, 93-94, 206-207
社会的経済的
　　——地位 position　　91
　　——不平等（格差）　　7-8, 92, 98, 117, 123, 185, 193
　　——利益 advantage　→　「（社会的経済的）基本善」も見よ　　39-43, 85, 122, 154
社会的厚生　　164, 177, 182
社会的厚生関数　　113, 177-185
　　バーグソン——　　179
　　ベンサム的——　　179, 184-185, 189-190
　　ロールズ的——　→　「等正義線」も見よ　　178（図18）, 189
社会的正義　　28, 89, 99, 200
社会的ミニマム　　32, 104, 111, 114-117, 165
社会の基本構造 basic structure of society　　5, 10, 29-30, 155, 173, 181, 200-201
宗教改革　　20
宗教戦争　　20-21
自由権 liberties　　30-31, 157
自由で平等な人格としての市民 citizens as free and equal persons　　4-5, 11, 16, 36, 50, 87, 90, 92 94
自由の優先 priority of liberty　　32-33, 65-66, 70, 85, 88, 130, 134-135, 165-166
自由民主主義諸国　　31
　　欧米の——　　24
熟慮した判断 considered judgment or conviction　　v, 78, 90, 93, 99, 148
熟慮による合理性 deliberative rationality　　111
商業社会　　63
職業選択の自由　　37-38, 77, 91, 130, 133-134, 152
職種・賃金一覧表 schedule of wages and salaries　　49-50, 68, 125, 133
所得　　39, 82, 108, 142, 192-195
　　機会としての——　　41-42
　　生涯期待——　　41, 123, 125, 152
所得と富　　37, 39-41, 58-59, 65, 91, 113, 172
進化論的合理主義 evolutionary rationalism　　201
信教の自由　→　「良心の自由」を見よ
人身の自由 liberty of person　　37, 91
人的資本 human capital　　116-117

推測からの理由づけ reasoning from conjecture　　13
正義感覚 sense of justice　　74, 95-96, 117
　　——の能力 capacity for　　6-7, 36, 91, 154
正義（の）構想 conception of justice　　3, 10-11
　　公共的な—— public　→　「公知性」も見よ　　16, 95
　　——と善の構想の区別　　10-11, 16
　　——の基礎づけの特殊性　　12
　　——の実行可能性 feasibility of　　3, 5
正義と不正義の領域区分　　56-58, 75-76, 78-79, 131, 148
正義にかなっている　→　「正義と不正義の領域区分」も見よ　　61, 74, 78, 127, 129-130, 197
　　完全に——　→　「最低所得最大点」も見よ　　57, 74-76, 78, 128, 135, 193, 198
　　変化を通じ——　　57, 74-76, 128, 197
正義に反する　→　「正義と不正義の領域区分」も見よ　　57, 74-76, 78, 80, 129-130, 138
正義の三原理　→　「正義の二原理」も見よ　　32
正義の政治的構想 political conception of justice　　10, 90, 92, 95, 144
正義の二原理 two principles of justice　　4-5, 7-8, 27-29, 88, 121, 163, 200-201
　　——に属する各原理の管轄する基本善　　37-40
　　——の第一原理あるいは平等な自由原理　　23, 27, 30-31, 88, 91, 157, 165, 200
　　——の第二原理　　27, 33, 88
　　——の定式　　7, 28, 33, 92, 123, 185
　　——の適用上の優先関係　　7, 32, 37, 88
『正義論』（の時期）　　1-4, 16, 46, 57, 62, 66, 69, 75, 89, 93-94, 97, 102, 151-153, 171, 173-198
　　——第3部　　v, 3, 15, 110, 201
　　——のリベラリズムは包括的ではない　　12
生産関数　　67-68
生産曲線　→　「OP 曲線」を見よ
誠実さ integrity　　108, 111
政治的共同体　→　「政治的社会」を見よ
政治的権利　　30-31, 37, 91
政治的言論・表現の自由　　30-31, 91
政治的構想と包括的教説の区別　　11-12, 16, 88
政治的社会　　5, 91

事項索引　215

――からの撤退　117
政治的自由 political liberties　7, 31, 37, 91
　――の値打ちの平等（公正な平等） equal worth of　→「公正な平等」も見よ　31, 37, 91, 116-117
政治的と包括的 political and comprehensive　5, 12, 14-15, 17, 88
政治的リベラリズム　vi, 3, 8-24, 26, 34, 87, 155, 199
　――の諸構想　17
　ミルのリベラリズムと――　→「リベラリズム」を見よ
政治哲学の役割　4-5, 14, 21, 30, 52, 104, 158
政治文化 political culture　3
　多元的民主社会の―― of pluralist democratic society　3, 5-6, 12, 17, 90, 92
税収可能曲線　46
正統な期待 legitimate expectation　65, 145, 164
制度設計者の視点　195-196
正と善 right and good　5
制度の理論　→「（制度論としての）格差原理」も見よ　197
セーフティネット　104, 121, 201
是正の原理 principle of redress　132
設計主義的合理主義 constructivist rationalism　201
説得　v, 106, 167, 195-197, 207
ゼロサムゲーム　99
全員の利益 everyone's advantage　25-27, 60, 85, 106, 185, 188, 190-191
選択の自由　85, 135
善と財　36
善の構想 conception of the good　10-11, 23, 88, 156
　――と包括的教説　15-16, 88
善の構想の能力 capacity for a conception of the good　6-7, 36, 91
相互利益 mutual advantage or benefit　→「（弱い）互恵性」も見よ　55, 61-63, 70, 94, 106, 112, 139, 146-148, 160-161, 163, 181, 194-195
　原点と比べた――　→「格差原理IIの堕落形態」も見よ　146-147, 149
　――は相互貢献と同じではない　146

【タ行】

第一原理　→「正義の二原理」を見よ

第一原理と第二原理の相互依存性　118
第一比較（平均効用原理との対決）　→「平均効用原理」も見よ　97-98, 103-104, 111, 121
対称的 symmetrical　93-94, 104
第二原理　→「正義の二原理」を見よ
　――は異論の余地が大きい　88
第二比較（制約付き平均効用原理との対決）　→「平均効用原理」も見よ　97-98, 104-118, 121-122
代表（者） representative　48, 92-93, 125, 168, 181, 183
代表する represent　93-95
大変指数　133-134, 151-152
立場の互換可能性　149-150
chain connection　45, 106, 190
秩序だった社会 well-ordered society　15-16, 95-96, 102, 104, 108-109, 112, 118, 154
チャンス chance　39, 91-92, 142, 201-204
中立性　20
手続的正義 procedural justice　66, 200
　純粋な―― pure　77
　純粋な背景的―― pure background　66, 81, 143
　背景的―― background　117
デフォルトとしての平等　6, 28, 50, 104-105
同感の能力　→「公平性」も見よ　114
等効用曲線　→「効用」を見よ
等正義線 equal-justice line　51, 56, 105, 113, 127-128, 132, 153, 178-182, 189, 198
道徳教育　22
道徳心理学　3, 137
道徳的能力 moral powers　5-6, 36, 38, 90
特殊的正義概念 special conception of justice　32-34, 119

【ナ行】

ナッシュ点 Nash point　48
日本国憲法　31
認識主義 cognitivism　22-23
認知主義　→「認識主義」を見よ
妬み envy　15-16, 74, 107, 149
能力への課税 head tax on natural assets　165-166

【ハ行】

背景的諸制度　30, 156
背景的正義　→「手続的正義」も見よ　30

事項索引

パレート改善 Pareto improvement　54-55, 83, 153, 187, 191
パレート効率 Pareto efficiency　43, 54-56, 58-59, 106, 113, 135, 152-153, 185-189, 198
パレート最適 Pareto optimum　→「パレート効率」を見よ
反省的均衡 reflective equilibrium　v, 90, 111
万民の法 law of peoples　24
必要原理 principle of need　32, 36, 165
平等主義的 egalitarian　177, 180, 182, 190, 198, 201-202
平等な自由原理　→「正義の二原理」を見よ
平等のドグマ　→「デフォルトとしての平等」を見よ
フェアネス（公正）fairness　8, 26-27, 163
不確実性 uncertainty　98, 102, 203
　　──とリスク　102
　　──に対する極端な嫌悪　99, 102-103
福祉国家的資本主義　115-117, 121, 201
福祉受給権 welfare rights　32
フランス人権宣言　30
分配的正義 distributive justice
　狭義の──　37
　広義の──　36
文明社会　20, 63
平均効用原理 principle of average utility　97, 102-103, 121, 157-158, 160
　制約付き── principle of restricted utility　97-98, 104, 112-116
　　ミニマム保障付き── combined with a suitable social minimum　97, 154
平均効用最大化主義者　204
ベーシック・インカム basic income　34-35
ベンサム点 Bentham point　48, 58-59, 126, 160, 193
包括的教説 comprehensive doctrines　5, 9, 16, 88, 144-145
包括的と政治的　→「政治的と包括的」を見よ
包括的リベラリズム　11, 16, 20
封建点 feudal point　48, 59
法の支配に属する諸権利　91
保証水準 guaranteeable level　101

【マ行】

マキシミン・ルール maximin rule　89, 98-104, 109, 203
　　──の発見的機能　99, 101, 103
間違うことの自由　20
無差別曲線　51, 174-185, 189-191, 198
　ベンサム的──　184（図20）, 185, 190, 193
　ロールズ的──　→「等正義線」も見よ　178（図18）, 179-180, 189, 191, 197
無知のヴェール veil of ignorance　2, 15, 102
最も恵まれた人々　112, 181
　現実の──　195-196, 207
最も恵まれない人々　v, 8, 26, 40, 44, 115, 119, 159, 179, 181-182, 190
　──の原語　26, 45
　──の定義　40, 44-45, 51, 152

【ヤ行】

優先ルール　→「正義の二原理の適用上の優先関係」、「自由の優先」も見よ　33
宥和 Versöhnug, reconciliation　5
善い社会　201-202
余暇 leisure　41
善き生の構想　4
予算制約線　175-176

【ラ行】

理想的観察者 ideal spectator　63, 97, 114
利他的 altruistic　63, 106, 140, 147, 150-151, 194
立憲民主政体　88
立法指針
　──としての格差原理　vi, 111, 119, 155, 157-158, 167-168
　──としての第二原理　88
リバタリアン libertarian　205
リベラリズム liberalism　10-11, 24
　ミルの──　17-21
　倫理学的──　21
リベラルな社会主義 liberal socialism　116
良心の自由 liberty of conscience　8, 20, 29, 37, 91
ロールズ基準 Rawlsian (=maximin) criterion　46, 188

著者紹介

亀 本　洋（かめもと　ひろし）
1957年　山口県生まれ
1981年　京都大学法学部卒業
　　　　金沢大学助教授、早稲田大学助教授、同教授を経て
現　在　京都大学大学院法学研究科教授

著　書

『法思想史〔第2版〕』（共著、有斐閣、1997年）
『法哲学』（共著、有斐閣、2002年）
『法的思考』（有斐閣、2006年）
『スンマとシステム──知のあり方──』（研究代表者、国際高等研究所、2011年）
『法哲学』（法学叢書8）（成文堂、2011年）

翻　訳

ウルフリット・ノイマン『法的議論の理論』（共訳、法律文化社、1997年）
ジョン・ロールズ『公正としての正義 再説』（共訳、岩波書店、2004年）
ニール・マコーミック『判決理由の法理論』（共訳、成文堂、2009年）

格差原理　　　　　　　新基礎法学叢書1
2012年4月1日　初　版第1刷発行

著　者　　亀　本　　洋
発行者　　阿　部　耕　一
〒162-0041　東京都新宿区早稲田鶴巻町514番地
発行所　　株式会社　成　文　堂
電話 03(3203)9201　FAX 03(3203)9206
http://www.seibundoh.co.jp

製版・印刷　㈱シナノ　　　　　製本　佐抜製本
©2012　H. Kamemoto　　Printed in Japan
☆乱丁本・落丁本はおとりかえいたします☆
ISBN978-4-7923-0527-7　C3032　　　　検印省略

定価(本体3800円＋税)